위대한 협상

KB191794

Great Negotiations: Agreement that changed the Modern World
by 2010 Fredrik Stanton. All rights reserved.
Originally Published in Japan by Westholme Publishing, LLC, USA.
Korean translation righrd arranged with Westholme Publishing, LLC, USA.
and Words & Book Publishing, Seoul through PLS Agency, Seoul
Korean translation edition ⓒ 2011 by Words & Book Publishing, Co, Seoul

세계사를 바꾼 8개의 협정

위대한 협상

프레드리크 스탠턴 지음 | 김춘수 옮김

말·글빛냄

들어가는 말

　소통은, 특히 외교관이나 정치인들 간의 소통은 역사를 만들기도 하고, 역사에 의해 규정되기도 한다. 현대의 외교적 역량들은 소통을 통한 대결 구도의 해소를 위해 누가, 어떻게 노력하느냐에 따라서 승리와 좌절로 점철되어왔다. 인류를 핵전쟁으로부터 지켜준 1962년의 쿠바 미사일 위기에서부터 제1차 세계대전 후 베르사유 조약에 이르기까지, 많은 외교적 노력이 있었다. 그리고 이러한 외교적 결과들은 아직까지도 우리의 삶에 영향을 끼치고 있다.

　협상을 하는 과정에서 절호의 기회가 실패로 귀결되는 경우는 흔히 있는 일이며, 협상 내용은 국가간의 힘의 논리에 따라 좌우되기도 한다. 그러나 지금까지 성공한 협상들의 공통점은 힘보다는 이성에 의해 승리했다는 점에 있었다. 이러한 승리들은 협상 당사자들이 노련한 외교술과 결단력을 겸비하고, 자신의 국가를 위해 헌신할 각오가 되어있는 사람들에 의해서 이루어졌다.

　독일의 군사 이론가인 카를 폰 클라우제비츠Carl Von Clousewitz는 "전쟁은 다른 수단에 의한 정치의 한 부분"이라고 말했다. 이러한 맥락에서 협상가들은 어떤 의미에서는 전투를 벌이고 있는 사람들이라고 볼 수도 있다. 탁월한 협상가들이 역사의 현장에서 벌인 중요한 역할에 대해 알게 될수록, 그들의 업적이 현재 우리의 삶에 어떤 영향을 끼치고 있는지, 오늘날까지 이용 가능한 정책적 대안들이 그들의 협상 결과의 영향이라는 것을 이해하게 되며, 또한 미래를 전망하는 데 있어 많은 지식과 통찰력을 제공하고 있다. 협상가들이 회담에서 초반의 어색한 분위기를 화기애애한 상황으로 변화시키고 서로 상충되는 사항들을 조정하는 것을 보면, 그들이 마치 마술사처럼 보이기도 한다.

윈스턴 처칠Winston Churchill이 "회담은 강·온 전략을 적절히 구사해야 한다"고 말한 것처럼 훌륭한 협상가들은 대립과 화해, 갈등과 타협 등과 같은 모순들을 풀어나가야 한다. 이해관계가 크면 클수록 한 번의 실수가 엄청난 재앙으로 발전할 수 있으며, 회담 시간은 한없이 길어지기도 한다. 협상당사자들은 위기에 처해있는 국가와 국민을 위해 합의를 이끌어내는 데 장애가 되는 것들을 극복하기 위하여 상황에 따라 임기응변적 순발력을 발휘해야 하고, 불굴의 의지와 창의력, 엄포 등도 불사해야 한다. 또한 상대를 설득하고 전략적으로 상황을 유리하게 이끌어가면서 자신들의 요구사항을 관철시켜야 함은 물론이다.

우리는 협상과 관련해 그들의 숭고함과 희생, 고무적인 대화뿐만 아니라 다양한 성격의 사람들과 수많은 배신, 흑색선전, 밀고, 심지어 암살 등과 같은 이야기를 수없이 들어왔다. 또한 협상가의 우유부단함, 강직함과 같은 개인적 성향이 역사의 중요한 기로에서 어떠한 결과를 야기했는지에 대한 흥미로운 단서들을 볼 수 있다.

협상가들은 그들에게 닥친 수많은 난관을 헤쳐 나가면서 놀랄만한 성과를 이뤄낸다. 루이지애나 매입Louisiana Purchase은 전쟁이 일어날 수 있는 상황을 '영토 거래'라는 유례가 없는 상황을 연출하면서 역사의 흐름을 바꿔놓았다. 대통령 시어도어 루스벨트Theodore Roosevelt는 포츠머스 조약The Treaty of Portsmouth을 매듭지으면서 수백만 명의 목숨을 구했고, 또 한 차례의 세계대전을 미연에 방지할 수 있었다. 케네디와 흐루쇼프(흐루시초프) 또한 핵 재앙으로 이어질 수 있는 위기를 슬기롭게 해결할 수 있었다.

유럽과 아시아, 중동지역은 협상테이블에서 이루어진 결정들로 인해 운명이 바뀌었다. 물론 미국도 예외는 아니었다. 미국의 탄생과 발전, 강대국으로의 부상은 외교적 협상들의 성공 때문에 가능했고, 그들의 군사력도 전쟁이 아닌 외교적 협상에 의해서 강화되었다. 미국 독립전쟁 승리의 요인은 벤저민 프랭클린이 파리에서의 협상에서 얻어낸 프랑스의 지원이 결정적이었다. 미국에 대한 프랑스의 지원은 독립전쟁의 방향을 바꾸어놓았고, 당시 세계의 최강대국이었던 영국에 패배를 안겨주었다.

그로부터 25년이 지난 뒤, 신생 미합중국은 프랑스와의 협상을 통해 역사상 전례가 없는 엄청난 영토 거래를 원만하게 처리했다. 미국 사절단의 제임스 먼로James Monroe와 로버트 리빙스턴Robert Livingstone은 영국과 프랑스 간의 전략적 긴장관계를 교묘히 이용해, 80만 평방마일에 달하는 루이지애나 영토를 1,500만 달러에 미국에 판매하도록 나폴레옹을 설득할 수 있었다. 루이지애나의 매입은 미국의 지도를 한 순간에 바꿔버렸고, 북미대륙의 모든 식민지들을 미합중국의 울타리 속으로 집결시킬 수 있었다. 또 루이지애나 매입으로 미합중국의 영토는 두 배로 확장되었고, 세계에서 가장 큰 국가의 대열에 합류할 수 있었다.

이 매매로 막대한 재정 수입을 확보한 나폴레옹은 1814년 전쟁을 도발했고, 결국에는 동맹국들에게 패배를 당하여 엘바 섬으로 추방되었다. 비엔나 회의는 원래 승전국들만 참석하는 회담으로 결정되었으나, 승전국들 간의 갈등과 이해관계의 충돌로 프랑스 외무장관인 탈레랑페리고르Charles-Maurice de Talleyrand-Périgord도 협상테이블의 한 자리를 차지하게 되었다. 우여곡절 끝에 프랑스는 패전국임에도 불구하고, 유럽을 재편하는 과정에서 프랑스의 국익을 지킬 수 있었다. 이 회의에서 유럽의 판도가 새로이 그려졌고, 군주제가 다시 부활되었으며, 이때 다듬어진 토대는 거의 1세기에 이르는 평화를 유럽에 안겨다주었다.

1905년 여름, 시어도어 루스벨트 대통령은 일본과 러시아 대표들을 뉴햄프셔 주의 포츠머스로 초청해 러ㆍ일 간의 전쟁을 종식시키고 평화를 회복하기 위해 중재에 나서게 된다. 러ㆍ일 전쟁으로 러시아는 심각한 패배를 당했지만, 일본도 그에 못지않은 타격을 받았다. 양국은 지칠 대로 지쳐있었지만, 각국의 내부 사정은 전쟁을 계속하자는 여론이 들끓고 있을 때였다. 험난한 협상 끝에 합의가 이루어지기는 했지만, 러시아 대표는 본국으로부터의 회담을 결렬시키라는 훈령을 무시하고, 러시아 대표가 전권을 위임받지 못했다는 단서를 삽입하면서, 협정안에 서명하는 우여곡절을 겪기도 했다. 이 회담의 결과로 동아시아에서의 세력균형이 바뀌었고, 미국도 강대국으로서의 위상을 내외에 과시하면서 세계 외교무대에 화려하게 등장할 수 있었다.

1919년 1월, 제1차 세계대전이 끝나자, 각국의 외교사절들은 회담장소로 정해진 베르사유로 몰려왔다. 제1차 세계대전은 4천만 명 이상의 희생자들의 피로 유럽을 붉게 물들인 참혹한 전쟁이었다. 이 전쟁에서 발생한 인명, 재산 피해는 모든 나라에 상상할 수도 없는 고통을 가중시켰고, 국민들의 삶의 터전은 한 순간에 초토화되었다. 이 전쟁의 결과로 유럽과 중동은 재편성되었고, 독일과 오스트리아─헝가리, 오스만 제국은 지도에서 거의 사라져버린 대신에, 두 대륙에 걸쳐 분쟁의 씨앗을 뿌려놓았다. 이 씨앗은 계속 자라서 다음 세대에게 재앙을 안겨줄 것이었다.

평화를 지키려는 조심스러운 행보는 이집트-이스라엘 휴전 협정에서
보는 바와 같이 잘 지켜지기도 한다. 1948년 후반, 유엔사무차장 랠프
번치Ralph Bunche는 팔레스타인에서 UN의 중재자로서의 임무를 수행하
게 되었다. 그의 전임 중재자는 그의 동료로 친한 친구였는데, 얼마 전
암살되었다. 양국은 전쟁 중이었고, 회담 대표들은 서로 쳐다보지도 않
았으며, 악수는커녕 대화조차 시도하지 않았다. 그런 상황에서도 번치
는 수 개월간의 외교적 노력 끝에 양측으로부터 합의안을 이끌어내었
고, 끝내는 휴전을 성사시키면서 전쟁을 종식시킬 수 있었다. 그는 외
교적 노력에 대한 공로로 흑인으로서는 처음으로, 역대 수상자들 중 최
연소 노벨평화상 수상자로 기록되었다.

또 쿠바 미사일 위기 때 경험했던 것처럼 인류의 대재앙을 피해나가
는 것이 충분히 가능하다는 것도 알 수 있다. 케네디와 흐루쇼프는 쿠
바 미사일 위기를 침착하게 헤쳐 나갔고, 인류를 절멸시킬 수 있는 핵전
쟁을 피하기 위해 고군분투했다. 냉전 시기, 두 강대국은 군사력의 균

형을 깨뜨리기 위해 격돌하고 있었다. 이때 미국은 소련이 쿠바에 은밀히 핵미사일 기지를 건설하고 있다는 첩보를 입수했다. 소련의 핵미사일 기지가 완성되면 미국은 코앞에서 적의 직접적인 위험에 노출될 수밖에 없었고. 때문에 미국은 핵미사일 기지의 건설을 막기 위해 전쟁도 불사할 수밖에 없었다. 13일간의 동향들을 면밀히 지켜본 케네디 대통령은 흐루쇼프 서기장과 극적인 합의를 이루어내, 인류를 대재앙의 위기에서 구해낼 수 있었다.

1986년, 냉전의 수위가 정점에 다다랐을 때, 레이건Ronald Reagan 대통령과 미하일 고르바초프Mikhail Gorbachev 서기장은 아이슬란드에서 정상회담을 가졌다. 그들은 이틀간의 회담 끝에 핵무기를 포함한 무기 감축 합의안에 서명했다. 이는 역사상 최초의 합의였고, 두 강대국 간의 경쟁에 종지부를 찍을 수 있는 획기적인 역사적 사건이었다.

전쟁을 피하고 세계질서를 재편하려는 숱한 협상들은 역사에 심오하고도 지속적인 영향을 주었다. 협상가들이 서로 다른 상황과 문제를 다루면서 분투하는 동안, 국민들도 경쟁 국가들에게서 보다 많은 양보를 얻기 위해 그들의 대표들을 성원하고 격려하면서 만족할 만한 결과를 기대한다. 우리는 이러한 과정들을 통해 외교협상에서 필요한 끈기나 예상치 못한 돌발 상황을 헤쳐 나가는 순발력 등의 외교전략 패턴들을 배우게 된다.

이 책은 이성적으로 상대방을 설득하면서, 인류를 전쟁과 재앙으로부터 벗어나게 한 외교적 업적을 우리에게 이해시키기 위해 적절한 사례들을 선택해서 설명하고 있다. 협상은 외교에 있어 심장과도 같이 없어서는 안 될 외교술의 핵심요소이다. 과거에 있었던 외교협상의 사례들을 많이 들여다보면 볼수록 이견을 해소하기 위해 무력에 의존하려는 욕구들은 그만큼 줄어들 것이다.

C O N T E N T S

들어가는 말 4

제1장
독립혁명_ 미국과 프랑스 동맹 1778   15

제2장
루이지애나 매입 1803   47

제3장
비엔나 회의 1814~1815   79

제4장
포츠머스 조약 1905   107

제5장
파리 평화회의 1919   147

제6장
이집트-이스라엘 휴전협정 1949   199

제7장
쿠바 미사일 위기 1962   243

제8장
레이캬비크 정상회담 1986   291

찾아보기 328

1778년 3월 20일, 프랑스 궁전에서 루이 16세를 알현하는 벤저민 프랭클린Benjamin Franklin 일행의 모습 (미 의회도서관)

제1장

독립혁명 _ 미국과 프랑스 동맹
1778

1776년 7월 미합중국United States of America이 독립을 선언했을 때, 북미 대륙의 군대는 무기와 화약난으로 고통을 겪고 있었다. 대륙회의 Continental Congress(13개 식민지들로 구성)는 영국의 수출금지와 해상봉쇄로 보급품의 조달이 막히자, 수천 명의 대륙군들의 식량과 의복 등을 마련하느라 안간힘을 쓰고 있었다.

조지 워싱턴George Washington 장군 휘하의 병력은 일 인당 다섯 발의 탄약밖에 없었다. 벤저민 프랭클린Benjamin Franklin은 친구에게 보낸 편지에서 "이러한 사실은 국민들에게도 비밀에 부쳐졌다"고 털어놓았다. "세상은 우리 군대가 대포 한 발도 쏘지 않는 것을 이상하게 생각하고 있지만, 우리는 화약을 구할 수가 없다."

대륙회의는 프랑스에 원조를 부탁하기로 했다. 프랑스는 수백 년간 영국의 숙적으로서, 영국에 맞서 싸우는 대륙군을 잠재적 동맹자로 생각하고 이미 은밀하게 돈과 군수품들을 미국에 보내고 있었다. 프랑스는 미국의 독립을 지원하고 영국의 부와 힘의 원천이었던 식민지 미국을 영국에서 떼어냄으로써, 그 동안 쌓아왔던 양국 간의 원한을 갚고, 더 나아가서는 그토록 갈망해왔던 유럽에서의 세력균형을 회복시킬 수 있는 절호의 기회로 활용하고자 했다. 그 동안 식민지 미국의 엄청난 목재와 모피, 광물자원들은 영국의 경제를 부양시켜왔다. 전 영국 수상 로드 채텀Lord chatham은 "식민지로서의 미국은 영국의 부의 기반이자 힘의 원천이며, 해군력의 온상"이라고 말했다.

1776년 9월 말, 미 대륙회의는 프랑스로 파견할 사절단 대표로 미 식민지에서 명성이 높은 아서 리Arthur Lee와 실라스 딘Silas Dean, 프랭클린을 임명했다. 그들의 임무는 프랑스로 가 미국과 동맹을 맺고, 영국과 맞서도록 루이 16세를 설득하는 일이었다. 프랭클린은 대륙회의의 전직 의원이었고, 미국독립선언서의 기초자 중 한 사람으로서 일찍부터 출판가, 작가, 발명가, 과학자로서 국제적인 명성을 얻고 있었다. 프랑스의 철학자인 볼테르F. M. A. Voltaire는 그를 가리켜 "천재이며, 현 과학계의 제 1인자로 뉴턴과 갈릴레이의 후계자"라고 격찬한 적이 있었다. 딘은 코네티컷 주의 상인으로, 당시 대륙회의의 의원으로 활동하고 있었다. 그리고 리는 버지니아 주의 명문가 후예로 의사 겸 변호사로 활동 중이었고, 당시 유럽에 체류하고 있었다.

1776년 10월 27일, 프랭클린은 두 명의 손자들과 함께 필라델피아를 떠났다. 그의 손자들은 여섯 살의 벤저민 프랭클린 배슈Benjamin Franklin Bache와 열일곱 살의 템플 프랭클린Temple Franklin이었는데, 템플은 할아버지의 개인비서로 할아버지를 도울 예정이었다. 그들은 리프라이즐 Reprisal 호를 타고 프랑스로 향했는데, 그 배는 16문의 대포를 장착한 범선으로 35통의 인디고를 적재하고 있었다. 항해하는 동안 영국의 순시함으로부터 수 차례의 정선 명령을 받았는데도, 그 범선은 영국함대들 사이를 미끄러지듯이 지나쳐갔고, 심지어는 두 척의 영국 상선들을 나포해 프랑스 해안으로 끌고 가기도 했다. 프랭클린 일행의 험난한 항해는 북대서양을 건너는 데에만 30일이 걸렸고, 프랭클린은 "나는 탈진 직전에 있었다"고 일기에 쓴 적이 있었다. "리프라이즐 범선은 우리를 북대서양 너머로 실어 나르는 데는 적합하지 않은 범선이었고, 보잘 것 없는 음식과 장기간의 항해로 일행들은 많이 쇠약해졌다"고 기록했다. 그는 "우리들의 항해는 비록 격랑은 심하지 않았지만, 배 멀미로 고생했다. 그러나 지금은 회복중이고, 2~3일 내에 파리로 향하게 될 것이다"라고 대륙회의 의장인 존 핸콕John Hancock에게 보내는 서신에서 밝혔다.

프랭클린은 12월 21일 파리에 도착해, 그곳에서 기다리고 있던 딘과 합류했다. 리는 다음 날 도착했다. 파리에서 며칠간 휴식을 취한 뒤, 프랭클린은 파씨Passi의 한적한 곳에 있는 한 빌라에 여장을 풀었다. 그곳은 파리에서 1마일 쯤 떨어진 곳이었다. 프랭클린 일행의 모습도 초췌했지만, 미국에 있는 워싱턴 장군의 5천 명의 병력도 적군의 숫자에 비해 6:1로 열세였다. 프랭클린이 파리에 도착한 날, 본국에서는 뉴욕과 뉴저지에서 있었던 워싱턴 군대의 패배에 관한 뉴스가 보도됐다.

유럽대륙에서는 미국이 그 해 말까지 버텨낼 수 있을 것이라고 전망하는 사람들은 거의 없었다. 식민지인들에 대해서는 호의적인 감정을 갖고 있었지만, 프랑스 정부도 재정적자로 어려움을 겪고 있었기 때문에 루이 16세와 각료들은 영국을 상대로 전쟁을 벌일 생각이 없었다. 군주국으로서의 프랑스는 왕에게 반기를 들고 있는 식민지 정부를 공개적으로 지원한다는 것이 썩 마음이 내키지 않았다. "반란의 정신은 언제, 어디에서도 일어날 수 있다는 점에서 항상 경계해야 한다. 정신적 질병도 육체적 질병과 마찬가지로 전염되기 마련이다. 이러한 점을 염두에 두고 그것이 비록 지구의 반대편에서 불어오더라도 독립의 정신은 사전에 차단해야 한다"고 프랑스의 외무장관인 샤를 그라비에 베르젠Charles Gravier Vergennes이 언급한 적이 있었다.

프랑스 외무장관인 베르젠과의 만남은 미국의 사절단이 파리에 도착한 지 2주만에 성사되었다. 프랑스 외무장관은 공식적 접견은 거절했지만, 개인자격으로 만날 수 있었다. 이러한 의전형식은 파리 주재 영국 대사인 스토몬트 자작Viscount Stormont의 신경을 건드리지 않겠다는 의도였다. 프랑스 외무장관은 얼마 전 파리 주재 영국 대사에게 "장관의 공관은 교회와 같다. 누구라도 공관에 들어올 수 있으며, 보석금이 없더라도 사면될 수 있다"고 말한 적이 있었다. 미국 사절단은 프랑스와 미국 간의 최혜국 대우를 보장하는 통상조약을 제안했다. 프랑스 외무장관 베르젠은 그들을 정중하게 맞이했으나, 여전히 경직된 자세로 말했다. "프랑스는 당신들의 입장을 충분히 이해하고 있지만, 중립을 유지할 수밖에 없다. 그러나 할 수 있는 한 암암리에 물자를 공급하는 것을 포함해서 비공식적으로 도움을 줄 수는 있다"고 말했다. 베르젠은 미국 대표단의 단순한 제의에 내심 당황했다. 그러면서 미국 사절단이 어떤 복안을 숨기고 있는 건 아닌지 내심 경계했다. 베르젠은 마드리드 주재 프랑스 대사에게 "나는 프랭클린의 속셈을 모르겠소"라면서 의구심을 드러냈다.

"나는 그가 무엇을 제의하든 현재 북미대륙의 상황에 아무 관심도 없습니다. 그런데 프랭클린의 제의는 단 하나, 프랑스와 통상조약을 체결하고 싶다는 것 뿐이었습니다. 그리고 이에 대한 구체적인 요점도 제시하지 않고 떠났습니다. 그의 간결한 제안에 오히려 제가 어리둥절했지요. 그는 프랑스에 아무것도 요구하지 않았습니다. 이러한 행위가 그의 겸손함 때문인지, 아니면 미국이 의지하려고 하는 강대국들에 부담을 주지 않으려는 고육지책인지는 몰라도, 그들의 마음씀씀이는 매우 훌륭했습니다. 그런데 이러한 신중함이 어떤 정치적 고려에 의한 의도적인 행위로 볼 수도 있지 않을까요?"

베르젠 외무장관은 생각이 여기에 미치자, 미국이 통상조건을 미끼

실라스 딘의 초상화 (미 의회도서관)

로 프랑스와 영국을 이간시키려는 고도의 전략이 아닌지 경계했다. 프
랑스 외무장관이 이렇게 경계하는 데는 나름 이유가 있었다. 그는 기회
가 있을 때마다 "프랑스는 영국과의 전쟁은 생각해본 적이 없다"고 강
조해왔기 때문이다. 프랭클린은 "프랑스 국민들은 미국의 입장을 지지
하고 있다. 그러나 프랑스 왕실에서는 전쟁을 고려하는 기색을 전혀 찾
아 볼 수 없다"고 대륙회의에 보고했다.

미국 사절단은 일주일 후, 두 번째 외교 각서를 가지고 베르젠 외무장관을 방문했다. 이번의 외교 각서에는 구체적인 요구사항들이 포함되어 있었다. 미국의 요구사항은 8척의 정기화물선, 3만 정의 머스캣 총과 탄환들, 다량의 화약과 대포, 포탄, 그리고 영국에 맞서 함께 싸운다는 동맹에 대한 요구조건이었다.

미국 사절단은 이에 대한 보상으로 서인도제도에 있는 프랑스와 스페인의 식민지들을 영국으로부터 보호해주고, 날로 성장하는 미국과의 통상무역에서 최혜국 대우를 약속했다. 또 미국 사절단은 "미국의 통상이 차단되어 있는 상황에서 이를 방관하는 국가들은, 미국이 영국과 화해하도록 강요하는 것으로 볼 수밖에 없다." 그러면서 미국 사절단은 다음과 같은 제안을 제시했다.

"미국은 프랑스와 스페인에게 통상과 친선관계에 대한 협상을 정식으로 제안한다. 미국은 프랑스와 스페인의 서인도제도에서의 기득권을 완전히 보장할 것을 확고하게 약속한다. 또 프랑스와 스페인이 미국을 지원하기 위해서 영국과 교전할 경우, 적으로부터 탈취한 모든 것들을 배분할 것이다. 세 국가의 이해도 일치한다. 세 국가간의 유대를 공고히 하면서 서로의 통상을 증진시킬 수 있다면, 세 국가의 경제도 활발해질 것이다. 시기도 적절하다. 지금이 바로 그 시점이다. 만약 이 제안을 거부한다면 다시는 이런 기회가 없을 것이다. 우리가 더 이상 머뭇거린다면,

돌이킬 수 없는 상황에 직면하게 된다는 것을 통고하지 않을 수 없다는 점을 양해해주기 바란다."

이에 대해 베르젠 외무장관은 "만약 프랑스가 미국의 제안을 받아들인다면, 그것은 미국을 승인한다는 의미이고, 미국의 독립전쟁에 대해서도 정당성을 부여했다는 의미가 된다"고 대답했다. 그러면서 프랑스는 미국에 은밀히 원조를 제공하겠지만 영국과 교전할 의사는 없으며, 프랑스의 중립을 포기할 의사도 없다는 점을 분명히 밝혔다. 그러면서도 베르젠은 프랑스와 영국 간의 전쟁 가능성을 완전히 배제하지는 않았다. "지금은 기다려야 한다. 무력도 약하고 시기도 좋지 않다"고 말했다. 베르젠은 마드리드 주재 프랑스 대사인 몬트모린에게 보내는 서신에서, "우리는 현재로서는 미국과의 동맹에는 관심이 없다. 그러나 미국 측에서는 영국과 프랑스 간에 전쟁이 발발할 수밖에 없다는 점을 애써 강조하고 있다"고 썼다. 베르젠은 미국의 제안을 완곡히 거절하면서도, 은밀히 200만 리브르를 지원하겠다고 약속했다. 그러면서 이 자금은 프랑스 재무성 소관 예산에서 나오는 것이기 때문에 대륙회의에서도 눈치 채지 못하도록 각별히 비밀을 유지해줄 것을 당부했다.

아서 리는 2월에 스페인으로 건너가 미국에 대한 원조와 동맹을 촉구했다. 이에 스페인은 약간의 지원만을 약속했다. 스페인 외무장관 제로니모 그리말디Jeronimo Grimaldi는 파리 주재 스페인 대사에게 보낸 서신에서 "미국의 반란을 스페인 왕의 입장에서 공개적인 지지를 표명한다

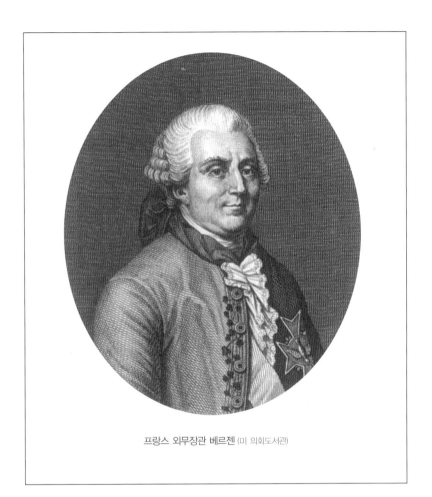

프랑스 외무장관 베르젠 (미 의회도서관)

는 것은 너무 위험하다"고 밝혔다.

　미국 대륙회의는 토스카나와 비엔나, 베를린 등에도 사절들을 파견했다. 그러나 미국의 혁명이 곧 막을 내릴 것이라는 전망은, 미국 대표들의 활동무대를 제한시켰다. 한편 프랑스 정부로부터의 기별을 기다리고 있던 미국 대표단은 로버트 모리스Robert Moris가 대륙회의를 대표해 쓴 서신을 받았다. 그 서신에는 빠른 시일 내에 프랑스의 도움이 없으면 독립혁명의 미래는 암담하다며 본국의 정세를 다음과 같이 상세히 보고했다.

"영국의 헨리 클린턴Henry clinton 장군이 로드아일랜드를 점령했습니다. 대륙군은 롱아일랜드에서도 패배해 허드슨 강 계곡으로 후퇴했습니다. 뉴욕을 점령한 영국군은 뉴저지를 지나 펜실베이니아의 델라웨어 강까지 탈진한 워싱턴 장군의 군대를 추격하고 있습니다. 지금 미국은 총과 탄환의 부족으로 궤멸 직전에 있습니다. 인플레이션도 심각하고 미국의 지폐는 휴지조각과 다름없으며, 군인들에게 보급품을 보내는 일도 난항을 겪고 있습니다. 영국함대는 여전히 해상을 봉쇄하고 있고, 영국군은 워싱턴 장군의 군대를 궤멸시키기 위해 마지막 총 공세를 준비하고 있습니다. 더욱 더 우려스러운 상황은 극적인 해결책이 하루 빨리 마련되지 못한다면 미국의 정체성도 위태로워질 것이라는 점입니다. 또 다른 심각한 문제는 대륙 화폐 가치의 하락입니다. 군비지출도 엄청나지만 공공부문에서 공공연히 행해지는 낭비성 지출도 전국적으로 늘어나면서, 통화당국은 막대한 양의 지폐를 찍어내는 악순환을 거듭하고 있습니다. … 프랑스가 자국의 이익을 넓은 시각에서 고려해 미국과의 통상이 영국과 전쟁을 벌였을 때 발생하는 희생과 비용을 만회하고도 남을 것이라고 판단할 수 있게 된다면, 생각을 바꾸고 우리들을 지원해줄 것입니다. 그러면 모든 어려움을 해소될 수 있습니다. 그러나 그러한 결단은 하루라도 빨리 이루어져야 합니다. 우리의 상황은 매우 절박하기 때문에 한시도 지체할 겨를이 없습니다."

아서 리 (미 의회도서관)

미국 사절단은 아서 리의 형 리처드 헨리 리Richard Henry Lee로부터 별도의 서신을 받았다. 헨리 리는 대륙회의의 버지니아 주 출신의원으로 대륙회의의 의견을 대표해서 전하고 있었다.

"미국이 프랑스, 스페인과 동맹을 체결하지 못하고, 또 무기와 보급품, 전함을 구입할 자금을 확보하지 못한다면 미국의 독립은 물거품이 됩니다. 현재 미국이 가장 필요로 하는 것은 하루속히 프랑스를 전쟁에 끌어들이는 것입니다."

프랭클린은 지난 2월 1일, 베르젠 프랑스 외무장관에게 군사동맹에 관한 두 번째 제안을 제출했었다. 프랑스 외무장관으로부터 아무런 회답이 없자, 사절단은 본국의 훈령을 무시하고라도 새로운 양해각서를 제안하기로 결정하고, 본국에 이에 관한 건의서를 보냈다.

"미국과의 통상협정으로 인해 프랑스와 영국 간에 전쟁이 발발한다면, 프랑스 측의 양해 없이는 단독으로 영국과의 강화조약을 체결하지 않겠다는 의사를 프랑스에 분명히 밝히려고 합니다. 미국의 자유와 독립이 훼손될 수도 있는 현재의 위급한 상황에서, 자유를 보존하고 지속시키기 위해서는 모든 것을 내던질 수밖에 없습니다. 또 상황에 따라서는 적절한 판단과 대의명분에 벗어나지 않는 범위 내에서 제안을 할 수 있도록 우리에게 재량권을 부여해주길 바랍니다. 우리는 지금 본국의 훈령들을 외면하면서까지 이러한 제안을 하고 있습니다. 우리는 대륙회의로부터의 어떤 비난도 감수할 것이며, 조국의 국민들 앞에서 무릎 꿇고 맹세합니다. 우리는 조국의 독립을 위해서 기꺼이 자유와 목숨을 바칠 각오가 되어있으니 하루속히 결단을 내려주시기 바랍니다."

3월 14일, 미국에서 새로운 훈령들이 도달했다. 대륙회의는 거의 절망적인 심정으로 사절단의 제안을 수락해 그들에게 권한을 부여했다.

그리고 프랑스의 도움을 얻기 위해 필요한 때에는, 사절단의 판단 하에 어떤 제안을 해도 좋다는 동의도 포함되어 있었다. 대륙회의는 사절단에게 "미국의 독립을 성취하기 위해서는 프랑스와 유럽의 도움이 절실히 필요하기 때문에, 그들과의 동맹체결이 하루속히 이루어지길 기대한다"고 당부했다. 또 "미국의 독립을 위해 필요하다고 판단된다면, 어떤 제안이라도 빨리 마련해서 프랑스와 스페인에게 전달할 것"을 당부했다. 이에 미 사절단은 프랑스에 200만 리브르의 차관을 요구함과 동시에 베르젠 프랑스 외무장관과 스페인 외무장관에게 영국에 대항하기 위한 3국동맹을 체결할 것을 공식적으로 제안했다.

3국동맹은 미국의 독립이 달성될 때까지 끝까지 싸우고, 포르투갈을 스페인의 소유로 인정할 것이며, 프랑스와 미국의 독립군은 영국군을 북아메리카와 카리브 해에서 축출하자는 의견을 덧붙였다. 미 사절단은 또 새로운 요구도 포함시켰다. "프랑스는 동맹이 체결되면, 미국에 원조를 제공해야 할 뿐만 아니라, 캐나다를 정복하는 데에도 도움을 주어야 한다. 캐나다와 신대륙에서 새로 발견되는 지역은 미국에 귀속되며, 프랑스는 영국의 서인도제도의 영토를 모두 갖게 된다." 미국 사절단은 스페인을 동맹에 참여시키기 위해 포르투갈에 대해 선전포고를 하도록 제의했다. 미국 사절단은 끝으로 프랑스가 적극적으로 도와주지 않는다면, 우리는 결국 영국에 화평을 청하게 될 수밖에 없을 것이라는 경고로 끝을 맺었다.

새로운 영토에 대한 관심도 없고, 미국의 군사적 전망을 회의적으로 보았던 프랑스는 미국 사절단에 정중하면서도 단호하게 제안을 거부한 다는 뜻을 전달했다. 물론 스페인도 예외는 아니었다. 프랑스로서는 급할 것이 없었다. 베르젠 외무장관은 미국 사절단에게 말했다. "물론 지금의 상황이 불안정한 평화일지라도 전쟁보다는 낫습니다."

프랑스 수상 프레데릭 모르파Frederic Mourepas는 해군장관에게 보낸 서신에서 미국 사절단은 협상을 서두르지 않기로 결심한 것 같다고 썼다. "그것은 예리한 관측이었다"고 딘은 회상했다. "프랭클린은 처음부터 프랑스 궁정에 들어가 신속하게 담판짓기를 원하지 않았다. 그의 나이와 경륜으로 볼 때 (물론 그의 사상적 배경도 포함되지만) 그는 끈질긴 인내심을 갖고 대화하고 설득하는 것을 더 선호했다. 그는 종종 '미국은 신생국이다. 그러므로 먼저 의견을 꺼내는 것보다 다른 강대국들의 충고에 귀를 기울여야 한다'고 말했다."

평소에 이와 같은 소신을 갖고 있었던 프랭클린은 프랑스 인사들과 접촉하면서 그들이 미국이 원래대로 영국의 식민지로 돌아가는 상황을 그대로 방치하지 않을 것이라는 확신이 있었다. 실제로 프랑스는 미국에 은밀한 원조를 제공하고 있었다. 1777년 4월 말 경, 프랑스는 미국에 대한 대대적인 원조를 제공했다. 2척의 프랑스 화물선인 앙피트리테 Amphirtrite호와 메르퀴르Mercure호가 영국의 해상봉쇄를 피해서 보스턴 항에 도착했다. 두 척의 화물선에는 2만 정의 머스캣 총과 화약, 포탄, 탄약들이 적재되어 있었다. 미국에 물자를 실어나르기 위해 프랑스의 다른 화물선들도 위조지폐와 보급품들을 싣고 서인도제도의 프랑스령에 접근한 뒤, 한밤중에 화물들을 작은 배들에 옮겨 미국 항구에 몰래 실어날랐다. 이러한 프랑스의 군수품들은 궁극적으로 영국과의 힘의 균형을 깨뜨리기에는 턱없이 부족했지만, 일시적으로나마 미 대륙군들에게 도움을 주었다.

* * *

미 대륙군의 패배는 계속되었고, 7월에는 영국의 존 버고인Jonn Burgoyne 장군에게 타이콘더로가 요새도 함락되었다. 이 요새의 함락으로 허드슨 강의 상류를 영국군에 넘겨주게 되었고, 뉴잉글랜드와 다른 식민지들 사이의 통신수단도 두절되었다. 이러한 소식들은 미국의 혁명이 성공하지 못할 것이라는 프랑스의 신념을 강화시켜주는 역할을 했다. 이 소식을 들은 베르젠 외무장관은 "미국의 군대가 무기를 충분히 갖게 된다해도 독립을 이룰 수 있을지 확신이 서지 않는다. 캐나다 주재 영국군들이 배후에서 기습했을 때에는 하우Howe 장군이 용감히 맞서 싸웠다. 미 대륙군이 재편성되고 지휘체계가 확립되어 무력을 갖춘다면 적들을 격퇴할 수 있을까?" 베르젠 외무장관은 신중한 사람이었다. "미국 관계자들은 동맹을 하게 된다면 전쟁 후 쟁취한 전리품 중에서 어떤 것이라도 주겠다고 우리를 부추기고 있다. 그러나 우리는 전리품에 현혹되어 섣부르게 행동해서는 안 된다." 베르젠은 "프랑스는 불확실한 몫을 기대하기보다 좀 더 기다렸다가 미국이 독립을 달성한

벤저민 프랭클린 (미 의회도서관)

후에 조약을 체결해도 늦지 않을 것 같다"는 잠정적인 결론을 내렸다.

9월 25일, 프랭클린은 베르젠을 만나 천 4백만 리브르의 추가 지원을 요청했다. 대륙회의는 8만 상자의 담요, 4만 벌의 군복, 10만 켤레의 양말, 100만 개의 부싯돌, 2백 톤의 탄환을 요구했다. 미국 사절단의 자금도 바닥이 나 파산 직전에 몰려있었다. 그들은 그 동안 대륙회의에서

한 푼도 받지 못했고, 프랑스에서 빌린 자금도 거의 다 떨어지고 있었다. 프랭클린은 하는 수 없이 이미 구입했지만 아직 선적하지 않은 보급품들의 계약을 일부 취소하기로 했다. 리는 그의 형 헨리에게서 온 편지를 동료들 앞에서 읽었다. 그 편지에는 "프랑스와 스페인과의 동맹을 체결하지 못하고 자금지원도 없으면, 독립을 달성하기란 어렵다"는 호소가 쓰여 있었다. 미국의 사절단은 그들의 부채 이자를 프랑스 정부가 대신 갚아달라고 부탁하는 것이 최후의 선택이라고 동의했다. 프랑스 정부의 협조가 없으면, 그들은 꼼짝없이 법적인 제재를 받아야 할 처지에 몰려있었다.

그로부터 2주일도 안 되어 12월 4일 정오 쯤, 보스턴에서 온 연락병이 사절단을 찾아와 본국 상황을 보고했다. "당시 미국의 수도였던 필라델피아가 영국군에게 함락되었고, 대륙회의는 볼티모어로 자리를 옮겼습니다. 대륙회의는 그곳에 있는 낡은 선술집에서 회의를 하고 있습니다." 그러나 이 비보는 새로 전달된 뉴스들로 인해 가려져버렸다.

영국의 버고인 장군과 그의 부대가 통째로 새러토가에 있는 미국군에게 항복했다. 2천 명의 영국군들이 전사했고, 6천 명에 가까운 사람들이 포로로 잡혀있는데, 그 중에는 4명의 영국하원의원들, 6명의 장군들, 300여 명의 장교들, 5천 5백 명의 사병들과 3천 7백여 개의 포탄들도 포함되어 있었다. 영국의 군사전략은 차질을 빚었고, 북부지역 주둔군들은 완전히 소탕되었다. 미국군은 영국에 비해 절대적인 약세에도 불구하고 전투에서 승리를, 그것도 대승을 거두었다. 새러토가에서 거둔 미국의 승리는 프랑스에 즉각적인 반향을 불러일으켰다. 베르젠 외무장관은 최종적인 결정을 해야겠다고 결심을 굳혔다. "최근의 군사적 승리들은 새로운 전망을 제시하고 있다. 이번의 승리는 그 동안 미국이 영국에 맞서 제대로 싸울 수 있을까에 관한 신뢰성에 대한 의구심을 말끔히 제거시켜버렸다"고 단언했다.

프랑스는 미국의 승리로 영국 정부 내 온건파들의 입지를 강화시켜 줄 것이라고 예측하고 서두르기 시작했다. 베르젠 외무장관은 기세가 꺾인 영국이 식민지에 대해서 평화협상을 제안하기 전에 프랑스가 먼저 손을 써야 한다고 서둘렀다. 그는 "프랑스가 미국과 동맹을 맺고 함께 싸운다면, 영국은 영토의 3분의 1을 상실하게 되면서 엄청난 세력의 약화를 가져오게 될 것"이라고 판단했다. 이틀 뒤, 베르젠 외무장관의 부관인 콘래드 알렉상드르 제라르Conrad Alexandre Gerard가 파씨에 있는 미국 사절단을 방문했다. 부관은 세 명의 사절들에게 "이제 여러분들은 미국의 독립을 걱정할 필요가 없다"면서 "미국의 제안이 신중히 검토되리라는 점을 약속드리며, 동맹에 관한 미국의 입장을 새로 정리해서 빠른 시일 내에 제출해줄 것"을 당부했다.

이틀 후, 미국 사절단은 동맹에 관한 새로운 제안을 베르젠 외무장관에게 제출했다. 그들은 프랑스 외무장관에게 자신들이 프랑스에 와서 도움을 청한 지가 벌써 1년이 되었다는 것을 상기시킨 뒤, 미 국민들의 마음속에 각인된 프랑스에 대한 불신을 해소시키기 위해서 프랑스 당국이 즉각적이고도 공개적인 조치를 취해줄 것을 촉구했다. "미 대륙회의는 우리들에게 비밀 임무를 부여했기 때문에 프랑스 당국이 우리 사절들에게 개인적이고도 우정 어린 도움을 주었다는 사실을 본국에서는 모르고 있다." 그러면서 미국의 국민들은 그 동안 프랑스가 은밀히 미국을 지원해왔다는 것을 모르고 있기 때문에, 영국의 평화공세에 마음이 흔들릴 수도 있다는 점을 암시했다.

12월 12일, 베르젠 외무장관과 제라르는 베르사유에서 반 마일 떨어진 곳에 있는 한 저택에서 미 사절단과 만났다. 이 자리에서 베르젠은, 프랑스 정부는 미국과의 동맹과 통상 조약을 체결할 것을 적극적으로 검토할 의사가 있다는 점을 분명히 했다. 그리고 본론으로 들어가기 전, 미국의 독립을 승인한다고 밝혔다.

"우리가 미국과 조약을 체결하게 되면, 미국의 독립은 확고해질 것이며 우리는 영국과의 전쟁도 각오해야 될 것입니다. 그러나 프랑스는 조약을 체결하기 전에, 먼저 스페인과 협의절차를 거쳐야 합니다. 1761년에 스페인 왕위계승 전쟁을 끝내면서 합의한 부르봉 가(家)의 협정에 의하면, 프랑스와 스페인은 전쟁과 평화에 관련된 사항들은 양국 간의 합의하에 처리한다고 명시되어 있습니다. 그래서 미국과의 동맹도 스페인의 동의를 필요로 합니다. 미국과의 동맹체결은 비밀리에 추진되어야 합니다. 너무 서둘러 일을 망쳐서는 안 됩니다."

베르젠 외무장관은 마드리드로 특사를 파견하면서 3주안에 회답을 갖고 돌아오도록 특명을 내렸다. 그리고 별도로 파리 주재 스페인 대사를 불러 특별히 당부했다. "명심하라! 꼭 본국의 동의를 받아내라. 동의를 얻어내지 못해서 하늘이 우리들에게 내린 기회를 활용하지 못한다면, 우리 세대의 치욕임은 물론이고, 다음 세대들도 우리의 실책에 대해 두고두고 비난을 할 것이다. … 어떠한 일이 있더라도 이 기회를 놓쳐서는 안 된다."

베르젠은 궁정에 있는 몽모랭Montmorin 백작에게 은밀히 편지를 보냈다. "미국의 독립을 처음으로 승인하는 국가는 앞으로의 전쟁에서 얻을 수 있는 전리품 배분에서 우선권을 갖게 될 것입니다."

* * *

영국의 조지 3세 정부는 새러토가에서의 패배로 충격을 받고 파리에 머물고 있는 프랭클린 일행에 관심을 기울였다. 영국의 의도는 영국이 식민지 정부에 화평을 제안하면서 미국과 프랑스 간의 동맹을 방해하려는 전략이었다. 영국 정부는 고위급 정보원인 폴 웬트워스Paul Wentworth를 특사로 임명하고 프랑스로 파견했다. 웬트워스는 파리에 도착하자마자 딘과 접촉해 12월 15일, 16일 이틀에 걸쳐 딘의 숙소에서 저녁을 함께했다.

영국 대표는 미국 정부가 통상과 외교권을 제외하고는 모든 권한을 행사할 수 있다는 조건으로 화평을 제의했다. 이에 대해 딘은 자주 독립만이 평화를 이룰 수 있는 유일한 방법이라고 말하면서 영국의 제안을 거절했다. 한편 베르젠 외무장관과 미국의 사절단이 스페인으로부터의 회답을 기다리고 있을 때, 영국 수상 노스 경Lord North은 의회가 열린 1월 20일, 식민지 대표들과 휴전 강화에 관한 회담을 제안한다고 공식적으로 발표했다. 이러한 영국의 제안은 미묘한 긴장을 가져왔지만, 미국 사절단은 베르젠 프랑스 외무장관에게, 미국이 프랑스와 스페인의 협조를 바라고 있다는 방침에 변함이 없다는 뜻을 분명히 전달했다. 베르젠은 "영국의 이러한 제안은 미국 정부가 프랑스와 손잡고 영국과 싸우는 것보다, 영국과 손잡고 프랑스와 싸우는 것이 더 적절한 전략이라는 것을 식민지 정부에 인식시키려는 의도"로 판단했다. 베르젠은 영국의 제안을 무산시키기 위한 특별한 조치가 필요하다고 생각했다. 그가 우려하는 것은 "영국 정부가 군사적 패배를 인정하고 평화조약을 제안한다면, 프랑스가 그들의 화평을 막을 수 있는 대안은 무엇인가? 또 미국 식민지 정부가 새러토가의 승리로 잠시 숨을 돌리고는 있지만, 영국이 식민지의 완전한 독립을 포함하는 관대한 평화협정을 제안한다면, 지칠 대로 지친 미국이 앞으로도 외부의 도움 없이 혼자 싸워야 하고, 프랑스마저 등을 돌린다면, 영국의 제안을 거절하기는 어려울 것"이라는 점이었다. 프랑스로서는 유리한 입장에 있는 전략적 위치를 상실하는 것을 막아야 할 필요가 있었기 때문에 특단의 조치가 필요하다는 결론을 내렸다.

베르젠은 "결단의 시간이 다가왔다. 지금 결단을 내리지 않는다면 영국은 우리를 제치고 유리한 고지를 선점하게 될 것이고, 프랑스는 하늘이 부여한 절호의 기회를 놓치는 우를 범하게 될 것이다. 나중에 후회해봐야 아무 소용이 없다"고 결심했다. 그는 후에 "영국의 힘을 꺾고 원래의 자리로 되돌릴 수 있는 절호의 기회를 놓치고 싶지 않았다"고 말했다. 베르젠은 부관인 제라르에게 훈령을 내렸다. "당장 딘을 만나 미국 사절단을 프랑스 보호 하에 있는 공사관으로 초빙하고, 협상을 위한 모든 사항을 처리"하라는 특명이었다.

12월 17일, 제라르는 다시 파씨로 내려가 미국 사절단에게 프랑스 정부의 입장을 전달했다. 그로부터 얼마 뒤, 양측 간에 조심스러운 협상이 진행되기 시작했다. 루이 16세는 미국의 독립을 승인하기로 결정했고, 마드리드에 파견한 특사가 돌아오는 즉시 조약을 체결하기로 합의했다.

그토록 기다렸던 특사가 12월 31일 돌아왔다. 베르젠의 특사는 스페인이 동의를 거절했다고 보고했다. 스페인의 입장은 프랑스와는 달랐고, 미국의 혁명이 성공한다 하더라도, 프랑스가 얻을 수 있는 이익과 비교해볼 때 스페인에게 돌아오는 이익은 보잘 것 없을 뿐만 아니라, 오히려 역효과를 불러올 수도 있었다. 스페인과 포르투갈 간의 갈등은 영국과의 대립을 자초하게 될 뿐만 아니라, 스페인의 낙후된 경제와 소형 상선에 의지하는 무역은 미국의 통상개방에도 불구하고 혜택을 바랄 수 있는 입장이 아니었다. 이와 반대로 프랑스는 영국의 힘을 약화시키면서 프랑스의 위상을 한 단계 끌어올려 유럽에서의 패권을 행사할 수 있는 절호의 기회일 수도 있었다. 물론 스페인도 식민지 개척에 대한 야망을 갖고 있지만, 그것은 영국의 강력한 견제를 받게 될 것이고, 국내에서 빈번히 발생하는 민란은 미국의 예를 따르게 될 위험도 배제할 수 없었다. 이런 이유로 스페인은 전쟁의 위험을 무릅쓰기보다 그들보다 신분이 아래인 프랑스 왕실을 견제하는 것이 더 바람직했다. "우리의 영토를 지키기 위한 전쟁 외에는, 다른 전쟁은 하지 않겠다는 것이 스페인의 공식 입장이다"라고 스페인의 신임 외무장관 플로리다블랑카Floridablanca 백작이 공식적으로 선언했다. 그 대신 스페인은 전쟁을 수행하는 데 필요한 상당한 재정적 원조를 제공하겠다고 제안했다. "솔직히 말하면 식민지들의 반란이 계속 이어지고 영국과 미국이 함께 피폐해진다면 그것이야 말로 스페인이 바라는 것이다."

겨울에 접어들면서, 혁명은 위태로워졌다. 포지계곡Valley Forge에 주둔하고 있는 미 대륙군대는 1만 1천 명에 달하는 병사들의 식량으로 25배럴의 밀가루만이 남아있었고, 많은 병사들이 배고픔 때문에 고통을 받고 있었다. "피골이 상접하고 벌거벗고 굶주림에 지친 한 병사가 우리들의 눈에 띄었다." 이것은 그 진지를 방문했던 대륙회의 의원의 보고서의 한 구절이었다. 대륙군대와 생사를 함께하기 위해 미국으로 건너간 프랑스인인 마르퀴Marquis가 기록했던 내용을 보자.

"약 3천 명의 병사들이 추위와 굶주림과 병으로 죽어갔다. 병사들은 모든 것이 부족했다. 코트도, 모자도, 셔츠도 심지어는 신발조차 없었다. 그들의 발과 다리는 동상이 심해지면서 검게 썩어가고 있었고, 다리를 절단하는 병사들도 있었다."

조지 워싱턴은 일기에 "병사들이 헐벗고 굶주림으로 고통을 받고 있는데도 불구하고, 그들의 처절한 인내심과 국가에 대한 충성에는 변화가 없었고, 폭동이나 이탈자도 없었다. 특별한 상황에서 나타나는 불만의 표정들만 가끔 볼 수 있었다. 우리의 현재 상황은 정말 참담하다. 희망이라고는 전혀 보이질 않는다. 뉴저지와 펜실베이니아, 델라웨어, 메릴랜드 주에서 발행되는 잡지사에서 발벗고 나서 구호품을 거둬들이고 있었지만, 그것으로는 한 달도 견딜 수 없을 것이다"라고 기록했다.

* * *

스페인으로부터 거부 의사가 전달된 후, 한동안 베르젠 프랑스 외무장관으로부터 아무런 연락이 없자, 프랭클린은 프랑스를 압박하기로 결심했다. 몇 주간 영국 대표인 웬트워스의 면담요청을 거절해왔으나, 프랭클린은 느닷없이 영국 대표를 저녁식사에 초대했다. 그와 영국 대표와의 회동이 프랑스 정보원들에 의해 베르젠 외무장관에게 보고될 것을 예상한 프랭클린의 의도된 행동으로, 프랑스 측에 미국의 사절단이 영국과의 평화협상에도 관심을 갖고 있다는 신호를 보내, 압박을 주기 위한 고도의 외교술책이었다. 영국 수상인 노스 경은 미리 웬트워스를 프랑스로 보내 미국 사절단과 프랑스와의 협상을 방해하고자 했다. 프랭클린은 이것을 역이용해서, 미국이 바라는 것을 얻기 위한 미끼로 활용하고 있었다.

1월 6일, 프랭클린은 웬트워스와 회동했고, 배석자 없이 2시간 동안 대화를 나누었다. 웬트워스는 양국에 쌓였던 앙금을 털어내고 양국이 재결합한다면, 지구에서 가장 강력한 제국이 될 것이라고 말하면서 화평을 위한 조건을 제시해줄 것을 당부했다. 이에 대해 프랭클린은 "독립인지, 아닌지"만 결정하면 된다는 입장을 분명히 밝혔다. 웬트워스가 "미국의 입장이 그렇다면, 영국은 미국의 독립을 막기 위해 향후 10년 동안이라도 싸울 각오가 되어 있다"고 말했다. 이에 맞서 프랭클린도 "미국은 독립을 이루기 위해 50년 동안이라도 싸울 각오가 되어 있다"고 응수하면서 한발도 물러서지 않았다.

프랭클린은 화제를 돌려, 과거에 영국이 식민지에서 저지른 참혹한 행위들에 관한 이야기들을 하면서 불만을 털어 놓았다. 그의 이러한 화두는 일부러 시간을 끌면서 베르젠 외무장관의 정보원들에게 보여주기 위한 계획된 행동이었다. 딘도 대화가 끝날 때쯤 나타나 세 사람은 저녁을 함께 했다. 프랭클린의 목적은 영국의 제안에 대한 의미 있는 토론을 하기 위해 웬트워스를 끌어들인 것이 아니라, 단지 그와 장시간 대화를 나누고 있는 것만으로도 양국 간에 진지한 토론들이 이루어지고 있다는 점을 외부에 보여주어, 베르젠 외무장관은 물론, 프랑스 내각에

영국 수상 노스 경 (미 의회도서관)

도 경각심을 불러일으키려는 고육지책이었다.

웬트워스는 다음날 아무런 소득도 없이 영국으로 돌아갔다. 영국 정부는 미국 사절단이 벌써 프랑스와 합의를 했다는 결론을 내렸다. 그러나 프랭클린은 비로소 프랑스 정부를 설득시킬 수 있는 결정적인 수단을 갖게 되었고, 바로 행동으로 옮겼다. 그는 프랑스 외무부에 영국 대표와의 회동을 일부러 보고하지 않았다. (그때까지는 항상 외국 방문객들과의 면담을 세세히 보고해왔다.) 프랭클린의 영국 대표와의 회동은 베르젠으로 하여금 그가 재빨리 행동하지 않으면, 미국-영국 간의 협상타결이라는 상상할 수도 없는 일이 벌어질지도 모른다는 경각심을 불러일으키게 했다. 베르젠의 일기장을 보자.

"그들은 분주하게 협상하고 있다. 그들의 대화가 진지했다는 점에 우려하고 있다. 또한 영국 주재 프랑스 대사도 나에게 주의를 촉구했다. 미국은 프랑스와 영국 사이에서 이익을 챙기려 하고 있다. 프랭클린의 타고난 치밀한 성격은 이와 같은 외교행각에서 큰 장점으로 작용하고 있다. 영국 왕실과 프랑스 왕실 사이의 불안정한 평화 상태는 한 순간에 위태로워질 수도 있다는 사실은 불 보듯 뻔하다."

프랭클린이 웬트워스를 만난 다음날, 베르젠은 당시 통풍으로 거동이 불편했던 프랑스 수상 모르파의 침실에서 열린 각료회의 때, 이들의 회담사실에 관해 보고했다. 그 자리에 참석한 모든 각료들은 프랑스가 재빠르게 움직이지 않으면, 그들에게 주어진 '일생일대의 호기'를 놓치는 것이라는 사실을 인식했다. 각료회의는 스페인의 반대에도 불구하고 미국과 동맹을 체결하기로 만장일치로 결정했다.

다음날 베르젠의 부관인 제라르가 파리에 있는 딘의 숙소를 방문해 미국 사절들을 만났다. 제라르는 그들에게 두 가지 안을 제시했다. "프랑스가 미국에 충분히 만족할 수 있는 것을 제공하면, 사절단은 영국이 새로운 관계개선을 위해 미국에게 제안하는 어떠한 사항들도 거절할 것을 약속할 수 있는가? 그리고 미국 국민들도 설득할 수 있는가?" 프랭클린은 동료들과 따로 상의했고, 제라르는 한 시간 뒤에 돌아갔다.

프랭클린은 그들이 제시한 첫 번째 제안에 대해서는 보장을 약속했다(두 번째 제안은 그 즉시 그들이 대답할 사항이 아니었다). "통상과 동맹조약에 대한 즉각적인 결정은, 완전한 자유와 독립이라는 기본원칙을 벗어나지 않는 조건이라면, 어떠한 제안도 그들의 재량으로 받아들일 수 있다." 제라르는 프랑스 왕이 조약 체결을 결심했다는 사실을 미국 사절

콘래드 알렉상드르 제라르 (뉴욕 공립도서관)

단에게 알려주었다. 제라르는 며칠 내에 통상조약과 군사동맹에 관한 조약안을 작성하겠다고 말하면서, 한 가지 유보조항을 제시했다. "프랑스의 전쟁 개입은 강제사항이 될 수 없을 것"이라고 말했다. 미국 사절단이 실망하자, 제라르는 전쟁에 개입할 때에는 제반 사정을 고려해서 결정한다는 유보조항을 넣어야 한다고 간곡하게 설득하면서 그들의 양해를 구했다.

3일 뒤, 미국 사절단은 제라르의 두 번째 제안에 대한 대답으로, 미 국민들이 영국과의 조약을 바라는 것을 미연에 방지하기 위해서 필요한 조치들에 관한 사항들을 상세히 작성해서 서면으로 답변했다.

"미국은 프랑스의 즉각적인 전쟁 개입, 또는 북미대륙에서 영국군을 격퇴시키고, 미국이 독립을 확보할 때까지 혁명을 지속하기 위한 충분한 재정적 지원을 요구한다. 또 프랑스가 즉각적인 전쟁개입을 할 경우에도, 현재 미 대륙의 영토뿐만 아니라 전쟁 과정에서 점령하게 될 모든 영토들이 미국에 귀속된다는 점을 인정하여야 한다. 영국과 전쟁을 벌이는 것과는 별도로 대륙회의에 재정적 지원을 제공하는 경우에도 북미대륙에서 현재 영국이 보유하고 있는 모든 영토를 탈환할 때까지 지원을 계속해 줄 것을 요구한다. 그리고 6~8척의 전함 원조는 빠른 시일 내에 인도되어 작전에 참여할 수 있도록 촉구한다."

이러한 요구에 대해 베르젠은 "그들의 첫 번째 요구인, 즉각적인 전쟁 개입요구에 대해서는 좀 더 시간을 두고 검토해보자고 당부했는데도 아직까지 철회를 하지 않고 있다"고 일기장에 썼다. 외교적 관점에서 보면, 프랑스가 영국과의 전쟁에서 1차적 책임이 있다는 비난 여론을 피해야 한다는 것은, 프랑스로서는 매우 중요한 사항이었다. 식민지 반란군들과 동맹을 맺거나, 공개적인 원조 등의 외교적 행위는 영국의 주권에 대한 용납할 수 없는 침해이기 때문에, 영국에 대한 선전포고나 다를 바 없다는 것은 누가 보아도 이해할 수 있을 것이다.

1778년 2월 6일, 드디어 프랑스-미합중국 두 나라의 대표들은 프랑스 외무부에서 "미합중국은 조약에 의거해서 공식적이든 묵시적이든 간에 독립이 인정되었고, 또 프랑스 정부는 전쟁이 종식될 때까지 끝까지 싸우겠다는 미국의 의지를 지지한다"고 선언했다. 동맹의 결과는 프랑스와 영국 간의 적대적인 대결을 초래하겠지만, 통상과 같은 문제들은 물론, 미합중국의 자유와 주권, 독립을 확실히 보장하는 데 도움이 될 것이었다. 프랑스도 미국의 독립이 확실해질 때까지 지원을 계속하겠다고 약속했다. 한 가지 주목할 점은 이들이 미합중국을 영원한 동맹자로 묶어두는 것을 피했다는 점이었다. 그것은 미래의 어느 시점에서 일어날 수도 있는 유럽 간의 전쟁에 개입될 수도 있다는 상황을 염두에 둔 것이었고, 미합중국 또한 다른 나라들에게도 똑같은 정치적, 통상적 편의를 제안할 수 있는 여지를 남겨두기 위한 것이었다. "어느 국가도 우리와의 통상에서 독점을 행사할 수 없다." 프랭클린이 대륙회의에 보낸 서신에서 밝힌 내용이다. "우리는 어느 국가에게도 통상의 자유가 보장될 것이라는 내용 이외에 아무것도 프랑스에 줄 것은 없다."

이로부터 5개월도 안 되어 프랑스와 영국은 전쟁에 돌입했다. 스페인은 일 년 뒤 프랑스로부터 지브랄타(스페인 남쪽의 영국령 항구도시)를 영국으로부터 탈환하는 데 도움을 주겠다는 약속을 얻어내고서야 영국에 선전포고를 했다.

프랑스는 전쟁의 흐름을 바꾸는 데 결정적인 역할을 했다. 워싱턴 장군 휘하의 군인들이 사용한 탄약의 90%가 프랑스에서 조달된 것이었다. 프랑스의 화물선들은 3만 정의 머스캣 총, 4백 톤의 화약, 5천 개의 텐트, 60문의 야포를 지원했다. 미국 군인들은 프랑스 군복을 입고, 프랑스 무기들을 사용하면서 싸웠고, 그들의 급여 대부분도 프랑스에서 지불됐다. 프랑스와 스페인의 연합함대는 대서양에서 영국 해군을 격파했고, 양국의 주력함대는 영국 해협 밖까지 위협하면서(전선은 지중해, 지브랄타, 카리브 해역과 인도로까지 확대되었다) 전쟁을 전 세계로 확대시키며 영국군을 분산시켰으며, 이것은 영국이 전쟁에 패하게 된 결정적 요인이 되었다.

1778년 8월 17일 뉴잉글랜드 해역에서 대기 중인 데스탱d'Estaing 백작 휘하의 프랑스 함대
(미 의회도서관)

　1781년, 요크타운에서의 결정적인 전투는 영국의 패배로 귀결되었고, 미국의 독립은 확고해졌다. 이 전투에서 프랑스 군대와 함대, 장거리 대포는 승리의 쐐기를 박는 결정적인 역할을 했다. 프랑수아 조제프 Francois-Joseph 제독 휘하의 함대는 포위되어 있는 찰스 콘월리스Charles Cornwallis 장군의 부대를 구하기 위해 오고 있는 영국 중원부대를 차단했다. 로샹보Rochambeau 백작 휘하의 8천 명의 프랑스 군들도 결정적인 전과를 올렸다. 프랑스는 미국의 독립전쟁을 지원하는 동안 10억 리브르(프랑스 연간예산의 3배의 해당) 이상을 쏟아 부으면서 재정을 빚더미에 올려놓았고, 프랑스 왕실은 이러한 재정적자를 해소하기 위해 국민들에게 과중한 세금을 부과하였다. 이것은 1789년의 프랑스 대혁명의 발단이 되었다. 그리고 1793년, 루이 16세는 단두대에서 참수되었다.

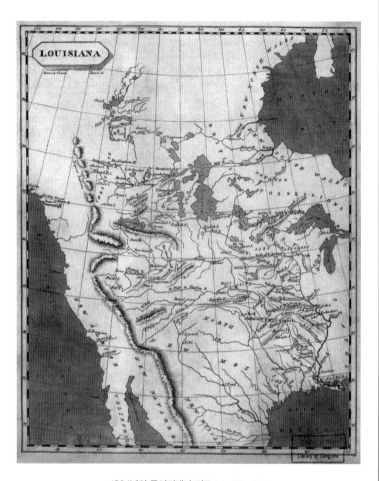

1804년의 루이지애나 지도 (미 의회도서관)

제2장

루이지애나 매입
1803

　영국이 요크타운Yorktown에서 항복한 지 22년이 지난 뒤, 미합중국은 처음으로 중요한 국제적 위기를 겪게 되었다. 1803년, 프랑스는 비밀리에 스페인 왕실과 접촉하여 토스카나(이탈리아 중부의 대공국) 공국과의 교환조건으로 루이지애나Louisiana 영토를 취득하게 되었다.

　그 동안 스페인은 루이지애나를 지배해왔지만, 실제로는 자연 그대로 방치된 광대하고도 황폐한 지역이었다. 그 지역은 미시시피 강 상류에서부터 로키산맥까지 뻗어있는 불모지였다. 그러나 나폴레옹 보나파르트Napoleon Bonaparte는 그 지역에 신세계에서의 프랑스 제국의 중심지로 개발하려는 구상을 하고 있었다. 그는 프랑스 함정을 파견해서 그의 새로운 포획물을 노획하고, 뉴올리언스의 전략적 항구에 기지를 설치한 뒤, 미시시피 강을 따라서 하류로 내려가는 생산품들을 봉쇄해 그 지역의 교역을 통제하려고 했다. 알렉산더 해밀턴Alexander Hamilton은 그때의 상황을 다음과 같이 설명했다.

> "미국 독립 이후, 미합중국에 프랑스 식민지인 루이지애나의 편입과 같은 중대한 문제는 처음이었다. 이 문제는 미국의 상당 부분에 관련된 초기의 영토분할에도 영향을 끼쳤다. 단기적으로는 미국 남부의 여러 주의 안전과도 직결되었고, 장기적으로는 미국 전체의 독립에도 영향을 미치는 사안이었다."

애팔레치아 산맥 서부의 주에 살고 있는 주민들은 프랑스와의 전쟁을 요구했고, 연방정부가 적절히 대응하지 않으면 연방을 탈퇴하겠다고 협박하기도 했다. 또 펜실베이니아 주의 상원의원인 제임스 로스James Ross는 상원에서 "서부에 거주하고 있는 국민들은 그들이 직접 나서서 정의를 실현하겠다고 주장하고 있다. … 프랑스인들이 발을 들여놓게 된다면 이곳의 국민들은 무능한 정부에 세금을 내지 않겠다고 벼르고 있다"며 뉴올리언스에 대한 즉각적인 공격을 요구하는 발언을 했다.

별다른 해결책이 보이지 않는 상황임에도 불구하고, 토머스 제퍼슨Thomas Jefferson 대통령은 국민들로부터 예비군 동원령을 내리고 전쟁 준비를 하라는 압력을 받고 있었다. 제퍼슨 대통령도 "이것은 예사로운 일이 아니다. 프랑스가 루이지애나를 점령하는 것만으로도 태풍의 징

조이고, 그것이 대서양 양쪽 국가들을 위협하는 허리케인으로 발전하기 전에 순리대로 해결해야 할 것"이라고 판단했다.

토머스 제퍼슨 (미 의회도서관)

한편 유럽의 사정도 별반 다르지 않았다. 그 해, 유난히 추운 날씨 때문에 뉴올리언스로 가 경계임무를 수행해야 할 프랑스의 함정들은 네덜란드의 결빙된 해역에서 꼼짝없이 묶여 있었고, 프랑스군이 미 대륙에 도착하기도 전에 협상을 위한 예비접촉이 시작되고 있었다.

신세계에서도 산토도밍고에서 반란이 일어나 나폴레옹의 처남이 지휘하던 3천 명의 프랑스 군대가 붕괴되어 프랑스의 신대륙 식민지건설이라는 야망에 제동이 걸렸다. 일시적으로 휴전 상태였던 영국과 프랑스 간의 전쟁은 "아미앵의 협정"이 깨어져 다시 시작해야 할 위기상황에 있었다.

20척의 영국 군함들이 멕시코 만을 경비하고 있었고, 영국은 적대행위의 신호로서 뉴올리언스를 탈취하겠다는 그들의 의도를 노골적으로 드러내고 있었다. 만약 영국이 뉴올리언스와 미시시피의 통제권을 장악할 경우, 영국으로서는 미국과의 전쟁에서 맛본 패배를 쉽게 만회할 수 있는 기회였다. 제퍼슨 대통령은 프랑스가 유럽에서 전쟁을 수행하려면 자금이 필요할 것이라고 생각했다. 오랫동안 이어져온 프랑스혁명의 후유증과 전쟁은 프랑스의 재정을 더욱 더 악화시켰다. 프랑스 재무장관까지도 "열악한 프랑스의 재정 상태가 외국에 너무 많이 알려졌기 때문에 외국에서 돈을 빌리는 것이 힘들어져 다른 방법을 찾고 있다"고 토로할 정도였다. 제퍼슨 대통령과 제임스 메디슨James Madison 국무장관은 이러한 프랑스의 재정 위기를 다시 없는 기회로 활용하고자 했다.

그때까지만 해도 양국 간의 평화적 해결은 어려워 보였다. 해밀턴이 분석한 바에 의하면 "나폴레옹의 야망을 생각한다면 영토 매각이 절대 불가능한 일은 아닐 수도 있다. 영토의 확장은 프랑스로서는 중요한 과제였고, 오랫동안 갈망해왔던 것이기도 하다. 따라서 영토를 매입하는 일이 시작은 어렵겠지만 결국에는 영국과의 전쟁 여부에 따라서 상황이 돌변할 수도 있다. 프랑스가 적에 의해서 그들의 점령지가 유린되는 상황에 몰리게 되면 나폴레옹의 생각도 바뀔 것이다."

* * *

1803년 1월 10일, 미국의 제퍼슨 대통령은 전 버지니아 주지사인 제임스 먼로James Monroe에게 도움을 요청했다.

　"서부인들의 신경은 온통 뉴올리언스 문제에 쏠려 있고 … 그
것은 미국의 평화에도 엄청난 위협이 되고 있네. 사정이 이러하
므로 자네에게 무거운 짐을 안겨주는 것을 저간의 사정에 비추
어 거절하지 말아주길 바라네. 이러한 부탁은 우리들에게 당면
한 엄청난 재앙을 사전에 예방하기 위한 부득이한 조치이고, 나
는 내일 자네를 대통령 특사 자격으로 프랑스로 파견하겠다고
상원에 통보할 계획일세. 우리 미합중국 국민들의 희망이 자네
에게 달려있다는 것을 명심해주게."

　180cm가 넘는 훤칠한 키의 건장한 먼로는 제퍼슨 대통령의 측근 중
한 명으로, 파리 주재 미국 대사로 근무한 적도 있었다. 미국 독립전쟁
때, 중위였던 먼로는 포지계곡Valley Forge 전투에 참전했었고, 트렌턴
Trenton 전투에서는 어깨에 총상을 입기도 했었다. 그 전투에서의 용맹
한 행동에 대한 포상으로 1계급 특진되기도 했다.
　그는 요크타운에서의 결정적인 승리 후에 대학으로 돌아갔고, 졸업
후에는 제퍼슨의 밑에서 수습 변호사로 인턴 생활을 하기도 했다. 또
대륙회의의 의원을 거쳐 버지니아 출신 상원의원으로 활동하면서 정치
적 신뢰를 얻었다. 1794년, 워싱턴 대통령이 파리 주재 미국 대사로 임
명해 3년간 파리에서 활동했다. 그 후 버지니아 주지사로 당선되었으

제임스 먼로 (미 의회도서관)

며, 1802년 임기가 끝나 다시 변호사로 활동하고 있을 무렵, 제퍼슨 대
통령으로부터 부름을 받았던 것이다.

먼로는 3월 9일, 무거운 마음으로 파리로 향했다. 그가 파리에 도착했을 때는 완전히 고립된 기분이었다. 대서양을 넘나드는 통신수단이 형편없었기 때문에 긴급한 사항을 본국에 전달하고 대답을 받는 데 걸리는 시간만 해도 3개월이나 걸렸다. 그가 나폴레옹(그는 '평화란 내 사전에 없다'고 말한 적이 있었다)을 만난다는 보장도 없는 상태였다. 미국은 이전에도 몇 번의 외교적 시도를 해보았으나 모두 실패했다. 그것은 프랑스 정부가 비밀협상을 공개적으로 언급하는 것을 거부했기 때문이었다. 이로 인해 파리 주재 미국 대사는 낙담한 채로 "루이지애나와 관련한 협상은 기대할 수 없을 것"이라고 본국에 보고하기도 했다.

먼로가 미국을 떠나기 전, 제퍼슨 대통령은 "우리 국민들의 모든 눈과 희망이 자네에게 향해 있네. 이번 임무의 성패 여부에 따라서 우리 미국의 운명이 달려 있네"라고 당부했다.

먼로는 프랑스 주재 미국 대사인 로버트 리빙스턴Robert Livingston의 도움을 받을 예정이었다. 먼로보다 열네 살이나 나이가 많은 리빙스턴 대사는 외교관으로 적합하지 않은 인물이었다. 그는 프랑스어를 한마디도 하지 못했고 귀도 거의 들리지 않았다. 그러나 그는 생각이 깊었고 흔들림 없는 끈기가 있었다. 그는 미국독립선언문을 작성할 때, 다섯 명으로 구성된 기초위원회에서 제퍼슨과 함께 일했고, 뉴욕 헌법제정위원회의 의장을 역임했으며, 1789년 조지 워싱턴이 미합중국의 초대 대통령으로 취임할 당시, 대법관으로서 대통령의 취임 선서를 집전하기도 했다.

탈레랑페리고르 프랑스 외무장관은 리빙스턴에 대해 "그는 내가 지금까지 만나본 외교관들 중에서 가장 끈질긴 사람이다"라고 평했다. 키가 크고 엄격해보이는 외모는 그의 상냥한 성품과 날카로운 통찰력을 가려주었다. 그의 가문은 정치적인 명문가로, 그의 동생은 뉴욕 검찰총장을 거쳐 당시 뉴욕 시장으로 재직하고 있었다. 리빙스턴 대사는 1804년 대선의 부통령 후보로 거론되고 있었다. 또한 먼로 역시 잠재적 부통령 후보로서 거론되었다. 리빙스턴은 그의 새로운 라이벌의 출현을 못마땅하게 생각하고 있었고 경계를 늦추지 않았다.

4월 8일 먼로는 오랜 기간 뱃멀미로 고생한 끝에 르아브르Le Havre 항에 도착했다. 먼로를 태운 마차가 파리로 가고 있을 때, 나폴레옹은 생클라우드St. Cloud에 있는 호화로운 별장에서 각료들과 회의를 하고 있었다. 나폴레옹이 오랫동안 꿈꿔오던 신대륙에서의 프랑스 제국 건설에 대한 희망은 이미 물거품이 되어버렸다. 유럽에 곧 닥치게 될 전쟁 때문에 오히려 루이지애나를 영국에 빼앗기게 될 위기에 봉착했다.

나폴레옹은 미국이 그 땅을 원하고 있다는 것을 이미 보고받았다. 루이지애나를 미국에 판다면 영국은 영원히 그 땅을 차지하지 못할 것이고, 프랑스는 전쟁에 필요한 자금을 확보하게 된다는 점을 꿰뚫고 있었다. 문제는 시간이 촉박하다는 점이었다. 그는 각료들에게 즉각 미국과의 협상을 시작하라고 촉구했다. 또한 이미 거론되고 있는 뉴올리언스만이 아니라 루이지애나의 모든 영토까지 함께 매각하라고 지시했다. 그는 또 가격은 높이 책정되어야 하며, 그렇지 못할 경우 그 영토를 지키기 위해 "필사적으로 싸울것이다"라고 일침을 놓았다. 그는 예리한 통찰력으로 "어느 나라든 미시시피 지역을 차지하는 나라는 세계에서 가장 강력한 국가가 될 것이다"라고 말했다.

나폴레옹은 영국의 개입 가능성을 염려했으므로 이 문제를 비밀리에 다루고자 했다. "미국에서 제안한 방안들이 런던에 알려져서는 안 된다"고 당부했다. "지금 내가 하고 있는 발언들도 엄격한 보안을 유지해야 한다. 또 이러한 사실을 미국 대표들에게도 주지시키고 외무장관은 협상의 진행과정을 수시로 보고하라." 그는 프랑스의 매물이 엄청난 가치가 있다는 것을 잘 알고 있지만, 현재는 자금이 필요한 상황임을 강조하며 "나는 엄청난 가치의 광대한 영토를 미국에 넘겨준다는 점을 고려해서 직접 협상과정을 조정할 것이다. 가격은 충분해야 한다. 물론 매매 시점의 상황들을 고려하면서 다소 조정할 수는 있다. 그러나 이것만은 명심하라. 최소한 5천만 프랑은 돼야 한다. 그 가격에 미치지 못한다면 조약을 체결하지 않을 것이다"라고 재차 당부했다.

이 협상의 프랑스 측 대표들은 탈레랑 외무장관과 바르브 마르부아 Barbé-Marbois 재무장관이었다. 키가 작고 통통하며 굽은 다리의 프랑스 외무장관 탈레랑은 유약하고 불성실한 면이 있음에도 영향력이 있었다. 나폴레옹은 "그는 세상을 알고 있다. 그는 유럽 왕실들을 정확히 파악하고 있으며, 능력이 탁월하고 자신이 생각하는 것을 겉으로 드러내는 법이 없다"고 평가했다. 노련한 협상가인 탈레랑의 장기는 지연 전략이었다. "아직 훈령이 내려오지 않았다", "정부와 의논을 해야 한다"

등의 수사는 민감한 정치 사안들을 심의하는 데 시간을 벌기 위한 그가 취하는 수단이었다.

또한 그는 거리낌 없이 대담할 정도로 부패에 연루되어 있었다. 당시의 사람들은 그를 부패한 정치인으로 여겼고 다들 그를 두려워했다. 어떤 사람은 그를 가리켜 "원칙도 소신도 없고, 변덕이 죽 끓듯 하는 사람"이라고 혹평했다. 또 전 프랑스 주재 미국 대사를 지냈던 모리스 주지사는 그를 "세련되고, 차갑고, 교활하고, 야심이 많은 악당"이라고 평했다.

비교적 서열이 낮은 귀족집안의 장남으로 태어난 그는 서기로 시작해서, 활달한 성격과 철저한 무신론자임에도 불구하고 34세에 신부의 서품을 받기도 했다. 얼마 지나지 않아 신부직을 그만두고 그의 적성에 맞는 프랑스 외교관으로 새로운 출발을 했다. 그는 프랑스혁명 초기에는 정부의 열렬한 지지자였으나 정국이 혼란스러워지자 영국으로 피신했다. 프랑스혁명 정부의 요구로 영국에서 추방되자 미국으로 건너가 2년간 망명 생활을 하게 되었다. 그때의 영향으로 그는 미국을 싫어했다. "고상함이라고는 어디에서도 찾아볼 수 없었다"면서 미국에 대해 신랄한 악평을 늘어놓았다.

프랑스로 돌아온 탈레랑은 1797년, 외무장관이 되었다. 당시 바르브 마르부아는 나폴레옹 정부의 재무장관이었다. 그는 미국에 대해 예리한 식견을 갖고 있었다. 영어를 완벽하게 구사했고 미국 곳곳을 여행한 적도 있었으며, 먼로와 리빙스턴과도 이전부터 교류가 있었다. 그의 아

왼쪽_프랑스 외무장관 탈레랑페리고르, 오른쪽_프랑스 재무장관 바르브 마르부아(베르사유 국립박물관)

내는 펜실베이니아의 전직 주지사의 딸이었고, 그는 미국 독립전쟁 당시 필라델피아 주재 프랑스 총영사로 있으면서 미국 측에 적극적인 협조를 아끼지 않았다.

프랑스혁명이 발발하자 그는 국민평의회 의원으로 승진했지만, 정부의 예산 불법전용에 항의한 데 대한 보복 조치로 날조된 혐의를 덮어쓰고 프랑스령 기아나Guiana 섬에 있는 형무소로 보내졌다. 그 섬은 훗날 '악마의 섬'으로 악명을 떨쳤다.

나폴레옹이 권력을 장악했을 때 프랑스의 재정 상태는 엉망이었고, 이러한 방만한 재정을 새로이 정비하기 위해서는 청렴하면서도 경험이 풍부한 사람이 필요했다. 나폴레옹은 그를 석방해 프랑스 재무장관으로 임명했다. 나폴레옹은 그에게 외무장관을 도와 미국과의 영토매각 협상에 참여하도록 임무를 맡겼다.

* * *

프랑스 협상 대표들은 몇 가지 불리한 입장에서 협상을 시작했다. 이러한 불리한 입장을 만회하기 위해 프랑스가 의도적인 변명과 지연작전을 구사하면서 소득없는 회담을 한 달 넘게 끄는 바람에 리빙스턴 대사의 인내심도 한계에 달하게 되었고 서서히 프랑스 대표들을 불신하게 되었다. 바르브 마르부아 재무장관은 "리빙스턴 대사는 협상으로는 뉴올리언스를 얻기 힘들 것으로 보고, 무력으로 탈취하는 수밖에 없다는 판단을 하게 되었다. 프랑스 정부의 다른 부처장관들과의 접촉은 그에게 이런 인상을 더욱 강하게 각인시켰다"고 당시의 상황을 설명했다.

미국이 프랑스와의 협상에서 원하는 것은 프랑스가 예상한 것보다 훨씬 적은 부분이었다. 미국은 뉴올리언스와 미시시피 강을 통과하는 항해권만이 유일한 목적이었던 것이다. 나폴레옹은 프랑스 대표들에게 새로운 접근을 시도하라고 촉구했다.

생 클라우드에서 나폴레옹을 만난 프랑스 외무장관 탈레랑은, 다음 날 리빙스턴 대사에게 파리에 있는 그의 집에서 면담을 하자고 요청했다. 리빙스턴 대사는 오후 일찍 그곳을 방문했고, 탈레랑과 가벼운 대화를 나누었다. 한참 이이야기를 나누다가 탈레랑은 이제야 생각이 났다는 듯이 미국 대사에게 루이지애나 전부를 살 의향은 없느냐고 물었다. 리빙스턴은 그럴 의향이 없다고 대답했다. 전날의 생 클라우드에서 있었던 일을 모르고 있던 그는 이러한 제안을 장관의 속임수로 생각하고 가볍게 넘겨버렸다. 그러자 탈레랑은 "프랑스가 미국에 뉴올리언스만 매각한다면 나머지 지역은 별 가치가 없어질 것"이라면서 계속해서 대화를 이어나갔다. "그래서 나는 당신들이 전부 사들이는 것이 어떻겠느냐고 제안하는 것이다." 리빙스턴 대사는 미심쩍지만 다소 구미가 당기는 제안으로 생각해 2천만 프랑(4백만 달러)정도면 살 수 있는지 물었다. 그러자 탈레랑은 터무니없다며 화를 냈다. 그것은 상부에 보고하기조차 민망한 금액이며, 생각할 시간을 줄 테니 가격을 더 올려서 답해달라고 말했다.

그들은 다음날 아침 다시 만났다. 전날의 제안에 당황했던 리빙스턴 대사는 탈레랑에게 그 아리송한 제의에 대해 분명한 입장을 밝혀달라고 요구했다. 그러나 탈레랑의 태도는 교활하기 그지없었다. 그는 어제의 이야기는 자신의 개인적인 생각에 불과하다면서 한발 물러섰다. 그리고 한참동안 뜸을 들이다 미국 대사에게 다시 한 번 루이지애나 영토 전부를 사들일 의향은 있느냐고 능청스럽게 물었다. 리빙스턴 대사는 어이가 없었다.

그 제안은 구미가 당기는 일이었지만 미심쩍은 구석이 있는 탈레랑의 말을 확실히 믿을 수가 없었던 리빙스턴 대사는, 먼로 특사가 곧 파리에 도착할 예정이기 때문에 그와 논의해본 후에 답변하겠다면서 한

로버트 리빙스턴(미 역사박물관)

발 물러났다. 그러자 탈레랑은 어깨를 으쓱하며 화제를 바꾸었다.

그날 오후 1시, 먼로 특사가 파리에 도착했다. 그리고 오후 내내 미국대사관에서 리빙스턴 대사와 함께 제퍼슨 대통령과 메디슨 국무장관이 건넨 훈령들을 검토했다. 로스 상원의원의 건의안이 무산되었다는 소식에 리빙스턴 대사는 실망했다. 그는 더 이상의 협상은 무의미하며 탈레랑의 태도는 그를 상대로 장난을 치는 것처럼 경솔하기 짝이 없다고 생각했다. 리빙스턴 대사는 먼로에게 "나는 이 문제가 벌써 매듭지어졌어야 한다고 생각한다. … 오직 무력만이 뉴올리언스를 얻을 수 있는 길이다. 우리는 군사력을 행사해야 한다. 먼저 영토를 점령하고 협상은 나중에 하는 것이 좋을 것 같다"고 말했다.

저녁식사가 끝나고 먼로와 리빙스턴 대사가 방문객들과 커피를 마시면서 담소를 나누고 있을 때, 바르브 마르부아 프랑스 재무장관이 미국 대사관을 방문했다. 코냑을 마시면서 그 동안의 회포를 푼 뒤, 마르부아는 개인적으로 그들과 중요한 사안에 대해 의견을 나누고 싶다고 제안했다. 먼로는 아직 본국으로부터 공식적인 외교신임장을 받지 못했기 때문에 리빙스턴 혼자서 마르부아와 함께 재무부의 장관 집무실로 갔다.

리빙스턴 대사는 늘장 협상으로 화를 돋우고 실망감을 안겨주었던 탈레랑과는 달리, 오래전부터 서로 긴밀한 유대관계를 맺어왔던 재무장관 마르부아에게 사태의 심각성을 알려주었다. 리빙스턴은 미국이 인내심을 잃거나 영국이 프랑스에 선전포고를 할 경우, 루이지애나는 자연스럽게 미국의 손에 들어오게 될 것임을 강조했다. 또 그는 탈레랑과의 대담 내용을 언급하면서 그의 무모할 정도로 애매모호한 태도에 우려를 표명했다.

마르부아는 손을 만지작거리면서 주의 깊게 경청한 후에 조심스럽게 입을 열었다. "프랑스는 뉴올리언스는 물론, 루이지애나의 모든 영토를 1억 프랑에 미국에 넘길 의향이 있다." 그 말에 리빙스턴 대사는 펄쩍 뛰면서 그 제안을 거절했다. 그는 마르부아의 요구가 미국 정부 예산의 5배에 달하는 금액이고, 미국에서 유통되고 있는 현금보다도 많은 액수라고 말했다. 재무장관은 자신이 부른 금액이 너무 많다는 것을 시인하면서 미국에서는 얼마를 예상하고 있는지 물었다.

리빙스턴 대사는 즉답을 피했다. 그런 엄청난 금액은 자신의 결정권을 벗어난다고 발뺌하면서 먼저 먼로 특사와 의논해봐야겠다고 말했다. 그러면서도 그는 마르부아의 의중을 파악하려고 노력했다. 터무니없이 높은 금액에 놀라는 자신의 반응에 마르부아도 자신이 부른 금액이 너무 높다는 것을 시인했기 때문이다.

마르부아는 사전에 생각한 금액을 사실대로 제시했다. 루이지애나 영토는 8천만 프랑의 가치가 충분하며, 6천만 프랑은 현금으로 지불하고 2천만 프랑은 프랑스 정부가 발행하는 장기 채권을 미국인들에게 판매하는 형식이 어떻겠냐고 물었다. 이에 리빙스턴 대사는 비록 금액이 다소 줄었다고는 하지만 여전히 미국의 지불 능력을 넘어서는 금액이라면서 동의할 수 없다고 말했다. "우리 미국 국민들은 국채 발행에 극도의 반감을 갖고 있다. 국민들의 불만을 외면하면서 어떻게 국민들에게 엄청난 액수의 국채를 떠안길 수 있겠는가?"

그는 또 현재의 미국 정부는 프랑스에 대해서 호의적이지만, 야당은 친(親) 영국 성향을 가졌다고 말하며 마르부아의 주의를 환기시켰다. 나폴레옹이 끝까지 너무 많은 금액을 요구한다면 제퍼슨 대통령은 다가오는 선거에서 패배할 것이고, 백악관은 프랑스에 적대적인 야당에게 넘겨질 것이라는 점을 강조하며 재무장관에게 물었다. "당신 같으면 수백만 달러의 부채를 국민들에게 떠안기면서 비싼 금액으로 루이지애나를 매입할 수 있겠는가?"

리빙스턴 대사는 그에게 루이지애나 영토가 영국의 손아귀에 넘어갈 수도 있다는 사실을 경고하며, 무력으로라도 영토를 점령하고자 하는 미국인들의 조바심에 대해서도 피력했다. 그는 "이런 어려움 속에서도 미국 대통령은 신중하게 대응하고 있다"고 강조했다.

마르부아는 리빙스턴의 의견을 이해는 하지만 프랑스의 입장에서는 협상의 여지가 없다고 말했다. 그 대신 미국이 약간의 성의를 보인다면 나폴레옹도 제안을 거둬들일 것이라고 귀띔해주었다. "당신도 젊은 정복자의 기분을 알 것이다. 그는 모든 것을 전광석화처럼 결정한다." 마르부아는 미국의 이익을 계속해서 강조하며 "미국 영토의 확장과 미시시피 강의 배타적인 항해를 생각해보라. 그리고 중요한 것은 당신들에게 도움이 될 수 있는 매물이 이것밖에 없다는 점도 고려해야 한다. 우리는 전쟁은 염려하지 않는다. 이러한 사항들을 깊이 고려해보고 내 제안에 동의해주길 바란다"고 말했다.

리빙스턴 대사는 "나의 관점에서 볼 때 프랑스에서 제시한 금액은 미국이 감당할 수 없는 금액이다. 그러니 금액을 대폭 낮춰주길 바란다"라고 그의 입장을 정리해서 말하고 장관의 집무실을 나왔다. 자정을 넘겨 미 대사관으로 돌아온 리빙스턴 대사는 즉시 메디슨 국무장관에게 보내는 보고서를 작성했다. "협상은 상당히 진전되고 있습니다. … 협상은 우리들이 당초 기대한 것보다 훨씬 더 유리하게 전개되고 있습니다."

* * *

먼로가 본국에서 보내온 외교신임장을 탈레랑 외무장관에게 제출한 다음날, 먼로와 리빙스턴 대사는 하루 종일 전략회의를 했다. 본국에서 보내온 훈령들과 프랑스에서 제시한 내용과는 너무 큰 차이가 있었다.

먼로와 리빙스턴은 기회비용을 생각해보았다. 그러나 이번의 협상은 전례가 없었던 것이므로 루이지애나 매입은 엄청난 잠재력으로 상상도 할 수 없는 후폭풍을 일으킬 수도 있었다. 다가오는 대통령 선거에 막대한 영향을 끼칠 것은 분명한 사실이었지만, 미국 헌법에 영토 확장에 관한 조항이 없었기 때문에 아무도 영토 확장이 미국의 미묘한 정치 전망에 어떤 영향을 끼치게 될지 예상할 수 없었다.

당시 연방정부는 독립전쟁 때의 과중한 부채로 인해 어려움을 겪고 있었다. 루이지애나를 고가에 매입할 경우, 미국은 도산 위기에 처할 수도 있었다. 먼로는 협상타결 전에 본국의 지침에 따를 수밖에 없다고 생각했지만, 그들이 마냥 기다려주지 않을 것이라는 사실을 알고 있었다. 고민 끝에 먼로와 리빙스턴 대사는 그들의 재량으로 먼저 4천만 프랑을 제시하기로 합의했다.

다음날인 4월 15일, 그들은 마르부아에게 금액을 제시했다. 마르부아는 그들이 제시한 금액이 너무 적기 때문에 "거래는 없었던 것으로 하겠다"고 말했다. 그러면서도 그 제안을 나폴레옹에게 전달은 하겠다고 말했다. 다음날 마르부아는 그들과 다시 만나 "나폴레옹은 그 제안을 받자마자 냉담한 반응을 보이며 거들떠보지도 않았다"고 말하면서 그는 이 협상이 무산될 것 같아 걱정스럽다고 말했다.

먼로와 리빙스턴 대사는 5천만 프랑까지는 생각해보겠다고 말하면서 한 발 양보했다. 그러면서 그 가격은 그들의 재량으로 제안할 수 있는 최고의 금액이라는 것을 강조했다. 5천만 프랑은 나폴레옹이 처음 요구했던 금액과 같았지만, 마르부아는 루이지애나가 그 이상의 가치가 있다고 판단했고, 8천만 프랑 이하로는 양보하지 않기로 결심했다.

4월 18일, 저녁식사를 함께 하면서 마르부아는 나폴레옹이 1억 2천만 프랑을 요구하고 있다고 고충을 털어놓으며 자신이 중재해서 8천만 프랑까지는 어떻게 해서라도 노력해보겠다고 말했다. 그러나 미국 대표들은 5천만 프랑 이상은 생각도 할 수 없다는 주장을 되풀이했다. 다음 날 회동에서 마르부아는 미국에서 좀 더 양보해서 금액을 더 올려줄 것을 당부하면서 자리를 떴다. 마르부아는 집무실로 돌아와 외무장관에게 보고했다.

"협상은 잘 돼가고 있습니다. … 오랜 시간이 걸렸지만 양국이 모두 만족할 수 있는 선에서 협상이 이루어질 것 같습니다. 미국 대표들에게서 직접 들은 것은 아니지만, 리빙스턴 대사가 무심결에 드러내는 얼굴 표정에서 조심스럽게 추측해볼 수 있었습니다."

마르부아의 희망과는 달리, 협상은 서로 양보하려는 기색이 없이 평행선을 유지하고 있었다. 양국 대표들은 서로 시간은 자기들 편이라고 생각하면서 동상이몽을 꿈꾸고 있었다. 미국 대표들도 상황이 자기들 뜻대로 돌아가고 있다고 생각하며 여유를 즐기고 있었고, 며칠간 휴식을 취하기로 결정했다.

그러나 그것은 오판이었다. 미국 대표들은 모르고 있었지만 프랑스 정부 내의 강경파들은 루이지애나 매각에 반대하는 움직임을 보이고 있었다. 탈레랑도 영국으로부터 전쟁을 막아달라는 부탁과 함께 막대한 뇌물을 챙긴 뒤, 매각 반대 입장으로 급선회한 상태였다. 또 나폴레옹의 형제 조제프와 뤼시엥도 매각을 반대해 협상을 중지하도록 압박하고 있었다.

협상이 주춤해지자 대표들은 매매 금액 외의 다른 사항들을 먼저 논의하기로 하고 쉬운 문제들부터 검토하기 시작했다. 루이지애나 영토 전체를 매매 대상으로 하는 데 합의가 이루어졌지만 영토의 경계가 어디까지인지를 아는 사람이 아무도 없다는 것을 알게 되었다. 뉴올리언스와 미시시피 강둑을 따라 이루어진 주거지들을 제외한 루이지애나의 거의 모든 영토는 미개척 상태로 버려진 땅들에 불과했다. 양국의 대표들은 그 동안 지도도 없고 표시된 경계선도 없이 매매 대상물의 정확한 범위도 정하지 않은 상태에서 가격흥정을 하고 있었던 셈이었다.

협상은 4월 중순에서 말까지 계속 진행되었다. 먼로는 자신이 묵고 있는 호텔 소파에 앉아 독립전쟁 때 총상을 입은 어깨에 통증을 느끼며 리빙스턴 대사와 함께 마르부아 재무장관과 합의점을 찾기 위해 머리를 맞대고 있었다. 그들은 대륙 내에서 활동했던 모피상들과 탐험가들이 작성했던 지도들과 보도 자료들을 근거로 해서 합의를 이끌어내려고 노력했지만 아무 성과도 얻지 못했다. 조약의 목적과는 관계없는 사안들 때문에 다투기만 했다. 영토의 소유자인 프랑스도 루이지애나의 경계가 어디부터 어디까지인지 전혀 아는 바가 없었다. 그들은 스페인에서 영토를 넘겨받을 때에도 경계선에 대해서는 신경을 쓸 경황이 없었다. 그때의 조약은 아무 도움도 되지 못했고 측량을 한 적도 없었다.

4월 중순 마르부아는 낡은 지도를 갖고 미국 대표들에게 "이들 영토의 대부분이 콜럼버스가 바하마제도에 상륙했을 때의 상황과 비교해서도 새롭게 알려져 있는 것이 없다는 사실에 깜짝 놀랐다. 아무도 그곳에 대한 지식이 없다"라고 말했다. 영국령인 캐나다는 북쪽에 있었다. 캐나다를 영국에 할양한 프랑스도, 인접한 스페인도 루이지애나 영토가 어디에서 시작해 어디에서 끝나는지에 대해 아무것도 아는 것이 없었다.

마르부아는 북쪽 영토는 너무 넓었기 때문에 영국도 별 관심을 갖지 않았다는 점을 이해했다. 서쪽으로 뻗어 있는 로키산맥으로 자연적으로 형성된 경계선을 짐작할 수 있었다. 동쪽 경계도 미시시피 계곡을 따라서 추정하고 남쪽 경계는 스페인 영토로 남아있는 플로리다까지로 대충 정할 수 있었다. 이런 식의 경계선도 확정하려면 복잡한 문제인데, 보다 중요한 것은 전략적 항구들과 강들로 둘러싸인 플로리다에 대한 미국의 욕심은 문제를 더욱 어렵게 했다. 시간은 얼마 남지 않았고 양국 정부의 계속되는 압력 때문에 미국 대표들은 마르부아가 제시한 "프랑스, 스페인과의 양도 협상"에 따르자는 제안을 받아들이기로 결정했다.

그 협상에 의하면 루이지애나는 "정확한 경계선이 확정지어지지 않은, 광대하고도 큰 영토"였다. 이것은 장차 큰 골칫거리로 대두될 가능성이 있었지만 당장은 미국이 얼마나 지불할 수 있는지에만 신경을 쏟았다. 상황을 예리하게 꿰뚫고 있는 마르부아는 미국 대표들에게 "시간이 지날수록 상황이 더 어려워진다. … 프랑스가 협상을 중단하지는 않겠지만, 적어도 나는 미 정부가 본국의 훈령 때문에 당신들이 어려운 처지에 있다는 것을 알았으면 한다"는 모호한 발언을 했다. 마르부아는 나폴레옹에게 회담 전망이 불투명하다면서 "아무리 좋은 선택에도 흠이 있기 마련입니다"라는 말로 보고를 끝냈다.

* * *

한편 미국의 서부지역 경계지대에 살고 있는 주민들의 반발은 거셌다. 불과 몇 년 사이에 그들의 운명은 수천 마일 떨어져 있는 곳에서 벌어지고 있는 회담에 의해서, 그들에게 한마디 상의나 동의도 없이 결정되어지고 있었다. 마르부아와 먼로, 리빙스턴 대사는 모두 미국 독립전쟁 때 혁혁한 공로를 세웠지만, 지금은 미국의 기본 원칙을 위반하면서까지 협상을 하고 있는 사람들로 매도되었다.

마르부아는 이러한 미국의 여론을 보고받고 "미국 대표들을 압박한다면 그것은 어려움의 끝이 아니라 새로운 위기의 시작이 될 것"이라고 일기에 기록했다. 그 동안 프랑스는 루이지애나에 거주하고 있는 사람들에 대해 최대한으로 배려를 했고, 미국 대표의 합의 하에 주민들에 대한 제반 권리의 향유, 재산권의 보존과 미합중국과의 합병 등의 문구를 조약에 포함했다. 더 나아가서 빠른 시일 내에 주로 승격시켜줄 것을 명문화하기도 했다.

다음날 협상에서 각국의 대표들은 프랑스의 부채라는 미묘한 사안에 부딪혔다. 몇 년 전, 프랑스와 미국은 이른바 콰지전쟁Quasi war(미국 산토 도밍고의 반 프랑스 반란군들의 보급품을 밀수하는 과정에서 벌어진 전쟁)이라고 알려진 준(準) 전쟁을 벌인 적이 있었다. 그때 많은 미국 상선들이 프랑스 함대에 나포되는 과정에서 양측 간에 교전이 벌어지면서 다수의 사상자들이 발생했고, 프랑스가 미국 상선의 소유주들에게 손해배상을 약속하면서 더 큰 충돌을 막을 수 있었다. 그러나 프랑스는 아직까지도 그 약속을 지키지 않고 있었다.

지난 몇 달 동안 리빙스턴 대사(1804년의 대선에서 부통령 후보로 출마하려는 꿈을 갖고 있었다)는 뉴욕 상인들과 선박 소유주들의 지지 여부에 정치적 장래가 달려 있었기 때문에 프랑스 정부에 약속을 지키라고 강하게 의견을 피력해왔다. 루이지애나 매입에 관한 협상은 리빙스턴 대사에게 그 문제를 재거론 할 수 있는 기회를 마련해준 셈이었다.

미국 대사는 이번 협상과는 관계없이 프랑스 재무장관이 배상을 해줄 수 있도록 협조를 요구했다. 이 문제가 리빙스턴 대사의 부통령 후보 선정과 관련이 있음을 알고 있는 마르부아 장관은 "미국 대사들이 본국의 훈령을 받고 프랑스 정부에 불만을 표한 것에 대해 보고했지만 황제는 이를 무시해버렸다"고 답하며, "만약 유럽 대륙의 어떤 나라가 감히 이러한 요구를 했다면, 그 나라는 나폴레옹 황제로부터 영토 침략이라는 가혹한 보복을 당했을 것"이라고 말했다. 이를 지켜보고 있던 먼로는 마르부아에게 "당신은 미국 대사를 항상 무시해왔다. 우리는 본국으로부터 배상을 독촉하라는 훈령을 받았다"면서 불만을 터뜨렸다. 그제야 마르부아는 그 문제가 회담의 결과를 좌우할 수도 있는 문제로 인식하기 시작했다. 리빙스턴은 드디어 안도했다. 그리고 그날 저녁 본국에 상황을 보고했다. "유럽의 상황은 비관적입니다. 지금은 전쟁이냐 평화냐의 갈림길에 서 있는 상황이며 중요한 것은 둘 중 어느 쪽이 유리하다고 판단할 수 없을 때, 전쟁이 일어날 가능성이 많다는 점입니다. 저는 작금의 협상은 순조롭게 진행될 것으로 예상하고 있습니다. 이미 많은 시간이 걸리긴 했지만, 어떤 형태로든 협상을 마무리할 준비가 되어 있습니다."

4월 27일 오후, 마르부아는 먼로와 리빙스턴에게 두 개의 제안서를 전했다. 나폴레옹이 제시한 조건이라고 덧붙인 첫 번째 제안서는 요구 조건이 엄격했다. 1억 프랑의 현금과 미국이 추정하는 2천만 프랑의 선박 보상, 프랑스의 항해권과 미시시피 강가의 상업시설에 대한 영구 보장 등이 포함돼 있었다.

마르부아가 작성한 두 번째 제안서에는 나폴레옹의 조건보다 완화된 내용으로 2천만 불의 선박 보상액을 포함한 8천만 프랑과 제한된 기간 내의 항해권과 상업상의 특혜 등이 포함돼 있었다. 마르부아는 첫 번째 제안서에 무리한 요구 조건들이 다수 있다는 것을 인정했다. 나폴레옹

나폴레옹 보나파르트 1804년 (미 의회도서관)

은 두 번째 제안서를 인정하지 않을지도 모르지만 자신이 어떻게 해서라도 설득해 허락을 얻어내겠다고 다짐했다.

　미국 대표들은 두 개의 제안서를 받고 면밀히 검토했다. 문제는 그들이 제시한 금액이었다. 먼로와 리빙스턴은 마르부아의 제안서를 기본으로 해서 그들의 제안서를 준비했다. 그들은 프랑스가 향후에 플로리다 문제와 관련하여 미국이 스페인과 협상을 할 때, 미국을 도와야 한다는 조건을 포함시켰다. 그리고 미시시피 강에서의 프랑스의 배타적인 통상권을 12년으로 명시했다.

4월 29일, 그들은 이 제안서를 마르부아에게 전달했다. 그는 이 제안서를 그들 앞에서 읽었다. 그는 미국 대표들이 제시한 금액에 관련된 조항을 읽은 후 8천만 프랑을 수락하지 않는다면 협상을 중단하겠다고 선언했다. 미국 대표들은 마르부아의 결연한 의지를 확인할 수 있었다. 이에 먼로는 "이번에는 … 솔직히 말하겠다. 우리는 당신의 의견을 받아들여 8천만 프랑에 합의하겠다"고 말하며 협상을 마무리했다.

금액에 대한 합의가 끝나자 협상은 일사천리로 진행되었다. 그들은 형식에 구애받지 않고 합의 사항들을 3개의 조약으로 나누기로 합의했다. 마르부아는 첫 조약은 영토 할양 금액 지불 방법에 관련된 것이며 "이 협정서는 언급하기 난감한, 예를 들어 주권의 포기와 영토의 할양 … 돈으로 판다 … 와 같은 표현들을 삼가면서 작성될 것"이라고 말했다.

두 번째 조약은 영토의 이양과 그에 따르는 정부 건물, 기록들과 공문서들, 프랑스의 통상적 특혜와 항해권의 보장 범위, 기간 등을 명시하기로 했다. 그리고 마르부아는 먼로와 리빙스턴을 설득해서 플로리다 문제로 스페인과 미국이 협상을 벌이게 될 때, 프랑스의 영향력 행사를 언급하는 미묘한 내용은 삭제하기로 결정했다. 물론 이 조항들이 의미 있는 규정들이긴 하지만 지금까지 조약에 이러한 문구를 사용했던 전례가 없었고, 실제로 조항대로 실행하기도 어렵기 때문에, 그 대신 "그러한 협상이 시작되면 나폴레옹은 무력으로라도 미국을 도울 것"이라고 설득하며 미국 대표들을 안심시켰다.

마지막 조약에서는 프랑스의 미국 선박 소유주들에 대한 보상 문제를 다뤘다. 이에 연관된 투기꾼들과 기회주의자들로부터 피해자들을 보호하기 위한 소송을 다룰 심사위원회 조직에 관한 세부사항들도 포함되었다.

첫 번째 조약의 실행과 관련하여 미국 정부가 현금으로 지불할 능력이 없었기 때문에, 양국 대표들은 국채 발행 기구를 설립하기로 합의했다. 국채 발행 기구는 15년 거치 후 상환한다는 조건으로 자금을 빌려줄 두 곳의 투자은행에 지불각서를 제출하게 된다. 투자은행들은 네덜란드의 호프 & 컴퍼니 은행과 영국의 베어링 브라더스 은행이었다. 영국으로부터의 자금 확보는 나폴레옹을 대단히 기쁘게 했다. 그는 모두들 프랑스가 영국과 전쟁을 벌이기 위해 루이지애나를 매각했다는 것을 알고 있기 때문에, 영국으로부터 전쟁 자금을 마련한다는 것에 엄청난 의미를 부여했다.

4월 30일 오후, 마르부아는 생 클라우드로 가서 나폴레옹에게 합의서를 제출했다. 그리고 저녁 무렵 파리로 돌아와 먼로와 리빙스턴을 그의 집무실로 불러 나폴레옹이 협정안을 받아들였다고 전달했다.

다음날 리빙스턴은 탈레랑에게 정례외교 만찬 때 나폴레옹을 알현할 수 있도록 해달라고 부탁했다. 먼로와 리빙스턴은 나폴레옹과 함께 만찬을 들면서 대화를 나누었다. 행사가 끝나고 그들은 8시 30분에 프랑스 재무장관 마르부아의 공관에서 회동을 가졌다. 마르부아가 다음날 아침 나폴레옹과의 접견 약속이 잡혀 있었기 때문에, 늦은 시간이었지만 조약안에 대한 의문 사항들을 최종 정리하여 마지막 검토를 했다. 마르부아는 나폴레옹과의 접견 자리에서 재가를 받고 조약안에 서명을 하기로 했다.

5월 2일, 프랑스 재무장관과 미국 대표들은 루이지애나를 미국에 이양한다는 조약안에 서명을 한 뒤 악수를 나누었다. "우리들은 오랫동안 고생했다." 리빙스턴 대사가 감회를 피력했다. "이것은 모든 인류를 위한 매우 중요한 과업이었다. 우리들이 서명한 조약은 예술로서도 이루어질 수 없고, 무력에 의해서도 이루어질 수 없다. 양국이 만족하고 있고 또 이 조약으로 인해 그 동안 외롭게 버려졌던 광대한 황야가 번영하는 나라로 탈바꿈하게 될 것이다. 이제 미합중국은 세계의 강대국으로 우뚝 솟아올랐다."

미국 정부는 회담의 내용도 몰랐고, 파리에서 조약안이 서명된 사실도 모르고 있었다. 제퍼슨 대통령은 한 친구에게 그의 심정을 솔직히 말한 적이 있었다. "나는 뉴올리언스를 돈으로 매입할 수 있으리라고는 상상도 못했다."

회담이 타결된 후 나폴레옹이 말했다. "이번 협상에서 내가 손해를 본 것은 아무것도 없다. 협상에서 얻은 6천만 프랑은 하루만에 다 써버

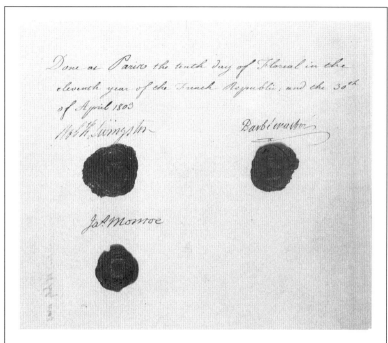

루이지애나 매입협정서에 서명한 마르부아 프랑스 재무장관과 먼로, 리빙스턴 대사의 서명
(미 연방 공문서보관소)

려도 좋다!" 나폴레옹이 이렇게 기뻐하는 데에는 그럴만한 이유가 있었다. 루이지애나와 바꾸기로 약속했던 토스카나를 계속해서 통치하고 있었기 때문이다. (결국 그는 군자금을 사기로 마련한 셈이었다.) 그는 일기장에 이렇게 기록했다. "이렇게 영토를 확장함으로써 미국의 국력은 영원히 공고해질 것이다." 그로부터 2주일 후, 유럽에서 전쟁이 발발했고, 프랑스는 전쟁에 필요한 군수품 비용을 모두 영국 화폐로 충당했다.

몇 주가 지나서 리빙스턴은 탈레랑에게 루이지애나의 경계와 관련된 서류를 건네줄 것을 요청했다. 탈레랑은 "당신들은 훌륭한 거래를 성사시켰다. … 아마 모르긴 해도 당신들은 루이지애나의 모든 것을 갖게 될 것이다"라고 말하며, 서류가 무슨 필요가 있느냐고 화를 냈다.

제퍼슨 대통령은 뉴올리언스를 무력으로 탈취하려면 7년이라는 기간이 필요하고, 10만 명 이상의 희생자가 발생했을 것으로 예상했었다. 이제 미국은 프랑스, 스페인, 포르투갈, 이탈리아, 독일, 네덜란드, 스위스와 영국을 합한 면적보다도 더 큰 영토를 확보했다. 루이지애나의 매입으로 확보된 영토는 나중에 아칸소, 콜로라도, 아이오와, 캔자스, 루이지애나, 미네소타, 미주리, 몬태나, 네브래스카, 노스다코타, 사우스다코타, 오클라호마, 와이오밍 주로 나뉘어졌다. 당시 미국의 일부 국민들은 루이지애나 매입에 반대했다. 델라웨어 주 출신의 상원의원인 사무엘 화이트Samuel White는 "나는 이 협정이 언젠가는 우리들에게도 닥칠 수 있는 큰 재앙이라고 믿고 있다. …"면서 비판했다.

1803년 10월 20일, 미 상원은 24대 7로 조약안을 비준했고, 5일 뒤에는 하원에서도 예산의 지출을 승인했다. 다음해에는 제퍼슨 대통령이 루이스Lewis와 클라크Clark를 새로 편입된 영토로 파견해 그 지역을 조사하고 개발지역을 지정고시하면서 다음 세기동안 서부로의 이민행렬을 이끄는 데 필요한 초석을 다졌다.

미국은 1819년에 플로리다를 최종적으로 합병했지만 그 과정에서 스페인과 몇 차례에 걸쳐 교전이 있었다. 제임스 먼로는 파리에서 협상을 벌이는 동안 개인적으로 빌려 쓴 빚 때문에 재정난에 허덕이고 있었다. 그는 파리에서 귀국한 후 국무장관과 2회의 연임 임기로 대통령직을 수행한 뒤, 뉴욕에 있는 딸의 집에서 궁핍하게 살다가 1831년 7월 4일 사망했다.

프랑스는 미국 선박 소유주들에 대한 보상 요구에도 불구하고 지불 이행이 어려워지자, 그 보상금을 미국 정부의 루이지애나 구입 자금 상환 시 구상하는 조건으로 미국 정부에 넘겨졌고, 보상금 지불 문제는 1925년이 돼서야 해결되었다.

엘바 섬으로의 추방되는 나폴레옹을 축하하는 풍자만화 (미 의회도서관)

제3장

비엔나 회의
1814~1815

　1814년, 지난 20년 동안 유럽 전역을 휩쓸었던 나폴레옹 전쟁은 프랑스의 패배로 막을 내렸다. 나폴레옹 군대가 모스크바에서 대참패를 맛보고 4국동맹(영국, 러시아, 프로이센[프러시아], 오스트리아)의 파리 점령 후, 승전국들은 나폴레옹을 엘바 섬으로 귀양보내고 루이 18세를 프랑스 왕으로 복위시켰다. 그해 5월에 체결된 강화조약은 프랑스에 대한 규정들을 완화시키면서 1792년의 나폴레옹 시대 이전의 영토들을 보존할 수 있도록 허용했고, 전쟁기간에 영국이 점령했던 영토들도 돌려주었다.

　동맹국들은 또 전쟁에 개입했던 모든 국가들(사실상 유럽의 모든 국가가 관련되었다)에게 미래의 라이벌들을 견제하기 위해 힘의 균형을 도모하고 현안인 영토 문제들을 해결하기 위한 회의의 당위성을 알리며, 비엔나에서 열리는 회의에 대표들을 파견해줄 것을 촉구했다. 이에 따라 유럽 각국의 수뇌들이 나폴레옹이 남긴 파괴와 혼란의 와중에 유럽 대륙을 분할하고 질서를 회복하기 위한 기반을 구축하기 위해서 비엔나로 모여들기 시작했다. 4개동맹 대표들과 프랑스 외무장관은 회의가 열리기 몇 주 전 비엔나에 도착했다.

영국의 외무장관 캐슬레이Castlereigh 자작은 프랑스 외무장관 탈레랑과 러시아 외무장관 카를 네슬로드Karl Nesselrode, 프로이센 재무장관 카를 하르덴베르크Karl Hardenberg, 오스트리아 수상 클레멘스 폰 메테르니히Klemens von Metterinich와 회동하면서 회의 일정을 사전 조율했다. 일주일 뒤, 러시아의 황제 알렉산드르 1세Alexander I, 프로이센의 왕 프리드리히 3세Friedrich III가 도착했을 때, 무려 일천 발의 예포를 받으면서 거의 한 시간가량 화려한 환영식을 치렀다. 오스트리아 제국의 수도이자 중부 유럽의 문화와 지식의 중심지인 비엔나에는, 유럽의 크고 작은 나라에서 온 215명의 대표들을 비롯해 그들의 측근, 수행원, 비공식 수행원들로 이루어진 10만 명 이상의 사람들로 북적였다.

9월 29일, 4국동맹의 대표들은 이틀 일정으로 열린 모임에서 모든 중요한 문제들을 결정하는 집행위원회 위원을 자신들이 맡기로 합의했다. 그들이 내린 결정이 프랑스와 스페인 대표들에게 통보되면, 총회는 그 결정사항들을 최종 승인하도록 합의했다.

프랑스 외무장관 탈레랑은 "이들 4국은 그들이 모든 것을 요리하고 결정하는 유럽의 최고기관을 만들었다"며 비꼬았다. 탈레랑은 패전국의 대표로 당연히 어려운 입장에 있었다. 그는 승전국들이 중요한 사항을 결정하는 데 프랑스를 제외시키는 것에 대해 당연히 반대했다. 그는 이러한 기구로는 신뢰성 있는 결과를 만들어낼 수 없을 것이라 생각했다.

그는 4국동맹 대표들에게 "이제 유럽에서는 무력이 법과 정의 위에서 군림하고 있어 새로운 질서가 확립될 것이라는 생각은 한낱 환상에 불과할 뿐"이라고 말했다. 프랑스의 여론과도 일치하는 탈레랑의 주장은 힘의 균형만으로는 문제가 해결되지 않는다는 말이었다. 유럽이 필요로 하는 것은 평화의 지속이었고, 이것을 달성하기 위해서는 유럽 정치의 소용돌이를 잠재울 수 있는 어떤 정통성의 요소를 확보해야 했다. 최소한 이러한 정통성을 확보하기 위해서는 강대국들의 합의가 선행되어야 하는데, 그것은 프랑스가 새로운 체제에 동등한 파트너로서 참가해야 한다는 주장과 맥을 같이 했다. "나는 아무것도 요구하지 않겠다. 다만 당신들이 결정하는, 중요하지만 정통성이 결여된 결과를 받기만 하겠다"면서 불편한 심기를 드러냈다.

탈레랑은 모든 문제들을 각국의 대표들이 모두 모인 전체회의에서 다루기를 원했다. 그러나 캐슬레이 영국 외무장관과 오스트리아의 메테르니히 수상은 그럴 경우에는 혼란만 가중시킬 것이라며 반대했다. 메테르니히 수상의 비서관 프리드리히 폰 겐츠Friedrich von Gentz와 비엔나 회의의 사무국장도 "그럴 경우, 우리들의 모든 계획은 물거품이 될 것"이라며 반대했다. 일정 조율과 조직의 보완을 이유로 비엔나 회의는 11월 1일까지 연기되었다.

영국의 외무장관 캐슬레이 (국립사진전시관)

집행위원회의 첫 번째 의제는 폴란드의 장래였다. 18세기 말, 폴란드는 이웃 강대국들인 프로이센과 오스트리아, 러시아에 의해 분할되어,

1796년에는 지도에서 완전히 사라져버렸다. 러시아의 차르, 알렉산드르 1세는 폴란드가 프로이센과 오스트리아, 러시아에서 독립되어 친 러시아 종속정권이 들어서기를 바랐다. 러시아 황제는 나폴레옹의 침략 때 러시아의 수도가 나폴레옹군의 방화로 엄청난 피해를 당했고, 러시아가 나폴레옹을 권좌에서 몰아내는 데 결정적인 역할을 했으므로 당연히 배상을 주장할 수 있었고, 폴란드 왕국의 재건에 그의 의견을 반영하는 영향력을 행사할 수 있는 위치에 있었다.

이에 따라 오스트리아와 프로이센은 폴란드를 포기하는 대신 다른 지역에서 영토를 확보해 그 손실을 메우고 싶어 했다. 알렉산드르 1세는 각국의 정치인들에게 유럽에서 가장 강력하고 규모가 큰 60만 명의 러시아군이 폴란드를 이미 점령하고 있다는 것을 은근히 과시하고 있었다. 캐슬레이 영국 외무장관은 폴란드의 독립은 환영했지만, 폴란드를 러시아의 영향권 아래 두는 것에는 완강히 반대했다. 그러면서 캐슬레이는 "우리 유럽인들은 유럽에서 자유를 위협하는 독재를 몰아내고 평화와 안정을 도모하기 위해서 싸운 것이지, 영토를 넓히기 위해서 싸운 것이 아니다"라면서 단호히 반대했다.

영국해협의 봉쇄와 막강한 해군력을 보유하고 있는 영국은 "우리는 유럽 영토를 한치도 요구하지 않을 것이고, 유럽 대륙에서 힘의 균형을 바라고 있다"는 점을 강조했다. 또한 "영국은 다른 국가들에게는 해외 식민지개척이나 통상무역의 증대를 지원하기 위해 영국해협의 해상봉쇄도 철회할 용의가 있다"며 덧붙였다. 영국 외무장관은 러시아가 폴란드와의 합병을 통해 러시아의 힘을 강화시키고, 오스트리아의 심장부가 러시아의 전략적인 공격에 노출되는 것을 우려했다. 그래서 그는 러시아 외무장관에게 차르의 야망은 또 다른 전쟁을 유발하게 될 것이라고 경고했다. "러시아는 인류의 안녕을 도모하기 위해 회의에 참석했는지, 아니면 음흉한 음모를 획책하기 위해 왔는지, 그것도 아니면 무력을 시위하기 위해 왔는지 입장을 분명히 밝혀야 할 것이다."

이에 대해 차르는 "그 문제는 러시아가 이미 폴란드를 점령하고 있는 상태라는 것을 인식한다면 대답은 간단할 것"이라고 냉랭하게 대응했다. 그러면서 "그 야망을 달성하기 위해서는 전쟁으로 가는 길도 마다하지 않을 것"이라고 단언했다. 차르는 또 프랑스 외무장관의 이른바 정통성과 국제법 운운도 힐난했다. "당신들은 내가 당신들의 제안이나 조약을 거들떠 볼 것이라고 생각하는가?"

당시 북부 독일의 강대국으로 부상하고 있었던 프로이센도 북유럽에서 지배적인 국가로 부상하기 위해 영토의 확장을 꾀하고 있었다. 이러한 사실을 잘 알고 있는 캐슬레이는 하르덴베르크 프로이센 재무장관과 접촉해서 영국과 오스트리아, 프로이센 3국동맹을 맺고 러시아를 견제하자고 설득했다. 러시아의 차르는 이미 폴란드 구상의 일환으로 프로이센에 색스니 공국Saxony(고대 독일 왕국의 영토로 나폴레옹과 동맹을 맺고 싸웠던 지역, 지금의 작센 주)을 넘겨주는 대신, 프로이센의 협조와 폴란드에 있는 프로이센 영토를 포기해줄 것을 제안해왔었다. 하르덴베르크는 캐슬레이의 동맹 제안에 동의하면서, 대신 색스니 공국을 확보하게 해달라고 영국에 제안했다. 캐슬레이는 프로이센이 강대국으로 성장하여 오스트리아와 손잡고 중부 유럽에서 프랑스와 러시아를 견제할 수 있는 대항마로 키우고 싶었기 때문에, 색스니 공국을 희생시키는 것은 어려운 일이 아니었다. 하르덴베르크와 캐슬레이 그리고 오스트리아의 메테르니히 수상은 마지못해 동의했

오스트리아 수상 메테르니히
(오스트리아 군사박물관)

지만, 대신 강대국들의 반대 없이 남부지역의 영토를 손에 넣을 수 있었다. 그 남부지역의 영토는 인근 국가들이 오스트리아 국경에 집중시키는 것을 차단할 수 있는 전략적 요충지였다. 오스트리아와 프로이센은 오랫동안 독일 제후국들에 대한 지배력을 확보하기 위해 경쟁해왔었다. 이때 프로이센에 색스니의 합병을 동의함으로써 프로이센은 훗날 중부 유럽에서 강력한 국가로 등장하게 될 것이었다.

프로이센과 오스트리아의 지원을 약속받자 캐슬레이는 러시아의 폴란드에 대한 야심에 제동을 걸 수 있었다. 캐슬레이는 러시아에 세 가지 안 중 하나를 선택하라고 압박했다.

첫째, 폴란드의 국경을 원래대로 회복시키고 자유와 독립을 보장하하든지 둘째, 지금보다도 폴란드 영토를 더 작게 쪼개어 일정 부분을 소유하든지 셋째, 지금대로 3개국에 의한 폴란드의 분할에 동의할 수 있으나 러시아의 경계는 비스툴라Vistula 강을 넘을 수 없다는 내용이었다. 만약 러시아의 차르가 이들 안 중 아무것도 받아들이지 않는다면, 이 문제는 전체회의의 결정으로 처리될 것이라고 주장했다.

한편 약소국들의 대표들은 돌아가는 상황에 대한 아무런 정보도 없었다. 바바리아의 왕인 막시밀리안은 "이곳에 머무르는 것은 매우 즐겁긴 하지만, 무엇이 어떻게 돌아가고 있고, 앞으로 어떻게 될 것인가에 대해서 전혀 들은 바가 없다"라며 불만을 표출했다. 그들은 각종 호화스러운 행사에 참석하면서 시간을 보내고 있었다. 매주 월요일에는 메테르니히가 한 번에 250명이 넘는 각국의 대표들을 초대해 저녁 만찬을 주재했고, 그들은 매일 밤마다 파티, 살롱, 음악회와 무도회장에서 시간을 보내며 즐겼다. 오스트리아 황제는 관계당국에 그들이 지불하는 돈의 절반을 돌려주라고 지시했다.

10월 초, 오스트리아의 황제 프란츠 1세는 숨을 헐떡이면서 말했다. "이런 생활을 계속해야 한다면 퇴위를 생각해봐야겠다. 지쳐서 더 이상 버틸 수가 없다." 프란츠 1세는 10월 3일, 러시아의 차르와 프로이센의 왕을 초청하여 일주일 여정으로 헝가리 여행을 떠났다. 러시아의 차르 알렉산드리아 1세는 성격이 다혈질이었고, 프로이센의 왕 프리드리히 3세는 조용하고 감수성이 예민한 인물이었다. 차르는 그들만의 저녁 만찬자리에서 프로이센의 왕에게 통일된 폴란드 왕국의 중요성에 대해 "지금이 바로 중요한 시점"이라면서 양국 간의 우호와 이해관계를 생각해서라도 꼭 성사시켜야 한다고 얼굴을 붉혀가며 설명했다. 차르는 우리들 사이의 우정을 생각해서라도 재고해달라고 호소했다.

프리드리히 3세는 차르의 호소에 마음이 흔들려 러시아를 지원하겠다고 약속해버렸다. 그리고 즉시 하르덴베르크 재무장관에게 영국과의 동맹을 취소하라고 지시했다. 두 국가의 군주들이 여행지에서 돌아오고 나서야 캐슬레이는 동맹이 깨졌다는 사실을 알게 되었다. 캐슬레이는 땅이 꺼지는 느낌이었다. 그는 웰링턴의 듀크Duke 공작에게 "닭 쫓던 개가 지붕 쳐다보는 격"이 되었다고 푸념했다.

탈레랑은 유럽이 러시아와 대립하는 상황을 원했다. 유럽이 단결한다면 러시아를 격퇴시키는 것은 어려운 일이 아니었다. 그리고 그는 러시아가 폴란드 전체를 지배하게 된다는 것은 유럽에 매우 중대한 위협이 될 것이고, 이러한 상황을 오직 군사적 수단으로만 해결할 수 있는 것이라면 한시도 지체해서는 안 된다는 사실을 인식했다.

협상 타결 전망이 희미해지자, 강대국들은 전쟁준비로 부산했다. 프랑스는 외무장관 탈레랑의 요청에 따라서 군인들을 모병해 짧은 시간에 50만 명의 군인들을 확보했다. 오스트리아도 전쟁을 결정하고 40만 명의 군인들을 국경에 배치했다. 러시아군은 이미 만반의 준비를 한 상태였다.

영국의 캐슬레이는 러시아를 상대로 "만약 차르가 그의 입장을 굽히지 않겠다면 전쟁으로써 굴복시킬 수밖에 없을 것"이라고 경고했다. 오스트리아의 비밀경찰은 메테르니히에게 "상황이 전면전으로 확대되어 머지않아 전쟁이 발발할 것"이라고 보고했다. 11월 1일 비엔나 회의가 시작되었을 때, 회의장의 분위기는 삭막했고 관련 위원회가 형식적으로 대표들을 접견하고 신임장들을 확인하는 데 그쳤다. 대표들 사이에서 의미 있는 대화를 나누는 사람은 아무도 없었다.

* * *

프랑스의 탈레랑이 실망한 것처럼 프랑스는 여전히 찬밥신세였다. 탈레랑은 "프랑스의 상황은 지금 대단히 어려운 처지에 놓여있다. … 프랑스를 유럽의 장래에 중요한 영향을 미치는 문제들에서 제외시키는 것은, 승전국들의 입장에서는 오랫동안 프랑스와 적대관계를 유지해왔기 때문에 이해할 수 있다. 그러나 그것은 단순한 생각이다"라고 말했다. 프랑스 외무장관은 결정적인 순간에 핵심적인 역할을 하는 기회가 생길 것이라고 판단하고, 그때까지 참으면서 한발 물러서 있기로 했다. 프로이센이 등을 돌린 상태에서 영국은 섣부른 움직임을 보일 수 없었다.

러시아의 차르는 영국의 위협에도 아랑곳하지 않고 11월 10일, 영국을 비웃기라도 하듯 러시아 군대를 색스니에서 철수시켰고, 그 자리에는 프로이센의 군대가 들어섰다. 오스트리아군 참모총장은 러시아 차르인 알렉산드르 1세에게 "지금의 정세로 보아서는 전쟁은 불가피합니다"라고 말했다.

비엔나에 모인 모든 정치인들과 역사가들도 비엔나에서의 외교적 노력은 실패했고, 협상은 이미 물 건너갔다고 판단하고 있었다. 메테르니히 수상의 비서관 겐츠는 "비엔나 회의는 사회 질서를 바로잡고, 유럽의 정치를 새롭게 하고, 권력의 정의로운 원칙에 의한 배분으로 평화를 달성하겠다는 등의 말을 토해내며 대중을 기만하고 있고, 여전히 회의에서는 중요하고도 존엄성 있는 사안들에 관해서 논의하고 있다고 거짓 선전을 하고 있다"고 비난했다. "상황이 이러한데도 아직도 많은 사람들이 비엔나에 남아있는 까닭은, 패전국으로부터 전리품을 하나라도 더 낚아채려는 속셈"이라고 말했다.

러시아 대표단의 한 명은 "그들이 수렁에 빠져 허우적거리고 있는데도, 어떻게 하면 거기에서 빠져나올 수 있을까를 궁리하는 사람은 아무도 없는 것 같다"고 말했다. 프로이센의 하르덴베르크 재무장관과 오스트리아의 메테르니히 수상은, 고민 끝에 러시아의 차르에게 폴란드 왕국을 좀 더 작은 왕국으로 만들자고 제안했다. 그래야만 오스트리아는 전략적인 요충지인 크라쿠프Krakow와 자모시치Zamosc 지역을 확보하게 된다고 말하면서 프로이센에게도 폴란드에서의 원래의 영토를 계속해서 점령할 수 있도록 양해해달라고 부탁했다. 이에 대해 러시아의 차르는 그들의 요구를 완곡히 거절하면서, 러시아는 폴란드의 모든 영토를 가질 계획이라고 대답했다. 그러면서 크라쿠프와 자모시치 지역은 자유지역으로 만들자는 허울 좋은 양보안을 내놓았다.

프로이센이 폴란드에서 점령하고 있던 옛 영토를 회복할 수 없게 되자, 하르덴베르크는 12월 3일 러시아의 반응을 메테르니히에게 전하면서 프로이센이 색스니 공국을 합병하도록 도와줄 것을 당부했다. 그렇게 되면 색스니 공국은 프로이센 한 귀퉁이의 별 볼 일 없는 나라로 전락하고 만다. 그러나 프로이센이 폴란드에 대한 러시아의 야망을 묵인한다면 메테르니히도 색스니 공국을 차지하도록 도와달라는 하르덴베르크 재무장관의 요구를 들어줄 수가 없었다.

협상이 계속해서 난항에 빠지자 영국의 캐슬레이 외무장관은 리버풀 영국 수상에게 "러시아와 프로이센, 오스트리아, 프랑스는 군대를 동원해서 만일의 사태에 대비하고 있고, 머지않아 전쟁이 일어날 가능성이 크다"고 보고했다. 하르덴베르크 재무장관은 "자신들의 요구가 거부되는 상황이라면 차라리 전쟁에서 승리해 지금의 어려운 상황들을 일거에 반전시키는 편이 좋을 것이다"라는 결론을 내렸다. 캐슬레이는 12월 5일 리버풀 영국 수상에게 "지금의 상황은 각국들 사이의 이해관계가 심하게 얽혀져 있기 때문에 전쟁이 일어나는 것은 시간문제이고, 영국도 이에 대한 대비를 해야 할 때"라고 보고했다.

프로이센이 색스니 공국을 합병하려는 움직임에 대한 여론의 악화와 비엔나 회의에 대한 비판이 비등하고 있을 때, 영국 정부는 캐슬레이 외무장관에게 색스니 공국을 현 상태로 유지하겠다는 입장을 분명히 밝히고, 이에 대한 노력을 기울일 것을 지시했다. 영국의 이러한 입장 변

프로이센 재무장관 하르덴베르크 (독일 학술원)

화는 색스니 문제를 의사진행의 우선순위로 올려놓았고, 이 문제는 협상에서 강대국들의 세력 판도를 새롭게 그리는 데 중요한 사안으로 부상했다.

12월 10일, 메테르니히는 하르덴베르크 재무장관과 알렉산드르 1세의 제안에 대한 답변으로 새로운 제안을 제시했다. "오스트리아는 러시아가 이 수정안을 수용한다는 조건에서만 러시아의 제안을 받아들이겠다. 또한 프로이센에 의한 색스니 공국의 병합도 원칙적으로 거부한다. 그 대신 프로이센이 43만 2천 명의 주민들이 살고 있는 색스니 공국의 일부만을 병합하도록 하겠다. 또한 프로이센은 또 다른 영토, 즉 폴란드 영토에서 러시아로부터 넘겨받게 될 라인 강을 따라 이어져 있는 영토인 베스트팔렌Westphalia을 확보하게 될 것이다. 그것으로 프로이센은 나폴레옹 전쟁 이전 수준의 영토를 확보하게 되는 것이다"는 제안이었다. 메테르니히는 크라코프는 프로이센에 할양되고 손 지역은 오스트리아에 할양된다고 밝혔다.

메테르니히 수상은 프로이센의 완전한 색스니 공국의 합병은 유럽에서의 힘의 균형을 깨뜨리는 엄청난 면적이고, 이로 인해 유럽의 평화가 끊임없이 위협받게 될 것이라면서 "비엔나 회의는 유럽의 평화를 조성하는 데 주요 당사국인 두 국가 사이의 대결장으로 변질돼 원래의 취지가 퇴색되어서는 안 된다. 이제는 독일제국이 정치적 실체임을 아무도 부정할 수 없다. 이들 중요한 강대국들 사이의 경계선은 명확하게 설정되어야 한다. 오스트리아와 프로이센의 경계는 평화를 도모하기 위해 간결하면서도 명확하게 조정되어야 하며, 만약 그렇지 않는다면 우리가 평화조약을 체결하는 데 있어 부정적인 자세로 임할 것임을 알아야 할 것이다. 이것이 우리들이 프로이센에 의한 색스니 공국의 합병을 반대하는 이유이다"라고 천명했다.

중부 유럽의 두 강대국들은 이전에 신성로마제국이 탄생되었을 때, 독일어를 사용하는 공국들의 연합과 그렇지 않은 공국들로 나뉘어져서 서로가 적대감을 갖고 있었다. 이러한 역사적 사실은 독일어 사용 국가들의 강한 유대감을 바탕으로 독일연방을 만들려는 구상을 방해했고, 사실상 두 개로 나뉜 국가는 유럽의 중앙에 위치하면서 욕심 많은 러시아로부터의 위협을 막는 완충 역할을 하게 했다.

3일 후, 러시아의 차르 알렉산드르 1세와 메테르니히 수상의 논쟁은 개인적인 감정싸움으로 번져 급기야 차르는 막말을 해가며 윽박질렀고 결국에는 메테르니히 수상에게 결투를 신청하는 사태로까지 번졌다. 혼쭐이 난 메테르니히는 프란츠 1세에게 사의를 표했고, 황제는 펄쩍 뛰면서 사의를 거부했다. 이 사건에 대한 소식은 회의에 참석한 대표들과 정치인들에게 큰 충격을 주었으나, 한편으로는 그들에게 대리만족을 안겨주기도 했다.

이 사건의 중심에 있었던 러시아의 분위기는 의외로 차분했다. 다음 날 알렉산드르 1세는 매우 겸연쩍은 모습으로 프란츠 1세를 방문했다. 그 자리에서 러시아는 처음으로 양보를 했다. 비록 크라코프에 대한 욕심을 버리진 않았지만, 대신에 인구 40만이 살고 있는 타르노폴Tarnopol

지역을 폴란드로 합병시켜줄 것을 요구했다. 그 지역은 1809년에 오스트리아가 빼앗겼던 지역이었다. 오스트리아는 한발 양보해서 그 제안을 받아들였다.

메테르니히 수상은 일기에 "오스트리아는 처음부터 색스니 공국과 폴란드를 모두 지킬 수 없다는 것을 인정하고 있었다"고 썼다. "결국에는 폴란드를 포기하기로 결정했다." 폴란드 문제가 일단락되면서 의제는 색스니 공국으로 옮겨갔다.

* * *

프랑스의 외무장관 탈레랑은 12월 14일 메테르니히 수상을 만났다. 강대국들 간의 분열은, 한발 물러서 있었던 프랑스로 하여금 막후에 막강한 영향력을 행사할 수 있는 기회를 마련해주었다. 탈레랑은 나폴레옹 전쟁 당시의 반 프랑스 동맹들을 이간시키면서, 프랑스를 캐스팅보드 역할을 할 수 있는 위치로 끌어올리기 위해 조심스럽게 계략을 짜고 있었다. 프랑스는 진작부터 메테르니히를 매수해 폴란드 문제에 대한 오스트리아의 솔직한 입장을 적은 메모들을 전달받고 있었다. 프랑스의 미래의 동맹국으로서의 잠재력을 인정하고 있는 메테르니히는 그의 개인적인 의견들을 탈레랑에 전달했다.

메테르니히는 "나는 회담에 임할 때, 당당하게 원칙을 고수해야 한다는 프랑스 정부의 입장과 뜻을 같이 한다. … 탈레랑은 예리한 수술도

러시아의 차르 알렉산드르 1세 (러시아 왕립박물관)

구를 사용하는 위험한 수술도 마다하지 않는 외과의사와도 같다. 악성
종양을 제거하기 위해서는 위험을 무릅쓰고라도 그것을 도려내는 수술
을 집도하는 의사가 필요하다"고 술회한 적이 있다.

탈레랑은 동맹국들 간에 갈등을 부추기기 위한 작업을 본격적으로 시작했다. 그는 우선 메테르니히의 메모에 대한 화답으로 유럽의 상황에 대한 예리한 분석과 미래 예측으로 날카로운 통찰력을 보여주며 자신의 견해를 밝혔다.

"프로이센이 합법적으로 색스니 공국을 병합하도록 인정한다면, 그것은 유럽의 계몽된 국가들이 19세기 내내 유럽의 만민법에 의해 엄격히 제한되어져왔던 재산권의 침해에 대한 법의 규정을 무시하는 것이고, … 또 색스니 공국의 국민들의 의사도 묻지 않고 일방적으로 몰아붙이는 야만적인 행동이다. … 또한 고유하고도 신성한 주권은, 침략이라는 사실 하나 때문에 하루아침에 없어지고 또 얻어지기도 한다는 나쁜 선례를 보여주는 것이기도 하다. 그러면서 유럽의 국가들은 강대국에 의해서 억류되고 … 자연법, 즉 이른바 유럽의 만민법은 존재할 근거도 없어진다. 결국에는 법은 강자의 힘에 따라 휘둘러질 것이다"라며 개탄했다. 탈레랑은 계속해서 "색스니 공국을 프로이센에 양보한다면, 그것은 프로이센과 오스트리아 간의 힘의 균형을 깨뜨릴 뿐만 아니라, 유럽 전체의 평화에도 위협이 될 수 있다. 유럽의 질서를 새로이 구축하려면 도덕적 정당성의 근거에 의해서 성취되어야 하며, 만약 색스니 공국을 프로이센에 통째로 넘겨주게 된다면, 그것은 도덕적 근거마저 무너뜨리는 것이다. 현재의 상황에서 정당성과 균형이라는 원칙을 꿋꿋하게 고수하는 방법 외에 다른 방법은 있을 수 없다"고 입장을 정리했다. 12월 20일, 탈레랑은 국왕 루이 18세에게 다음과 같이 보고했다.

"만약 프로이센이 색스니 공국을 병합한다면 프로이센의 우세는 확실해질 것이고, 유럽 전체의 균형은 무너지게 될 것입니다. … 캐슬레이 영국 외무장관은 마치 길을 잃고 헤매는 사람처럼 우왕좌왕했고, 원래 위치로 돌아갈 방법조차 모르는 사람처럼 보였습니다. 그는 폴란드 문제에 대해 어떤 영향력도 행사하지 못한 데 대해 굴욕감을 느끼고 있었습니다. 그리고 지금에 와서는 프로이센에 회유되어 우리의 경고도 무시하고 색스니 공국을 프로이센에 넘겨주는 방안에 동의하고 말았습니다. 캐슬레이는 무엇을 어떻게 해야 할지 갈피를 잡지 못하고 있는 것 같습니다."

프로이센의 하르덴베르크의 비서관 빌헬름 폰 훔볼트Wilhelm von humboldt는 12월 20일 그의 아내에게 쓴 편지에 "곧 새로운 전쟁이 일어날 것 같다"고 썼다.

* * *

4국동맹이 와해되면서 프랑스는 영국이 믿을 수 있는 유일한 나라가 되었다. 리버풀 영국 수상은 12월 23일 웰링턴 공작에게 보낸 편지에서 당시의 상황을 이렇게 설명했다. "나는 작금의 유럽 정세를 보고 들으며 프랑스 왕이야말로 우리가 신뢰할 수 있는 유일한 군주라고 믿게 되었다." 이어서 "러시아의 차르는 허영심이 많고 품행이 방자하고 거만

하다. 프로이센의 왕도 신중하기는 하지만 러시아 차르의 꼭두각시에 불과하다. 오스트리아의 황제는 정직한 사람으로 보이지만 아무에게도 믿음을 줄 수 없는 수상을 곁에 두고 있다. 그 수상은 모든 것을 간계와 책략으로 해결하려 하며, 그로 인해 오스트리아 정부는 쉽게 처리할 수 있는 사안도 스스로 어려움에 처하도록 상황을 악화시키고 있다"고 설명했다. 캐슬레이는 리버풀 수상에게 "프랑스는 여전히 원칙을 고수하고 있습니다"라고 보고했다.

12월 23일, 캐슬레이와 탈레랑은 프로이센의 하르덴베르크 재무장관이 러시아 차르의 지원을 등에 업고 색스니 공국 전체를 요구한다면, 두 나라는 오스트리아의 메테르니히와 손잡고 공개적으로 색스니 공국의 존속을 유지시켜야 한다고 주장해 그들의 요구에 제동을 걸기로 굳게 약속했다. 캐슬레이는 탈레랑에게 두 나라 간의 동맹을 제의했고, 프랑스도 흔쾌히 동의했다. 탈레랑은 "우리 두 나라는 유럽의 평화를 위하여 존엄성과 정의를 존중하고 유럽의 장래를 위해 공동 노력을 기울이는 데 합의했다"고 루이 18세에게 보고했다.

영국과 프랑스의 외무장관들은 "지금까지의 관행대로 아무런 원칙도 룰도 없이 그저 요행을 바라면서 많은 국제 문제들을 처리해왔던 전례를 따른다면, 우리들은 아무 성과도 얻지 못할 것이다. 그러므로 앞으로는 원칙을 고수하면서 일을 처리해나가야 할 것"을 합의했다. 또한 나폴레옹에 의해 점령된 이전의 영토들에 대한 경계들은 인구수를 감안하여 결정하는 조정회담을 갖기로 양국 간의 합의가 이루어졌다. 조정회담에서는 이에 관한 모든 사항을 결정하는 권한이 부여될 것이며, 나폴레옹 전쟁 당시의 강제 징집과 국가 동원에 관한 사례를 토대로, 국력은 영토의 크기나 부에 의해 좌우하는 것이 아니라 인구 수에 의해 결정된다는 점을 강조했다.

탈레랑은 프로이센으로 하여금 이 제안을 받아들인다는 증표로 조정위원회의 위원을 맡아줄 것을 요청했다. 이에 대해 프로이센은 양국이 그 동안 색스니 공국에 대한 프로이센의 주장을 무시해왔고, 또 조정위원회의 결론은 보나마나 색스니 공국의 존속을 유지하는 쪽으로 가닥이 잡힐 것이 분명했기 때문에 당연히 거절했다.

그 이후 색스니 문제는 이전과는 상황이 사뭇 달라졌다. 폴란드 문제도 여전히 논의 중이었다. 이것은 대표들의 성향에 따라 회담의 결과가 달라질 수 있다는 예를 보여주는 사례였다. 경계선은 협상의 주요 의제가 되었고 며칠 내에 정리될 것이었다.

12월 29일, 프로이센의 하르덴베르크 재무장관은 색스니의 전체를 프로이센에 양도해야 한다는 주장을 거듭 밝혔다. 만약 자신들의 요구가 관철되지 않고 지연된다면, 그것을 자신들에 대한 선전포고로 받아들이겠다면서 압박했다. 이에 대해 캐슬레이는 "이러한 협박은 전례가 없는 위협이고, 이와 같은 프로이센의 행동은 이성과 존엄성을 가진 모든 나라로부터 배척당할 것임을 확신하며, 영국은 이러한 위협에 당연히 맞서 싸울 것"이라고 응수했다. 이어서 "이러한 분위기가 계속 된다면 우리가 많은 독립 국가들을 전혀 배려하고 있지 않다는 것을 인정하는 것과 마찬가지이므로, 회의는 마땅히 그만두는 것이 좋을 것이다"라고 응수했다.

이에 하르덴베르크는 충격에 빠져 몸을 가누지 못했고 그날 밤을 뜬 눈으로 지새웠다. 그의 부관은 "그는 그 동안 순조로웠던 회담이 한 순간에 뒤집혀지는 것을 보고 낙담에 빠졌고 희망도 사라졌다. 이러한 좌절감은 그의 건강에도 적신호가 되었다"고 일기에 기록했다. 한 순간에 하르덴베르크는 어려운 처지에 놓이게 되었다. 그의 도발적인 행동과는 달리, 프로이센 군대는 러시아의 지원에 의존하고 있었는데, 러시아의 차르도 전쟁에 대한 우려가 현실화되자 한발 빼는 모습을 보여주었다. 차르는 다음날 프로이센의 프리드리히 3세와의 면담에서, 색스니에 대한 프로이센의 요구 때문에 전쟁이 발발하게 된다면 어떻게 대응할 것이냐는 질문에 애매한 반응을 보였다.

차르 알렉산드르 1세는 영국과 프랑스, 오스트리아가 내부 동맹을 맺고 함께 행동하고 있음을 알고 있었고, 이들 3국과 전쟁을 벌인다면 승산이 없다는 계산을 하고 있었다. 특히 영국은 지금까지도 반 나폴레옹 동맹들에게 재정적 지원을 하고 있었고, 지금도 폴란드에 있는 러시아 군대의 경비를 대주고 있는 상황에서 전쟁을 벌인다면, 차르로서는 재정적 부담은 물론이고 전투에서도 승산이 없을 것은 분명한 사실이었다. 그러나 프로이센의 하르덴베르크는 더욱 도발적으로 나가고 있었고, 이와는 대조적으로 차르는 평화적인 해결방안을 모색하고 있었다.

하르덴베르크는 완전히 기세가 꺾였다. 그러나 캐슬레이는 사소한 충돌로도 돌이킬 수 없는 재앙으로 발전할 수 있다는 우려 때문에 탈레 랑에게 "지금 같은 상황에서 프랑스와 오스트리아, 영국이 완벽한 '상호방위조약'을 체결해 긴밀하게 대응해야 할 필요가 있다"고 제안했다.

12월 30일, 러시아는 반 나폴레옹 동맹들을 규합하고 통일시키기 위한 마지막 노력으로 대안을 제시했다. 차르는 작금의 난국을 헤쳐 나가고 색스니와 폴란드 문제가 빠른 시일 내에 처리되기를 희망하면서, "폴란드의 작은 공국인 그네이즌Gnesen과 포센Posen 지방을 프로이센에게 넘겨주고, 인구 85만 명이 거주하고 있는 폴란드 서쪽 지역 또한 프로이센에 넘길 의향이 있으며, 오스트리아에는 인구 40만 명이 거주하고 있는 비스툴라와 타르노폴Tarnopol의 오른쪽 강변 지역을 양보하겠다"고 제안했다. 또한 크라코프와 손 지역은 자유로운 독립 시들로 만들고 그 외의 모든 색스니 지역을 프로이센에게 양도하자는 내용도 포함돼 있었다.

프로이센은 이 제안에 감격했고 프로이센의 색스니 지역에 대한 열망을 지원해주는 러시아의 제안에 구원을 얻은 느낌이었다. 그러나 러시아와 프로이센의 영향력은 점점 약화되고 있었다. 오스트리아는 그 제안에 담긴 폴란드에 관한 사항은 받아들였지만 색스니에 관한 제안에는 동의하지 않았다.

새해 첫 날, 크리스마스이브에 타결된 겐트조약Treaty of Ghent(1812년 미국과 영국 간의 독립전쟁의 종식을 알리는 조약)에 관한 뉴스가 비엔나에 전해졌다. "미국의 전쟁 종식에 관한 뉴스는 이곳에서도 큰 충격이었다."

영국 대표 중 한 명이 한 말이었다. 아무도 예상하지 못한 이 뉴스는 영국군이 미국에서 철수하게 되면서 러시아와 프로이센에 맞서고 있는 신 삼국동맹에 잠재적인 힘을 선물했다. 무엇보다도 이러한 사태 전개는 영국의 입장을 훨씬 강화시켜주었다. "우리는 강한 유럽인이 되었고, 봄이 되면 유럽에서 가장 훌륭한 국가로 탈바꿈하게 될 것"이라며 캐슬레이는 무척 고무되었다.

탈레랑은 프랑스를 유럽의 중요 정치 중심지로 부활시키기 위한 완벽한 계획을 세우고 움직이기 시작했다. 1월 3일, 프랑스와 영국, 오스트리아의 대표들은 러시아-프로이센 동맹에 맞설 수 있는 견고한 전선을 구축하고, 유럽을 힘의 균형체제로 바꾸기 위한 대의명분을 색스니 공국의 보호로 결정한 탈레랑의 제안에 동의하는 비밀 문건에 서명했다. 그 문건에는 영국과 프랑스, 오스트리아는 각각 150만 명의 군사들을 모병하여 한 나라가 공격을 당할 경우 함께 대응한다는 조약이 포함되어 있었다. 탈레랑은 "이제 프랑스는 유럽에서 고립된 외톨이가 아닙니다"라고 루이 18세에게 보고했다.

1월에 접어들어, 캐슬레이의 제안으로 노예무역의 폐지를 다루기 위한 위원회가 구성되었다. 노예문제는 영국 여론의 관심 대상이었고, 캐슬레이 외무장관이 원하는 사안이었다. 영국은 프랑스를 도와주는 조건으로 카리브 해의 트리니다드 섬을 영국에 넘겨줄 것을 프랑스 측에 제안했다. 탈레랑은 그 제안을 받아들이는 대신, 나폴리 왕국을 되찾는 데 협조해줄 것을 요청했다. 나폴리 문제는 프랑스로서는 시급한 사안이었다. 왜냐하면 현재의 나폴리 왕이 나폴레옹의 심복이었기 때문에 프랑스의 현 부르봉 왕조에게는 위협의 대상이었다. 캐슬레이 외무장관은 기꺼이 동의했고, 또 포르투갈을 지배하는 데 대한 묵인의 대가로 30만 파운드스털링을 지불하기로 약속했으며, 스페인에 대해서는 별도로 40만 파운드를 지불하기로 약속했다.

2월 8일, 강대국들은 일반 도덕률과 인간성의 원칙에 어긋나는 국제적인 노예무역을 금지하는 선언서를 작성했다. 그리고 유럽의 품위를 떨어뜨리고 인간성을 말살시키는 아프리카에 대한 착취도 금지했다. 또한 유럽에서의 노예들의 정착도 금지하기로 하고, 프랑스에는 5년의 유예기간을, 스페인과 포르투갈에는 8년의 유예기간을 두었다.

3월 7일 월요일 6시, 오스트리아 수상 메테르니히는 이탈리아의 제노아 주재 총영사로부터 긴급보고를 받았다. "엘바 섬에서 나폴레옹이 탈출했다"는 놀라운 소식이었다. 얼마 전 영국 캐슬레이 외무장관과 임무를 교대해서 비엔나 회의 대표로 와 있었던 웰링턴 장군은 나폴레옹의 탈출이 예사롭지 않은 사태의 진전이라고 생각했다.

나폴레옹은 프랑스 남부 해안에 도착해 천여 명의 군사들을 규합했고, 파리로 진군하면서 "비엔나 회의는 당장 해산하라"고 선언했다. 웰링턴 장군은 즉시 벨기에에 주둔하고 있는 영국군을 지휘하기 위해 비엔나를 떠났다. 6일 후, 비엔나 회의에서는 나폴레옹은 무법자이고 스스로 법을 유린했으며, 곧 국민들로부터 응징을 당하게 될 것이라는 성명을 발표했다. 얼마 후 나폴레옹은 파리로 개선해 왕관을 되찾았으며,

새로운 유럽의 질서를 만들어나갈 것을 천명했다.

5월 25일, 영국과 오스트리아, 프로이센, 러시아는 각각 150만 명의 군사들을 확보해 나폴레옹을 격퇴시키기로 합의했다. 곧 100만여 명의 군인들이 편성되었고 나폴레옹의 복귀는 비엔나 회의에 별다른 영향을 주지 못했다. 중요한 사안들은 거의 결정되었고, 협상은 전쟁 중에도 계속되었다. 이윽고 강대국들의 대표들은 포괄적인 합의 수순에 들어갔다.

1815년 6월 9일, 드디어 비엔나 회의 대표들은 합의서에 서명을 했다. 그로부터 9일 후, 나폴레옹은 워털루 전투에서 패배했다. 이 합의는 유럽의 국경선을 새로이 확정했고, 유럽에 1세기에 걸친 평화를 마련해 줄 수 있는 기반을 제공했다.

프랑스의 탈레랑은 강대국들 간의 이견을 부추기고 이간시키면서 프랑스의 발언권을 강화해나갔고, 패전국임에도 불구하고 나폴레옹 이전의 영토를 온전히 보존해 프랑스의 이익을 지켜낼 수 있었다. 오스트리아는 아드리아 해의 달마티아Dalmatia와 이탈리아의 파르마Parma와 모데나Modena, 토스카나Tuscany 등 북쪽 대부분을 확보하면서 영토를 두 배로 늘렸다. 프로이센도 비록 처음에 주장한 것에 비하면 실망스러웠지만, 북유럽의 지배적인 세력으로 부상했다.

비엔나 회의는 나폴레옹 편에 가담했었던 3백여 개에 달하는 독일의 왕국과 공국들을 30개의 왕국으로 정리해서 느슨한 형태의 독일 연방으로 탈바꿈시켰다. 이때 정해진 발트 해에서 아드리아 해에 이르는 독일 경계선은 지금까지도 유지되고 있다. 또한 스위스를 중립국으로 만들고, 독립적인 국가이면서도 이름뿐인 폴란드 왕국은 러시아의 보호 아래 두게 되었으며(얼마 지나지 않아 러시아에 완전히 합병되었다), 노르웨이는 스웨덴에 합병되었고, 국가간의 노예무역도 금지시켰다. 색스니 공국은 영토의 5분의 3과 인구의 3분의 2를 확보하면서 독립을 유지했다. 네덜란드는 벨기에, 룩셈부르크와 인접한 영토를 흡수하면서 영국의 영향 아래 놓여졌다. 대체로 강대국 간의 힘의 균형이 이루어졌고, 유럽은 —제1차 세계대전이 발발하기 전까지— 거의 100년 간 전쟁 없는 세월을 보낼 수 있었다.

포츠머스 조약을 기념하는 우표 (미 의회도서관)

제4장

포츠머스 조약
1905

19세기 유럽에서의 힘의 균형으로 야망이 좌절되자, 러시아는 그들의 관심을 동쪽으로 돌렸다. 강력한 중앙정부가 부재했던 중국과 조선, 만주는 러시아로 하여금 독점적인 무역요지를 개척하고 광활한 영토를 확보할 수 있는 기회를 마련해주었다. 한편 지난 2백 년 간 지속되어온 봉건제도를 타파하고 새로이 산업국가로 등장한 일본은 이들 지역에 대한 영향력을 강화하고 자원을 확보하려는 계획이, 러시아의 팽창으로 방해를 받고 또 전략적인 위협으로 다가왔다.

1904년 2월, 일본은 만주에 주둔하고 있는 러시아군을 기습해, 그들에게 막대한 피해를 안겨주었고, 러시아를 덩치만 큰 허약한 군대를 가진 나라로 만천하에 알리며 러시아의 체면을 구겼다. 러시아는 전쟁을 장기전으로 끌고 가기로 결정하고 시베리아 철도를 이용해 새로 모집

한 군인들을 수송하면서 무력을 강화했다. 1905년 초까지 전쟁으로 인한 사망자 수는 15만 명이 넘었고, 전쟁은 언제 끝날지 아무도 예단할 수 없었다. 양국은 전쟁을 지속하는 것이 자신들에게 유리하다고 판단하고 있었다.

일본 국민들은 승리를 자신했고, 전쟁을 계속하도록 격려하고 있었다. 러시아의 차르 니콜라이 2세Nicholas II 또한 러시아의 압도적인 인적, 물적 자원을 믿고 있었다. 이때 미국의 시어도어 루스벨트Theodore Roosevelt가 중재에 나서게 되었다.

미국은 상공업이 나날이 발전하면서 강대국으로의 진입을 목전에 두고 있는 신생국가였다. 미국 남북전쟁 이후 유럽이 쇠퇴의 길로 접어든 반면, 미국은 양 대륙에 걸쳐서 세력을 확장하고 있었다. 남북전쟁과 20세기 초의 전환 시기에 미국의 인구는 배로 늘어났고, 1900년에 이르러서는 미국의 면화와 철, 기름의 생산량은 세계의 3분의 1을 점유했으며, 미국의 공산품은 절반에 육박해 있었다. 미국은 스페인과의 전쟁에서의 승리와 1898년 하와이 합병으로 태평양까지 영역을 넓혔고, 미국 국민들은 미국이 세계무대에서 적극적인 역할을 할 것을 기대하고 있었다. 루스벨트 대통령은 외교 경력이 별로 없었지만 그의 무모한 자신감과 예민한 정치적 충동은 그로 하여금 러시아와 일본을 한 자리에 불러 강화조약을 체결하도록 촉구하겠다는 신념을 갖게 했다.

루스벨트 대통령은 극동의 전략적 가치로 보아 러시아와 일본이 각기 다른 유럽 국가들과 동맹을 체결할 경우, 세계적 전쟁으로 확대될 수도 있을 것이라는 점을 우려하고 있었다. 루스벨트는 러시아와 일본이 서로 큰소리를 치고는 있지만 양국 모두 상황이 어렵다는 것을 알고 있었다. 러시아는 이미 막대한 피해를 입었고, 일본도 연일 계속되는 승리에도 불구하고 자신들의 전력보다 세 배나 강한 국가와의 전쟁에 부담을 갖고 있었다. 세계 여론들은 많은 사상자들이 발생한 데 대해 우려를 표하면서 전쟁을 반대하는 쪽으로 기울었고, 이러한 악화된 여론은 전쟁당사국들의 군수품과 무기를 구하기 위해 필요한 자금 확보에 찬물을 끼얹은 셈이었다.

시어도어 루스벨트도 두 가지 장해물에 봉착했다. 첫째는 러시아가 그들의 해외 정보망을 통해서 미국의 의도를 이미 파악하고 있었다는 점이었고, 둘째는 존 헤이John Hay 국무장관(젊은 시절에는 링컨의 비서였다)이 병이 깊어 더 이상 활동을 할 수 없다는 점이었다. 그러나 루스벨트는 기회가 항상 있는 것이 아니라는 생각을 하고 "상원의원 시절, 두세 번 심하게 앓은 적이 있지만, 지금은 나이가 들었다는 것 말고는 건강하기 때문에 전혀 문제가 없을 것이다"고 자신하면서 본인이 직접 나서기로 결정했다.

* * *

러시아와 일본은 미국 대통령의 제안에 처음에는 냉담한 반응을 보였다. 존 헤이 국무장관은 "미국 주재 러시아 대사는 평화란 말을 꺼내자마자 깜짝 놀랐다"고 술회했다. 일본도 비록 정중하게 예의를 차렸지만 여전히 굽힐 생각이 없었다. 상황이 이러했지만 루스벨트 대통령은 전쟁을 계속하는 것은 어리석은 짓이라고 설득했다. 그는 전투가 시간을 끌면 끌수록 일본의 상황도 어려워지지만 러시아의 사정은 더 악화될 것으로 판단했다.

루스벨트는 "일본은 전쟁을 계속한다 해도 더 이상 얻을 수 있는 것이 아무것도 없다. 전투에 계속해서 승리를 거둔다 해도 얻는 것보다 잃는 것이 더 많을 것"이며, "러시아도 계속 싸워 이긴다 해도 지금까지 잃은 것을 만회하기는 어려울 것"이라 의견을 피력했다. 일 년간의 전투가 계속된 후, 루스벨트에게 전쟁을 종식시킬 수 있는 기회가 찾아왔다.

1905년 5월 27일, 러시아 함대와 일본 함대가 쓰시마 해협에서 마주쳤다. 1분 간 2천여 발의 포탄들이 작렬한 뒤, 일본 함대는 러시아 함대를 궤멸시켰다. 22척의 러시아 군함들이 일본 바다 밑으로 가라앉았고, 이 패배로 러시아 차르의 희망도 물거품이 되었다.

루스벨트는 이 해전에 대해 보고받고, 역사상 유례가 없는 해전이라고 평가했다. 그는 일본에게 이제는 패자에게 손을 내밀 때라고 설득했다. 그러면서 양 교전국에 인류의 여망을 대신하여 지금이야말로 자신이 나서야 할 때라고 생각하며, 지금도 전개되고 있는 가공스럽고도 참혹한 적대행위를 중지해줄 것을 호소한다는 전문을 보냈다. 또한 양 교전국들의 안전을 위해서라도 전쟁은 종식되어야 하며, 전 세계도 평화회담을 고대하고 있다는 사실을 환기시키며 그의 제안을 받아줄 것을 당부했다.

일본의 반응은 루스벨트가 콜로라도에서의 곰 사냥을 중단하고 급히 워싱턴으로 향하게 할 만한 것이었다. 루스벨트는 계속해서 일본과 접촉하면서 러시아 측이 회담에 참석하도록 방법을 강구하기 시작했다. 그는 조심스럽게 접근해야 한다고 생각했다.

루스벨트는 미국 주재 러시아 대사인 아르투로 카시니Arturo Cassini를 믿을 수 없는 사람으로 불신해왔기 때문에, 러시아 주재 미국 대사 마이어George von Lengerke Meyer에게 러시아의 차르를 직접 만나도록 밀명을 내렸다. 마이어 대사는 루스벨트가 하버드대학 시절부터 친분을 이어온 후배였다. 7주 전 루스벨트는, 이탈리아 주재 미국 대사를 역임했던 그에게 차르와 접촉해 회담을 준비시키는 임무를 부여하며 러시아 주재 대사로 임명했다.

루스벨트는 "대사들은 자신들이 맡은 임무가 막중한데도 각국 외교 사절들과 파티를 열면서 사교나 하는 자리로 안이하게 생각하는 것 같다"고 말하며 "지금부터 나는 상트페테르부르크에서 일을 도모하고자 하는데, 그대가 나서서 일을 원만히 처리해주길 바란다"고 당부했다.

차르의 여름궁전에서 차르를 만난 마이어 미국 대사는 루스벨트의 친서를 거침없고 솔직한 표현으로 낭독했다. "러시아의 많은 사람들은 물론이고, 전 세계가 지금의 전쟁 상황에 우려를 표명하고 있으며, 일본과 러시아가 전쟁을 계속한다면 아시아에 있는 러시아 영토를 전부 잃을 수도 있다고 판단하고 있습니다. 러시아는 지금의 난관을 헤쳐 나가야 하고, 그렇지 않는다면 대재앙을 피할 수 없을 것입니다. 지금이라도 양국 대표들이 만나서 적대행위를 종식시키고 대참사를 예방하기 위해 노력해야 합니다." 마이어 대사는 차르에게 이 제안에 동의한다면, 그것은 수십만 명의 생명을 구하는 것이고, 또 세계로부터 존경을 받게 될 것이라고 호소했다.

러시아와 일본은 각각 협상 결과에 따라서 많은 것을 얻고 또 많은 것을 잃게 될 것이라는 예상이 지배적이었다. 일본의 계속되는 승리는 러시아를 궁지로 몰아넣고 있었다. 그러나 문제는 일본이 전쟁을 계속할 수 있을 것이라고는 아무도 생각하지 않고 있다는 것이었다. 외교적 해결은 이미 확보한 전리품들을 보장할 것이고, 더 나아가서 화평에 대한 대가로 더 많은 양보도 얻어낼 가능성이 있었다. 그러나 만일 일본의 대표들이 너무 무리한 요구를 한다거나 협상이 실패로 돌아갈 경우, 일본 국민들은 기아에 허덕이게 되고 경제는 붕괴될 것이라는 전망이 지배적이었다.

러시아의 입장은 지금까지 일본보다 훨씬 강하다고 예측하고 있었지만 일본에 참패했고, 러시아군의 불패신화를 감안한다면 그 체면이 말이 아니었다. 물론 러시아가 전쟁을 계속하겠다고 위협할 수는 있었지만 그러기에는 부담이 너무 컸다. 협상의 가능성은 러시아군의 패배로 더욱 높아졌다. 러시아로서는 협상을 통해 일본의 전진을 막을 수 있고, 전열을 재정비하는 시간을 벌 수 있기 때문이었다. 러시아는 이미

중국의 여순(다롄) 항에서 침몰하고 있는 러시아 군함 (미 의회도서관)

국내의 압력과 이미 예고된 폭발 직전의 혁명 상황으로 궁지에 몰려있었다. 그렇기 때문에 러시아 정부는 굴욕적인 참담한 패배를 국민들에게 알리는 것을 두려워하고 있었다.

우여곡절 끝에 러시아-일본 간의 회담 장소에 대한 합의를 이끌어내는 데도 두 달이 걸렸다. 러시아는 본국과 우호적인 국가인 프랑스 파리를 고집했고, 일본은 같은 이유로 중국의 즈푸Chefoo를 고집했다. 루스벨트는 네덜란드의 헤이그를 추천했는데 그곳은 당사국 모두가 반대했다. 양국은 그 동안 유럽이 극동에 대해 기회주의적인 간섭을 해왔던 역사적 사례를 들면서 공정성에 대한 회의를 제기했다. 러시아와 일본은 미국의 수도인 워싱턴 D.C.를 가장 적합한 장소로 생각했지만, 루스벨트는 워싱턴 D.C.에서 회담을 여는 것이 꺼림칙하게 느껴졌다.

영국 정부는 이전에 워싱턴 D.C.를 가리켜 예민한 문제를 협상하는 장소로는 세계에서 가장 곤란한 장소로 묘사한 적이 있었다. 날씨가 무덥고 남의 말을 꺼내길 좋아하는 그곳의 가십문화가 협상가들을 당혹스럽게 할 것이라고 생각한 루스벨트는 워싱턴 D.C.에서 멀지 않고, 산만하지 않고 냉정한 머리로 회담을 이끌어갈 수 있는 장소를 물색했다. 그는 서늘하면서도 한적하고 가능한 외부의 간섭을 받지 않는 자유로운 뉴햄프셔 주의 포츠머스Portsmouth라 불리는 작은 해변 마을을 찾아냈다. 그곳은 보스턴에서 북쪽으로 50마일 정도 떨어져 있는 메인 주와 뉴햄프셔 주의 경계선에 있는 시골마을이었다. 포츠머스는 외부와 차단돼 있었고, 피스카타쿠아Piscataqua 강 건너편에 있는 해군기지는 대표들이 회담하는 데 적절한 장소였으며, 최신식의 통신설비들도 완벽히 갖추고 있었다.

포츠머스 주민들도 회담을 환영했으며, 웨스턴유니언 통신회사는 대표들이 묵을 호텔과 해군기지 사이에 통신망을 연결해주었다. 미국 정부는 대표단을 경호할 12명으로 구성된 경호팀을 파견했고, 러시아 대표들이 주문하는 데 어려움을 겪지 않도록 뉴욕에 있는 월도프 아스토리아 호텔에서 러시아어를 구사하는 웨이터들을 선정해 배치했다.

2백 명의 인부들이 회담 장소로 정해진 해군기지 내에 있는 물류창고로 사용되던 2층 건물을 단장하기 시작해, 일주일 만에 큰 중앙 회의실과 양국의 대표들이 사용할 수 있도록 각각 맞은편에 세 개의 방이 딸린 스위트룸을 지었다. 그곳에는 식당과 휴게실, 미국 측의 고위 인사들이 방문했을 때 접견할 수 있는 방도 꾸며졌다.

* * *

러시아와 일본은 협상 대표단을 선정하느라 고심하고 있었다. 당시 상황으로 볼 때, 양국의 정치가들은 대표로 선정되는 것이 정치적 자살행위와 다를 바 없었기 때문에 서로가 고사하고 있었다.

러시아의 차르는 세 명의 고위 인사들이 대표직을 고사하자, 하는 수 없이 세르게이 비테Sergei Witte를 대표로 선정했다. 그는 처음부터 잠재적인 대표로 물망에 올라 있었지만, 차르는 "다른 사람은 몰라도 그는 절대 안 된다"면서 단호히 배제했었다. 전직 재무장관 출신인 비테는 차르의 아버지 밑에서 오랫동안 봉사해왔던 인물이었다. 둘 사이에는 불화가 있었는데, 비테가 차르를 "사악한 무리들로 구성된 보좌관들에 의해 놀아나는 순진한 아이"라고 평가한 데서 비롯되었다. 비테는 오래전부터 전쟁을 반대해왔다. 그런데 이제와 정치적 사형선고나 다름없는 회담의 수석대표를 맡게 되었다. 7월 13일 비테는 수석대표로 임명되자 친한 친구에게 이렇게 말했다.

"지금 나는 조국을 위해서 봉사할 수 있는 선택의 폭이 거의 없다. 비약하자면 자칫 실수라도 하는 날에는 목이 날아갈 판이다. 정부는 여전히 전쟁을 선호하고 있다. 내 생각에 어떠한 상황에서도 협정을 체결할 기회는 지극히 희박하게 여겨진다. 그럴 경우, 나는 실패자로 낙인찍힌 채 죽어서 한줌의 흙이 될 것이다. 나를 성원하는 사람들이 바라고 주장하는 것처럼 군부의 상황을 반영하지 않는 조약안을 체결해 전쟁을 종식시킨다면, 내 이름은 모든 러시아인들의 자존심에 상처를 준 반역자로 역사에 남게 될 것이다."

세르게이 비테는 1849년, 러시아 남부의 트빌리시Tbilisi의 신분이 낮은 귀족 가문에서 태어났고, 터키 국경과 인접한 산맥 사이에 있는 코카서스Caucasus 지방에서 성장했다. 그의 가족은 비교적 유복했고, 아버지는 상업에 종사하다 후에 은행가로 성공하게 되면서 그 지역 총독의 보좌관이 되었다. 비테의 첫 직장은 오데사 역사Odessa Railway의 문지기로 시작해서 매표원으로 승진하고 얼마 지나지 않아, 물류관리에 대한 천부적인 소질과 능력을 인정받아 고속승진을 하게 된다. 1879년 러시아-터키 전쟁은 그의 청렴함과 성실성을 인정받는 기회가 되었고 얼마 뒤, 부패하고 무능한 동료들과 비견되는 성품으로 국장을 거쳐 철도장관이 되었다.

비테는 뛰어난 조직 장악력과 추진력으로 효율적인 철도요금 체계를 구축했고, 그 능력을 인정받아 철도장관과 통신장관을 겸임하게 되었으며, 일 년 후에는 재무장관으로 승진했다. 이와 같은 고속성장으로 러시아 상류 귀족들의 질시를 받게 되었고, 그가 재무장관 재직 시 성직자 라스푸틴Rasputin에 대한 조사 명령으로 인해 러시아 황후의 미움을 사게 되었다. 그러나 비테의 근면성은 그를 러시아에 없어서는 안 될 인물로 부각시켰고, 그는 거의 일중독이나 다름없이 맡은 일에 최선을 다했다. 그는 러시아 정부 소유의 산업시설들을 효율적으로 관리했고, 보드카의 판매권을 정부의 독점 하에 두었다. 산업기반을 재구축하고 국가의 조세 수입을 두 배로 늘리면서 금 본위제를 도입했으며, 황실 금고에 많은 금궤들을 쌓아두고 태환화폐를 액면가로 교환해주었다. 그의 눈부신 업적 중 하나는 시베리아 횡단철도였는데, 그는 이 사업을 자신이 직접 구상하고 진두지휘해 건설했다. 이와 같은 그의 업적에도 불구하고 그의 강한 집중력과 오만해 보이는 그의 강직한 성격은 귀족들의 반감을 사기에 충분했다.

반전주의자였던 그는 지난 11년간 재무장관을 역임하면서 러시아에서 차르 다음으로 막강한 영향력을 행사하게 되었고, 개각이 있을 때마다 수상 후보자로 거론됐었다. 이러한 상황에서 그가 러시아 대표로 임명된다는 것은 정치적 추방이나 다름없었다. 190cm가 훌쩍 넘는 장신의 비테는 군인 같은 면모를 지니고 있었다. 그의 청렴함과 성실함, 능력과 자질들은 러시아 국민들로부터 존경을 받아왔지만, 한편으로는 오만하고 다혈질적인 성격의 사람으로 알려져 있었다. 상트페테르부르크 주재 영국 대사는 그를 가리켜 "매너가 거칠고 퉁명스러운 말투와 고압적인 태도의 소유자"로 묘사했다. 비테는 다른 사람들의 의견에 거의 귀를 기울이지 않았고, 모든 사안을 자신의 기준으로 평가했으며 부하직원들의 작은 실수에도 엄격했다.

러시아 측 협상단의 일원이었던 로마노비치 로젠Romanovich Rosen은 그 즈음 미국 주재 러시아 대사로 발령받았다. 그는 점잖은 신사였고 음악에도 조예가 깊었으며, 일본어를 비롯한 수개국어를 자유롭게 구사할 수 있었다. 일본 주재 대사로 있을 때 그는 일본인들로부터 사랑과 호의를 받았었다. 그런 그가 러시아 대표 협상단에 합류하면서 세련된 매너와 친절한 성품으로 비테의 오만스러운 태도를 중화하는 역할을 할 것으로 러시아 측은 기대하고 있었다. 로젠은 언제나 옷차림이 단정했고, 온화하고 부드러운 외모를 지녀 전형적인 외교관의 모습이라고 할 수 있었다. 한 기자는 "그는 신뢰성을 바탕으로, 비록 탁월한 외교적 수완은 없더라도 중대한 실수는 범하지 않는 것이 그의 장점이다"라고 평했다.

일본 역시 수석대표를 물색하는 데 난항을 겪고 있었다. 이번 회담은 위험부담이 크고 성사여부 역시 불투명했기 때문에 일본 정치인들 또한 서로가 고사하면서 자신들의 라이벌을 제거하기 위한 수단으로 이용하고자 했다. 대표로 거론되는 인사마다 이번 회담이 성사된다 하더라도 얻는 것보다 잃는 것이 더 많을 것이라며 모두가 대표직을 맡지 않기 위해 애썼다. 아무도 나서려는 사람이 없자, 가쓰라Katsura 수상은 외무장관인 쥬타로 고무라Jutaro Komura 남작을 수석대표로 임명했다. 48세의 고무라 외무장관은 직업외교관으로 일찍부터 전쟁을 지지해왔고, 조선, 중국, 러시아, 미국 공사를 역임했었다. 어린 시절 미국으로 건너가 하버드대학에 입학해 법학을 공부했고, 루스벨트 대통령과는 동문이었다. 1877년 하버드를 졸업하고 일본 법무성의 하급 법정변호사로 근무했으며, 그곳에서의 능력을 인정받아 29세라는 약관의 나이에 외무성의 서기관으로 발탁되었다.

야심만만하고 완고하면서도 논리적인 성격과 끈질긴 추진력은 부하 직원들을 고양시켰고, 인간적인 매력을 돋보이게 했다. 그는 타고난 외교력을 발휘했고, 국가를 위해 차근차근 실리를 챙겨나가는 능력을 인정받았다. 그는 번역국 부국장으로 잠시 근무한 뒤, 주 중국 공사관의 총영사로 승진했다. 중일전쟁이 발발할 때까지 북경에서 외교 경험을 쌓은 뒤, 전쟁이 끝나고 일본이 점령한 영토에서 근무하다가, 조선 주재 공사로 발령받고 조선에서 근무하기도 했다. 그 후에는 일본과 긴장관계에 있었던 주 러시아 대사와 주 중국 대사를 거쳐, 1901년 외무장관으로 발탁되었다. 일본 협상단의 수석부대표는 미국 주재 일본 대사인 코고로 다카히라Kogoro Takahira가 임명되었다. 그는 일본의 고위 외교관 중 한 명으로 이탈리아 주재 대사, 오스트리아-헝가리 대사를 거쳐 외무차관을 역임했었다. 워싱턴 주재 대사로 근무하는 동안, 그는 신뢰성과 성실성으로 루스벨트 대통령의 신임을 얻었다.

고무라와 다카히라의 회담 대표 선임은 일본 외무부 관료들의 전폭적인 지지를 받았고, 그 외 정치인들과 군 수뇌부들의 지지도 받았다. 대표 일원 중 특이한 인물은 미국 주재 일본 대사관의 해군무관도 포함되어 있었는데, 그는 루스벨트의 개인 유도강사이기도 했다. 일본 대표단은 협상 과정에서 적극적인 역할을 맡을 특별한 현지인을 합류시켰다. 대표단의 공식 명단에는 포함되지 않았던 그는 겐타로 가네코 Kentaro Kaneko 남작으로, 일본의 유명한 귀족 집안의 후손이었으며, 루스벨트와 직접 접촉할 수 있는 믿을만한 막후 협상가로 활용할 예정이었다. 그는 한때 일본 정부에서 일한 적이 있었으며, 그때 일본 황실과 관료들로부터 높은 관심과 호감을 샀었다. 또한 하버드대학 시절 루스벨트와 함께 공부했고, 그 후로 계속해서 우정을 나누고 있었다. 비밀 중재자로서 그의 역할은 막중했다.

* * *

루스벨트 대통령은 회담기간동안 휴전을 성사시키기 위해 노력했다. 러시아는 휴전에 적극적인 반면, 일본은 전장에서의 그들의 우위를 포기할 생각이 없었다. 일본은 승리를 확신하면서 전쟁을 계속코자 했고, 강화조약을 추구하는 러시아의 의도를 불신하고 있었다. 일본은 공식적으로 휴전을 선언하지 않았으나, 회담기간동안 병사들에게 잠시 숨을 고를 시간을 주기 위해 주요 전선에서의 진격을 멈추었다.

1905년 7월 8일, 일본 대표들은 황실을 예방한 후, 미국으로 가는 미네소타 호에 승선했다. 5천 명이 넘는 국민들이 대표단을 전송하기 위해 모여들었다. 환호하는 군중들은 일제히 "만세"를 외치며 전율하고 있었다. 도쿄에서 발행되는 아사히신문은 "국민들의 열광은 … 말로 표현할 수 없을 정도였다"고 보도했다. 일본 대표단은 열광하는 국민들과 대조적으로 차분했다. 열띤 성원을 보내는 국민들을 바라보며 고무라 대표는 가쓰라 수상에게 "국민들의 기대는 우리들이 돌아왔을 때 완전히 다른 의미로 바뀔 것입니다"라고 말했다.

2주 후, 러시아 대표단도 뉴욕으로 가는 기선에 승선했다. 대표단이 불과 2주일 전에 부랴부랴 구성되었기 때문에 비테는 항해하는 동안 대표단 일행들과 안면을 넓힐 겸, 그의 전략을 구상하는 시간으로 활용했다. 그는 일기장에 "그 동안 나의 심정은 너무나 착잡해서 생각을 정리할 기회도 없었고, 곧 닥칠 사생결단의 외교전에 대비할 시간도 전혀 주어지지 않았다"고 기록했다. 러시아 대표들의 입장은 대단히 불리했다. 일본군이 러시아 중심부로 통하는 길목까지 진출해 있었기 때문에, 대표단이 러시아를 대재앙에서 구해내기 위해서는 러시아의 차르와 군부에서 받아들일 수 있는 양해 사항들을 일본 측으로부터 얻어낼 수 있는 길을 모색해야 했다. 일본이 제안하는 사항들에 알맹이가 없다면 협상은 물거품이 될 것 이었다. 차르는 비테에게 보낸 훈령에서, 러시아에 유리한 입장에서 강화조약을 체결할 수 있으리라고는 크게 기대하지 않는다고 언급하며, 만약 일본이 우리들이 받아들일 수 없는 제안을 한다면 자신은 전쟁을 재개할 것임을 알렸다. "나는 일본이 러시아의 존엄성을 존중하는 제안을 한다면, 우리가 시작하지 않은 전쟁이지만, 평화스럽게 종식시킬 준비가 되어 있다. … 우리는 아직 패배하지 않았다. 러시아군은 아직도 건재하고, 나도 그것을 믿고 있다."

대표들은 8월 8일 포츠머스에 도착했다. 루스벨트는 한 친구에게 "나는 그들에게 냉장고를 사주었다"고 자랑하며 "그들이 시원한 음료수를 꺼내 마실 수 있도록 잘 보이는 곳에 설치했다. … 세계의 모든 이목이 미국에 쏠려있다는 것을 잘 알고 있다. 그리고 회담이 실패로 돌아간다면 모든 사람들이 나를 비난할 것 또한 잘 알고 있다"고 말했다.

포츠머스는 온통 펄럭이는 깃발로 뒤덮였고, 많은 사람들이 대표단의 마차들을 에워싸고 있었다. 전 세계에서 몰려온 120여 명의 취재진들도 진을 이뤘다. 한 대표는 이들을 가리켜 "도저히 피할 수 없는 거머리 떼 같다"며 불평을 했다.

대표들은 웬트워스Wentworth 호텔에 여장을 풀었다. 5백여 개의 객실을 자랑하는 웬트워스 호텔은 바다가 한 눈에 보이는 언덕에 세워진 빅토리아풍의 웅장한 여름별장이었다. 러시아와 일본 대표단은 각각 한 층 씩 배정받았고, 나머지 객실은 기자들과 여행객들이 사용했다. 러시아 대표 비테는 포츠머스에 도착한 저녁, 그의 감회를 이렇게 피력했다.

"지금은 착잡하고 가슴을 짓눌리는 심정이다. 나는 막중한 책임을 느끼고 있다. 우리가 월계관을 쓰고 러시아로 돌아가지 못

회담 기간동안 일본과 러시아 대표단이 묵었던 뉴햄프셔 주의 웬트워스 호텔 (미 의회도서관)

한다면 전쟁이 재개될 것임을 잘 알고 있다. 내가 비공식적인 루트를 통해 알게 된 바에 의하면, 전쟁이 재개될 경우, 우리는 새로운 재앙을 맞이하게 될 것이라는 전망이 지배적이다. 그리고 모든 러시아인들은 우리가 평화를 이루지 못한 이유로 나를 저주할 것이다."

8월 10일 목요일, 양국 대표들이 포츠머스에 도착한 지 이틀이 지난 후, 비테와 고무라는 처음으로 회동을 하고 인사를 나누었다. 대표단 일행들은 아침 일찍 일어났고, 기자들과 그들을 성원하기 위해 온 지지자들로 둘러싸였다. 의례적인 공식 인사 뒤에 한동안 침묵이 흘렀다. 고무라는 어색한 표정으로 일본의 요구사항이 적힌 서류를 꺼내들고 세계의 평화와 인류애를 위해 일본과 러시아 간에 평화가 이루어지기를 희망한다고 말했다. 그리고 앞으로 전쟁을 피하기 위한 지속적인 평화를 고대한다는 말도 곁들였다. 이에 대한 대답으로 비테 대표는 "협상 조건들이 합리적이고도 받아들일 수 있는 내용이라면 양국 간의 친선관계가 돈독해질 것으로 본다" 면서도 "일본이 내세우는 조건이 단지 형식적이고 미봉책에 불과하다면 합의를 볼 의사가 없는 것으로 여길 것이며, 이에 따라 양국 간의 관계는 더욱 악화되어 지속적인 적대관계를 야기하게 될 것" 이라고 말했다.

일본의 문건에는 '조선에 대한 일본의 지배를 인정할 것, 만주에서 일본이 점령한 영토를 철로와 함께 양도할 것, 전략적인 항구도시인 여순(다롄) 항을 양도할 것' 등의 요구조건들이 포함돼 있었다. 또 러시아 해안 인근지역에서의 일본의 어업권을 승인하고, 중국의 중립항구들에 정박되어 있는 러시아 군함들의 회항과 러시아 해군들의 태평양 해상에서의 항구적인 제한, 사할린 섬의 양도를 비롯, 그 동안의 전쟁으로 일본이 입은 전쟁피해에 대한 보상까지 요구했다.

고무라는 도쿄를 떠나기 전, 세 개의 범주로 나눠진 공개적인 요구조건들이 기록된 훈령을 전달받았다. 그 범주는 '꼭 관철시켜야 할 사항', '가능한 관철시켜야 할 사항', '상황에 따라 유연하게 대처할 사항' 등으로 분류되었다.

첫 번째 범주는 일본의 조선에 대한 지배, 만주의 러시아군 철수(이 두 사안은 일본의 전쟁 목적이었다)였고, 두 번째 범주는 러시아 근해에서의 일본 어선들의 어업권, 조차지 항구에 정박한 러시아 해군 함정들의 회항, 상당한 액수의 전쟁 배상, 사할린Sakhalin 섬의 일본으로의 양도 등이었다. 세 번째 범주는 일회용 협상티켓으로, 다른 양보들을 얻어내기 위한 수단으로 활용되는 사안들이었는데, 태평양에서의 러시아 해군의 영구적인 감축, 블라디보스토크 지역의 비무장화 등이었다.

고무라는 일본 정부의 훈령에 담겨있는 이 요구사항들이 너무 소극적으로 느껴졌다. 이에 고무라는 다카히라와 의논해서 일본의 요구사항에 몇 가지 결정적인 수정을 시도했다. 두 번째 범주에 포함돼 있던 사할린 섬의 양도와 현금 배상 문제를 전쟁재개를 무릅쓰고라도 첫 번째 범주에 포함시키기로 결정한 것이다.

이러한 일본의 혹독한 요구사항들은 러시아를 경악시켰다. 러시아 대표단 일행 중 플란손Anton Planson은 "일본의 요구조건은 우리들이 예상했던 것보다 훨씬 더 가혹했다"고 말했다. 비테는 고무라와 다카히라가 엄포를 놓고 있다고 판단했다. 예리한 비테는 일본이 전쟁을 계속 감행할 수 없는 입장이라는 것을 확신하고 있었고, 일본의 상황이 그들이 보이는 입장과 달리 호락호락하지 않다는 사실도 꿰뚫고 있었다. 여론과 루스벨트와 같은 제3자의 입장에 있는 사람들은 러시아가 결국 일본의 주장을 수용할 수밖에 없을 것으로 전망하고 있었지만, 비테는 이러한 여론에 아랑곳하지 않고 벼랑 끝 전술과 도전적인 자세로 협상에 임하기로 결심을 굳게 다졌다.

일본은 조급해지기 시작했다. 8월 12일자 뉴욕타임스는 "오야마, 공격 명령만 기다리다"는 제하의 기사를 실었다. 만주에 주둔한 일본의 야전군 총사령관인 이와오 오야마Iwao Oyama가 러시아 주요 기지에 대한 공격을 준비하고 있다는 내용이었다. 60만의 일본군들이 조선에서 만주를 거쳐 블라디보스토크까지 북쪽으로 천 마일이나 떨어진 곳에서, 일본군의 숫자와 맞먹는 러시아군과 대치하고 있다는 보도였다. 영국의 타임스는 "이번 전쟁은 세계 역사상 유례가 없는 대 전쟁이 될 것"이라고 전망했다. 이 기사에 의하면 "전쟁의 재발 여부는 협상에 달려 있으며, 일본 최고사령부의 의지도 확고하고 러시아 측도 만반의 준비를 하고 있다. 포츠머스에서의 협상이 결렬되었다는 소식이 전달되는 순간, 어느 쪽이 먼저든 공격이 개시될 것"이라고 보도했다.

* * *

비테와 고무라는 첫 회담을 가졌다. 등 뒤에서 선풍기가 돌아가고 담배연기가 자욱한 회의실에서 그들은 일본의 요구사항들을 하나씩 검토하고 의견을 주고받고 설득도 해가며 협상을 계속해나갔다. 그들은 통상개방은 원칙적으로 존중하기로 합의했고, 러시아와의 전쟁에 중요한 이유였고, 일본의 안보에 직결되는 사안이었던 조선 통제에 대해서는 이미 일본이 지배한 상태이고, 조선과 러시아의 기존 이해관계를 보장한다는 조건으로 합의가 이루어졌다. 또 만주에서의 양국 군대의 상호 철수와 만주를 중국에 반환한다는 사항에도 합의했다.

사할린 섬 귀속에 관한 논의에서는 양국 간에 이견이 터져 나왔다. 그 섬은 토양이 척박하고 산으로 이루어진 섬이었지만, 많은 천연자원이 매장되어 있는 곳이었다. 아무르 강의 입구에 자리한 사할린은 대략 아일랜드 크기의 섬으로 면적은 3만 평방마일이었고, 러시아 해안으로부터 5마일가량, 일본 북단의 섬들로부터 30마일가량 떨어져 있었다. 군사 전략적 가치는 말할 필요도 없고, 광대한 산림들과 어장이 풍부했으며, 석탄과 철, 세계에서 가장 많은 석유와 천연가스가 보존되어 있는 지역이었다. 러시아와 일본은 그 섬에 대한 주장을 거듭하면서 오랜 시간을 끌었다.

사할린 섬은 평화회담을 전후해 일본군이 이미 점령해버린 상태였다. 그러나 비테는 그 점령은 국제법 하에서는 논의할 사항이 아니라면서 일본의 소유권을 인정하지 않았다. 그러나 고무라는 일본은 30여 년 전에 쿠릴 열도와 교환하는 조건으로 사할린을 러시아에 넘겼다는 사실을 상기시켰다. 그러나 비테는 "합법적인 조약에 근거해서 러시아가 오랫동안 점유해온 영토를 무력으로 탈취하는 것은 인정할 수 없다"고 주장했다.

고무라는 "사할린의 점유는 일본으로서는 안보상 꼭 필요한 사항이다. 그러나 러시아의 입장으로는 그것은 단지 식민지일 뿐이고 경제적인 이해관계만 존재하는 지역에 불과하다. … 사할린은 일본에 있어 안보와 직결되는 사항이다"라고 말하며 사할린은 일본에게 사활이 걸린 문제라고 강조했다. 또한 그는 러시아에 대해 사할린의 점령을 기정사실로 인정하라고 촉구했고, 이에 맞서 비테는 일본의 사할린 점령은 상황의 문제이지 권리의 문제는 아니라는 점을 강조하며 자신의 입장을 굽히지 않았다. 며칠 간 한 치의 양보도 없이 언쟁을 벌이다가 도저히 타협점을 찾지 못하자, 나중에 검토하기로 하고 다른 사항으로 의제를 옮겼다.

한편 협상이 진행되는 동안 러시아의 상황은 급변했다. 비테의 부재 중에 강경파의 입지가 강화되었고, 그들의 강경한 의견은 차르에게도 영향을 끼쳤다. 러시아 국민들도 일본이 내세운 조건들을 신문보도를 통해 알게 되어 분노가 전국적으로 확산되었다. 역설적이지만 비테는 일본의 요구조건들이 얼마나 황당한 것인지를 보여줌으로써 미국의 여론에 영향을 끼치기 위한 의도로 일부러 일본의 요구조건들을 미국 언론에 흘렸다. 의도한 바는 아니었지만 러시아의 언론들이 그 기사를 인용해 보도하면서 일본의 요구조건에 대한 비난이 쏟아져 나왔고, 분노에 찬 항의는 전국적으로 번졌다. 러시아 주재 영국 대사는 본국에 다음과 같이 보고했다. "언론이 일본의 요구조건을 공개하자 분노의 물결이 홍수처럼 쏟아졌고, 국민들은 일본의 요구를 들어주느니 차라리 전쟁을 재개하자는 여론으로 대세를 이루었다."

사할린에 대한 문제가 난항에 부딪치자 양국 대표들은 다른 문제들을 먼저 검토하기 시작했다. 러시아는 일본이 원래 만주철도에 갖고 있었던 지분을 돌려주기로 합의하고, 만주철도를 중국이 군사적 목적으로 사용하는 것을 차단하자는 것에도 동의했으며, 전략적 요충지인 여

포츠머스 회담장에서의 러시아와 일본 대표들의 모습 (미 의회도서관)

순 항의 일본 점령을 인정한다는 것에도 합의가 이루어졌다. 그러나 이러한 것들은 비교적 사소한 문제에 속했다.

러시아는 고무라가 강조하는 요구사항 중 엄청난 전쟁 배상금을 단호히 거절했다. 일본은 전쟁을 치르느라 재정이 고갈되었고 엄청난 빚을 떠안게 되었다. 세금과 인플레이션은 일본의 구석구석까지 영향을 미쳤고, 일본 정부는 평화의 조건으로 러시아에게 요구한 전쟁 배상금을 전부는 아니더라도 상당부분 받게 될 것이라는 기대에 부풀어 있었다. 그러나 러시아는 그럴 의향이 전혀 없었고, 일본의 재정 상태는 러시아보다는 훨씬 나은 편이라 언급하면서 분명한 반대 입장을 표명했다.

좀 더 깊이 들여다보면 이러한 이견은 문화적 차이에서 연유한다는 것을 알 수 있다. 아시아의 정서로 보면 전쟁 배상은 당연했다. 아시아의 외교 관례에 따르면, 중요한 전쟁에서 패한 국가는 당연히 배상금을 지불해왔다. 지금까지 전쟁의 진행 상황과 결과로 보았을 때, 일본은 동아시아의 외교 관례대로 전쟁 배상금을 당연히 청구할 권리가 있었다. 그럼에도 러시아가 배상금 지불을 거절한다면, 그것은 일본에 대한 모욕이었다.

반면에 러시아의 견해는 달랐다. 최근의 시베리아 횡단 철도의 건설 전까지만 해도 러시아는 서양문화권에 속해 있었고, 유럽의 문화에 익숙해 있었다. 유럽에서는 배상금 문제는 전혀 거론되지 않는 것이 일반적이었고, 다만 한 나라의 국토가 초토화되거나 수도가 점령되었을 때에만 생각해볼 수 있는 문제였다. 러시아는 자신들이 패배했다고 인정하지 않았으며, 다만 본국에서 멀리 떨어져 있는 곳에 설치된 무대가 적에게 넘어갔다는 정도로 보고 있었다. 그리고 러시아는 일본보다 더 많은 피해를 입었는데도 일본에 배상금을 지불해야 한다는 것을 이해할 수가 없었다.

일주일 이상 협상을 벌였지만 이견은 좁혀지지 않았다. 양국 대표들은 똑같은 주장을 되풀이했고 한 치의 양보도 없었다. 루스벨트 대통령도 조바심이 생겼다. 그는 누이동생에게 보낸 편지에서 그의 심경을 밝했다. "나는 미국에서 협상이 타결되거나, 나의 중재 하에 상황이 호전되기를 신께 기도하고 있다." 또 영국 친구에게 보낸 편지에서 비테의 불성실한 태도를 신랄하게 비판했다. "러시아는 전쟁을 계속 할 능력도 없으면서 평화를 모색할 의도도 없는 것 같다."

* * *

협상이 더 이상 진전이 없자, 고무라 일본 대표는 지금은 다소의 양보가 필요한 상황인 것 같다고 가쓰라 수상에게 보고했다. 그러고는 가네코에게 즉시 루스벨트를 만나도록 지시했다. 가네코는 다음날 아침, 롱아일랜드 주의 오이스터Oyster 해변에 있는 대통령의 여름 별장으로 가 대통령을 만났다. 그는 대통령에게 회담이 교착상태에 빠진 배경 설명을 하며 고무라에게서 받은 전보를 전달하고, 대통령의 의견을 물었다. 루스벨트는 "최근의 사태들을 종합해보면 상황이 매우 어려워 보인다"고 말하며 "아무도 협상의 성패 여부를 예단할 수 없다"면서 가네코에게 좋은 생각을 갖고 있다면 자신에게 들려달라고 했다.

가네코는 "고무라는 영토의 할양에 대한 요구와 전쟁 배상금 문제에 관해서는 양보하지 않을 것이고, 반면에 러시아의 비테도 그의 입장을 고수하면서 물러서지 않을 것입니다. 이러한 상황에서는 해결책이 없어 보이기 때문에, 고무라도 마지막 수단으로 대통령의 고견을 청하고 있습니다"고 답했다. 루스벨트도 "나도 동감한다"며 "차르에게 내 개인적인 친서를 보내는 것이 어떨까 한다. 그러나 그 전에 나는 포츠머스에 있는 비테에게 일본에 양보하도록 권고할 필요가 있다. 비테는 차르의 특별한 전권 대표이다. 내가 비테와의 어떤 접촉도 없이 차르에게 직접 친서를 보낸다면, 비테의 자존심에 상처가 될 것이다. 그러므로 비테가 신뢰하고 있는 로젠이나 다른 사람에게 전보를 보내 이곳으로 초청해서 그에게 권고를 해볼 생각이다"고 말했다.

루스벨트는 러시아 대표단의 로젠을 초청했다. 8월 19일 토요일 아침, 로젠은 보스턴으로 가는 열차를 탔다. 이른 오후 오이스터 해변에 도착한 로젠은, 하얀 플란넬 바지를 입고 테니스 코트에서 경기에 열중하고 있는 루스벨트를 발견했다. 루스벨트는 경기 도중 코트를 나와 로젠에게 러시아가 사할린을 양보할 의사가 없다면, 사할린 남쪽을 떼어주는 조건으로 교착상태를 타개해보도록 권유했다. 배상금 문제는 나중에라도 국제분쟁재판소에 제소하는 방법을 검토하는 방향으로 한다면, 러시아의 체면도 살리고 일본은 우선 급한 대로 배상금을 받을 수 있기 때문에 지금의 교착상태를 타개할 수 있을 것이라고 조언했다. 그러나 로젠은 루스벨트의 제안을 한마디로 일축하면서, 차르가 그것을 받아들이지 않을 것이라고 말했다.

웬트워스로부터 반갑지 않은 소식이 들려왔다. 러시아 외무장관 블라디미르 람스도르프Vladimir Lamsdorff로부터 전보가 도착했는데, 차르가 주재한 국가자문협의회에서 일본의 요구조건들을 거부하기로 전원 합의했다는 내용이었다. 다음날, 협상을 중지하라는 훈령이 도착했다. 비테는 망연자실한 상태로 좀 더 시간을 두고 생각해보기로 했다.

루스벨트는 입장을 바꾸어 일본이 배상금 요구를 양보해야 한다고 생각했고, 가네코에게 자신의 견해를 전달했다.

"나는 일본의 배상금 요구는 무리라고 생각한다. 일본은 사할린 말고는 러시아의 영토를 점령하지 않았다. … 러시아는 배상금을 지불할 생각이 전혀 없다. 그리고 이 문제에 관한 한 세계의 여론도 러시아에 동정적이다. 다시 전쟁을 개시한다 하더라도 일본도 수백만 명의 인명 피해를 각오해야 할 것이고, 설령 일본이 시베리아를 점령한다 해도 그 지역은 별로 쓸모가 없는 땅이며, 러시아로부터 배상금도 받지 못할 것이다. 세계의 모든 사람들의 한결같은 여망도 배상금 문제 때문에 전쟁이 계속되는 것을 원치 않고 있다."

그리고 루스벨트는 러시아 주재 미국 대사 마이어에게 차르를 방문하도록 지시했다. 그러나 마이어 대사는 8월 23일에야 차르를 만날 수 있었다.

러시아 대표 비테는 러시아 외무장관으로부터 최종적인 훈령을 받았다. 비테도 일본 측에서 본질적인 변화가 없을 때에는 회담을 결렬시키기로 결정했다. 그리고 차르가 루스벨트가 보낸 권고 사항을 받고 어떤 반응을 보일지 그때까지 기다려보기로 했다.

8월 23일 수요일, 교착상태에 빠진 양국의 대표들은 본국의 정부와 협의하기 위해 3일간 휴회를 합의하고, 마이어 대사와 차르와의 면담 결과를 기다리고 있었다. 루스벨트는 가네코에게 "또 다른 전쟁은 일본이 지금 러시아로부터 얻을 수 있는 것보다 잃을 것이 더 많을 것"이라고 설득하며 일본이 좀 더 양보하라고 거듭 충고했다. 계속해서 루스벨트는 "일본은 작금의 위기를 초래한 데 대해서 전 세계에 도의적인 책임감을 가져야 한다. 세계는 지금 평화를 원하고 있으며, 일본이 군사적인 방법이 아니라 도덕적이고 합리적인 방법으로 문제를 풀어나가기를 원한다. 세계는 일본이 좀 더 당당하고 의연한 모습으로 이번 협상을 타결해줄 것을 바라고 있고 나 역시 그렇게 되기를 바라고 있다"고 말했다.

마이어 대사는 8월 23일 오후 4시 쯤 차르를 만나 루스벨트의 친서를 큰 소리로 낭독했다.

"나는 일본이 사할린 북쪽을 러시아에 돌려주기로 했다는 소식을 듣고 놀라면서도 한편으로 다행이라고 생각합니다. 러시아도 물론 일본의 영토 할양과 러시아 포로 석방에 대한 응분의 대가를 지불할 것이라고 생각합니다. … 지금 평화가 이루어지지 않고 전쟁이 계속된다면, 비록 지금 일본이 재정적 압박을 받고 있는 상황이기는 하지만, 러시아는 지난 3세기 동안 러시아 국민들의 땀과 열정으로 어렵게 개척해온 시베리아 동부를 일본에 넘겨주는 결과를 초래하게 될 것입니다. … 일본의 관대한 제안을 심사숙고하기 바랍니다. … 솔직히 말하자면, 사할린은 섬에 불과하고, 현재 러시아의 해군력을 감안한다면, 그 섬을 재탈환할 수도 없는 상태입니다. 그리고 사할린 북쪽을 유지한다는 것은 블라디보스토크나 러시아 동부 시베리아의 안전을 보장할 수 있는 전략적 요충지로 이용할 수 있다는 것을 뜻합니다. 나는 각국의 이해관계, 세계의 여론과 군사적 상황을 두루 검토해보았고, 러시아가 이쯤에서 평화를 모색하는 것이 바람직하다고 생각합니다. 그리고 폐하도 나의 이러한 충정에 동감할 것을 희망합니다.”

접견은 3시간 동안 이어졌다. 마이어가 낭독을 끝내자, 차르는 대사에게 “자신은 곧 러시아 국민들에게 호소하고 직접 군대를 지휘하여 만주로 향할 것”이라고 말했다. 그러나 “일본이 지금까지 러시아의 동포들을 돌보아준 데 대한 보상으로 러시아 스스로 결정한 액수를 지불할 용의가 있으며, 그 동안 일본이 점령한 사할린 남쪽을 계속 보전하도록 하는 방안도 검토해볼 용의가 있다”고 했다.

비록 루스벨트의 제안은 받아들여지지 않았지만, 러시아에서는 갈등 조짐이 나타나기 시작했다. 8월 24일, 러시아 외무장관은 비테에게 보낸 전보에서 “러시아는 일본이 사할린의 북쪽을 넘겨주는 조건으로 대가를 요구하지 않는다면 그 제안을 받아들이겠다”고 전했다. 그는 이것이 러시아의 최종 제안임을 강조했다.

루스벨트도 러시아의 제안에 대한 대가로 배상금의 액수를 절반으로 줄일 것을 가네코를 통해서 고무라에게 전달했다. 이러한 압력은 양국의 대표들 사이에서 긴장감을 불러일으켰다. "우리들의 신경은 곤두서 있었고, 아무 말도 하지 않은 채 서로 노려만 보고 있었다"고 러시아의 대표단 중 한 명이 당시의 상황을 알려주었다. "우리들 모두 회담장의 분위기와 웬트워스 호텔의 단조로움, 외부 세계와의 단절로 인해 지칠 대로 지쳐 있었다." 한 기자는 "양국 대표들은 수척했으며 당황하고 불안감을 감추지 못했고, 매우 지친 모습이었다"고 묘사했다. 고무라도 긴장하고 있는 것은 마찬가지였다. 일본에서 온 중의원들은 포츠머스에서 취재하고 있는 기자들에게 "일본의 여론은 매우 격앙돼 있다. … 고무라가 이번 협상에서 밀릴 경우, 귀국과 동시에 암살될 것이다"라고 귀띔했다. 한치의 착오로도 그들의 운명이 좌우될 긴박한 회담이 오후에 다시 재개되었을 때, 비테와 고무라는 연신 줄담배를 피워대며 차가운 침묵 속에 서로를 쳐다보기만 했다.

루스벨트도 어떻게 해서라도 회담을 성사시키기 위해 동분서주하고 있었다. 자칫하다가는 차르가 마이어에게 한 약속마저 없던 일이 될지도 모르는 상황이었다. 러시아 외무장관은 AP통신과의 회견에서 일본이 배상금 청구를 계속 요구하거나 영토를 단념하지 않는다면, 협상이 결렬될 것이라고 공언했기 때문이었다. 루스벨트는 즉시 차르에게 메시지를 보냈다.

"나는 폐하께 몇 가지 제안을 당부 드립니다. 러시아 외무장관은 배상금도 지불할 수 없고 영토의 양도도 거부한다고 언급한 것으로 알고 있습니다. 나는 이것을 전쟁을 계속 이어나가겠다는 통고로 받아들일 수밖에 없습니다. 내가 걱정하는 것은, 전쟁이 계속된다면 일본이 어려움에 처해질 것이라는 점에는 의심의 여지가 없습니다. 그러나 러시아의 재앙도 전례가 없는 수준이 될 것이라는 점입니다. 나는 이미 사할린이 일본의 수중에 들어가 있는 이상, 지금과 같은 위협은 아무런 소득도 얻을 수 없을 것이라는 점을 폐하께서 고려해주시길 바랍니다."

루스벨트는 이러한 그의 호소도 별로 도움이 되지 않을 것이라는 사실을 잘 알고 있었다.

그러는 동안 물밑 움직임이 있었다. 고무라는 본국의 가쓰라 수상으로부터 루스벨트의 중재안대로 협상을 진행하라는 내용의 훈령을 받았다. 한 러시아 대표는 일기장에 "우리는 지금까지 비타협적인 원칙을 고수해왔지만, 이미 사할린의 남쪽을 포기할 준비가 되어 있었다"고 기록했다.

한편 국제적인 금융가인 야코프 시프Jacob schiff는 전쟁을 반대하고 있는 세계 여론을 주시한 끝에 일본의 전쟁 채권을 중개해주었던 다카히라를 만나, 미국과 영국, 독일의 금융시장들은 전쟁을 종식시키지 않는 한, 일본에 자금을 제공할 수 없다는 뜻을 통고했다.

8월 26일 토요일, 루스벨트의 메시지가 차르에게 전달되었다. 그러나 차르의 반응은 변함이 없었다. 고무라는 도쿄로 보내는 전보에 다음 회기에 협상을 중단하기로 결심했다고 보고했다.

"러시아의 태도는 확고부동해 보입니다. … 비테는 오늘 만난 비밀회동에서 '차르가 전혀 마음을 바꾸지 않고 있기 때문에 이번 협상은 희망이 없다고 생각한다'고 말했습니다. 차르는 … 만주 주둔 러시아 군대가 일본군보다 우세하기 때문에 '만주에서 군사적 충돌이 재발될 경우, 극적인 반전을 이룰 수 있는 기회가 있을 것'이라는 기대를 하고 있는 듯합니다. 그러므로 우리 일본도 차르가 강화조약을 원치 않는다는 판단 하에 결정을 해야 할 것 같습니다. … 회담을 중단하는 것 말고는 다른 대안이 없는 것으로 사료됩니다."

그 전문은 8월 27일 일요일 저녁 8시 도쿄에 도착했다. 깜짝 놀란 일본 정부는 고무라에게 다음 회기를 하루 더 연장하라고 지시했다. 그리고는 즉시 내각회의를 열어 자정이 넘도록 회의를 했으며, 다음날 아침 일찍 다시 회의를 속개했다.

8월 28일 월요일, 비테는 차르로부터 최종적인 지시를 받았다. "어떤 일이 있더라도 내일로 회담을 종결하라. 나는 일본 측의 양보를 기다리느니 차라리 전쟁을 계속하겠다는 결단을 내렸다."

일본에서는 갑작스럽게 내각회의가 소집되자, 평화협상을 중단하고 전쟁 재개를 결정하기 위한 수순으로 받아들여져 도쿄 거리에는 흥분한 군중들이 몰려나왔다. 일본 정부는 내각회의를 마치고 천황의 결제를 받은 뒤, 고무라에게 훈령을 전달했다. 그때 시각은 도쿄 현지시각으로 저녁 8시 25분이었다.

"지금까지의 협상 결과를 검토해보면 우리는 이미 조선과 만주에 대한 합의를 이끌어냈다. 그 두 가지는 이번 전쟁의 목적이었다. 그러므로 우리는 배상금과 사할린 영토 양도라는 두 가지 안을 포기하는 한이 있더라도 이쯤에서 협상을 타결하기로 내각회의에서 결정했다. … 사할린의 점령을 기정사실로 인정받는 대신, 손해배상금 요구를 철회하는 양보안을 갖고 회담에 임하라. … 만약 러시아 대표가 이러한 양보에도 불구하고 그들의 입장을 고수하려 한다면 즉시 협상을 중단해도 좋다. 단, 그러한 경우에도 사전에 우리에게 호의를 베풀어준 보답으로 인류애와 평화를 위한 대통령의 권고를 받아들이는 형식을 갖추어 루스벨트 대통령에게 일본이 사할린 영토를 포기하겠다고 보고하라. 만일 루스벨트가 이러한 중재자의 역할을 받아들이지 않는다면, 마지막 수단으로 회담에서 일본 정부의 영토 요구를 철회한다는 마지막 양보안을 제시한 뒤 철수하도록 하라. … 마지막으로 우리 일본 정부는 지금까지의 협상 결과를 토대로 평화를 강구하기로 결정했다 "

이러한 훈령이 포츠머스의 일본 대표단에게 전달된 뒤, 곧 중요한 첩보가 일본 정부에 보고되었다. 영국 정부는 러시아 외무부의 요직에 첩보원을 두고 있었는데, 우연히 일본 외무부의 통신국장인 이시이Ishii 자작이 주 일본 영국 대사관의 직원과 만난 자리에서, 8월 23일 밤 차르와 마이어 미국 대사 간의 면담에서 차르가 사할린 섬의 북쪽만이라도 받겠다는 대화를 나누었다는 사실을 알게 되었다. 이 정보는 곧 일본 수상에게 전해졌고, 일본 수상은 이시이 국장에게 수고했다는 말과 함께 만약 이 정보가 거짓이라면 할복해야 할 것이라고 못 박았다. 정부는 부랴부랴 사할린 전부를 양보하겠다는 훈령을 무효로 하고, 북쪽만을 양도하겠다는 새로운 훈령을 내려보냈다.

"협상의 재개가 약속된 전날은 우리에게도 매우 긴장된 하루였다"고 비테는 일기에 썼다. "포츠머스에 있는 사람들은 모두 만주 들판이 피로 뒤덮일 것이냐의 여부가 곧 결정될 것이라는 사실을 알고 있었다. … 그날 밤 잠자리에 들 때까지만 하더라도 내일 어떤 결과가 생길지 아무도 예측할 수 없었다. 일본의 훈령이 어떤 내용인지도 몰랐다. … 침대에 누워있어도 사지가 갈기갈기 찢기는 기분이었고 … 잠도 못자고 악몽 같은 밤을 지새우면서 나는 기도를 하다가 흐느껴 울기도 했다."

웬트워스 호텔을 나서는 러시아 대표 비테 (미 의회도서관)

8월 29일 아침, 해군기지의 운동장에 도착한 대표단들은 긴장감에 휩싸여 있었다. 양국의 대표들은 그들의 짐을 모두 꾸린 상태였고, 호텔 요금도 지불된 상태였다. 루스벨트 대통령은 기자들에게 강화회담이 결렬되었고, 전쟁의 재발을 유감으로 생각한다는 성명서를 작성하고 있었다.

비테는 차르의 지시를 무시하고 한 번 더 일본 대표를 만났다. 비테는 테이블 위에 종이 한 장을 올려놓았다. 그것은 러시아의 마지막 양보안이었다. 이전의 제안들과 별 차이가 없었지만, 러시아는 사할린에 대한 보상을 할 수 없다고 밝혔다. 고무라는 그에게 러시아가 사할린의 반환을 철회한다면 일본도 배상금의 요구를 철회할 것이라고 말했다. 비테는 그 제안도 거절했다. 몇 초간의 침묵이 흘렀고, 멍하니 있던 비테는 테이블에 놓여있던 제안서에 눈물을 떨궜다. 그때 담담하게 앉아있던 고무라가 침묵을 깨고 침착한 소리로 말했다. "일본은 배상금 요구를 철회하고 사할린의 북쪽 영토를 러시아에 영토를 양보하겠다." 마침내 비테는 승낙했고, 그의 도박은 승리했다.

차르 니콜라이 2세는 다음날 저녁 보고를 받았다. "오늘밤 비테에게서 전보를 받았다. 협상은 결국 타결되었고, 평화를 맞이하게 되었다는 내용이었다."

비테와 고무라는 6일 뒤인 9월 5일에 조약안에 서명했다. 그 조인식에는 양측 대표들과 몇몇 축하객들이 함께 참석했다. 그 조약안은 러시아에서 먼저 비준되었고, 일본에서는 10월 14일 비준되었다. 비준서들은 11월 25일 워싱턴에서 교환되었다. 비테의 끈기는 단연 돋보였다. 고무라의 엄포에 맞서, 어떤 압력에도 굴복하지 않고 전쟁을 막아냈다. 그의 대담성은 칭찬받을 만했다. 조약의 결과는 러시아가 처음 예상했던 것보다 훨씬 많은 것들을 확보할 수 있었다. 포츠머스에서 이루어진 합의는 적어도 수십만 명의 인명을 구했다. 그 조약으로 일본은 조선과 요동반도와 사할린 남부지역에 대한 지배권을 얻었고, 그 외에도 만주에 있는 철도의 지분과 북태평양 연안의 러시아 해역에서의 어업권도 획득했다. 러시아와 일본은 그들의 군대를 만주에서 철수하기로 합의했다. 이번의 협상타결로 러시아는 치명적인 타격이 될 수 있었던 전쟁을 예방했고, 일본이 점령했던 영토의 일부라도 되찾을 수 있었다. 일본은 비록 협상에서 많은 것을 양보했지만, 포츠머스 조약으로 일본은 강대국으로서 위상을 굳히고 아시아 지역에서 지배적인 영향력을 행사하게 되었다.

루스벨트도 처음에는 협상이 타결되었다는 보고를 받고 깜짝 놀랐다. "이것은 정말 놀랄만한 일이다. 결과는 러시아에게도 일본에게도 만족할 만한 것이다. 물론 나도 만족한다." 격려와 축하가 세계 곳곳에서 쇄도했다. 그 소식을 들은 교황 비오Pius 10세는 "이 소식은 내 생애에서 가장 행복한 소식이다. 루스벨트 대통령에게 신의 가호가 있기를 빈다"며 만족했다.

그러나 일본의 반응은 사뭇 달랐다. 도쿄 거리에는 죽음을 애도하는 검은 리본들이 걸려 있었다. 주식은 폭락했고, 오사카에서 발행되는 마이니치신문은 사설에서 "18개월간의 전투에서 희생된 10만 명의 고귀한 피가 작금의 외교에 의해서 하루아침에 헛되이 되어버렸다"고 비판했다. 다른 신문들도 천황이 평화협정을 무효화시키고, 만주에 주둔하고 있는 일본군에게 공격명령을 내리도록 촉구하기도 했다. 신문들과 정치인들은 공공연하게 대표들을 암살하겠다고 협박하고 나섰고 폭동이 일본전역을 휩쓸었다. 3만 명의 시위대들이 폭도로 돌변하여 3일 동안 도쿄시내에서 난동을 부렸고, 이 소요사태는 재빠르게 전국 주요도시들로 확산되었다. 사태가 이에 이르자 정부는 전국에 계엄령을 선포하고, 사태가 진정될 때까지 수천 명을 구속했다. 일본 내각은 강화조약의 즉각적인 반응과 그 후유증으로 인해 1906년 1월, 총 사퇴했다. 고무라는 일본의 소요사태로 인한 일본 내각의 사퇴 후, 영국 주재 일본 대사로 근무하다가 후에 외무장관으로 복귀했다.

반면 러시아의 반응은 쥐 죽은 듯이 조용했다. 자신의 지시를 무시한 대표들을 용서한 차르는, 일본으로부터 상당한 양보를 얻어낸 비테에게 백작의 작위를 수여하면서, 모두에게 평화를 안겨준 데 대한 공로를 치하했다. 차르 니콜라이 2세는 9년 후, 1차 세계대전이 일어나자 전쟁에 뛰어들었고, 그것은 러시아 혁명이 시발점이 되었다. 러시아 혁명이 성공하자, 차르는 1917년 3월에 폐위되었고, 1918년 7월 17일 아침, 우랄산맥 동쪽의 한 시골집 지하실에서 가족들과 함께 처형되었다. 비테는 포츠머스에서 돌아온 뒤 러시아의 수상이 되었고, 1907년에는 암살기도에서 극적으로 살아남은 뒤, 8년 후에는 노환으로 별세했다.

루스벨트 대통령은 포츠머스 회담이 성공리에 마무리 되자 전 세계로부터 나폴레옹 이후의 최대의 목자(牧者)로 칭송받았다. 한 신문은 그를 "거인들의 전쟁에서의 위대한 승리자"라고 추켜세우기도 했다. 평화를 가져온 공로로 루스벨트는 미국인으로서는 처음으로 노벨상을 수상하게 된다. 1906년에 수백만 명의 목숨을 살려낸 공로로 노벨평화상은 수상했지만, 미국 대통령으로서 당연히 해야 할 일을 했을 뿐이라는 이유로 상금은 거절했다. 그는 아들에게 다음과 같이 편지를 썼다.

"나는 현실과 동떨어진 고매한 이상주의자인 돈키호테와 같은 사람을 싫어한다. 무엇보다 너희들에게 유익하게 쓰일 수 있는 돈을 거절하는 것은 어리석은 짓이라 생각한다. 그러나 엄마와 나는 의논 끝에 결론을 내렸다. 두 나라 사이에 평화를 가져다준 공로로 주는 상금을 받지 않을 것이다. 왜냐하면 내가 일국의 대통령이었기 때문에 그런 일을 쉽게 이룰 수 있었기 때문이다."

루스벨트 대통령은 일본이 태평양에서 러시아를 몰아낸다면 머지않아 당연히 일본과 미국 간의 갈등으로 비화될 것이라는 사실을 예견하고 있었다. 그럴 경우 미국이 이길 것이라는 믿음을 가지고 있었지만 "두 나라 간의 전쟁은 이전에 볼 수 없는 대재앙이 될 것이라는 것"도 예상했다. 그러나 그는 "어떻든 나의 임무는 평화를 이루는 것이다. … 미래에 대한 걱정은 그때 가서 결정하면 될 것이다"라고 일기에 남겼다.

프랑스의 파괴된 성당에 임시로 마련된 미국 야전 병원 (미 의회도서관)

제5장

파리 평화회의
1919

1918년 11월 11일, 독일과 4개 연합국(영국, 프랑스, 이탈리아, 미국) 간의 휴전은 제1차 세계대전을 종식시켰다. 지난 5년 동안의 전쟁은 지구의 구석구석까지 그 흔적을 남겼고, 4천만 명의 희생자들은 유럽을 피로 물들였으며, 이런 끔찍한 폐허에서 살아남은 사람들은 너 나 할 것 없이 평화협상에 한 가닥의 희망과 기대를 걸고 있었다. 영국 수상 데이비드 로이드 조지David Lloyd George는 휴전을 발표할 때, 만감이 교차하는 것을 느낄 수 있었다. "나는 이러한 말을 하게 되기를 얼마나 고대해왔는지 모른다. 오늘 아침 드디어 말할 수 있게 되었다. 이제 전쟁은 끝났다!"

평화회의에 대한 기대와 희망은 지금까지 있었던 그 어느 회담보다도 컸다. 이 회의는 지리적 · 정치적 · 사회경제적으로 전 세계에 걸쳐 새로운 초석을 다져나가게 될 것이었다. 러시아와 독일, 오스트리아-

헝가리, 오스만제국의 붕괴로 인해 중세 이후부터 유럽을 지배해왔던 전제체제는 한 순간에 사라질 운명에 있었다. 그리고 그 자리에는 오랫동안 억눌려왔던 민족주의라는 야망들이 꿈틀거리고 있었다. 누구를 탓할 것도 없이, 이러한 야망들은 이미 전시에 연합국들의 발언에서 잉태되어 당시 발트Baltic 해에서 중동에 이르기까지 그 영역을 넓혀가고 있었다.

경제적으로는 승자와 패자의 구분 없이 피폐화되어 있었다. 산업시설의 군수산업으로의 전환, 절대적으로 부족한 노동인구, 전쟁으로 인한 생산시설의 파괴는 경제를 공황으로 몰고 갔다. 독일과 중부 유럽은 이미 대량 기아상태로 빠져들어 이미 많은 아사자들이 속출하고 있었고, 프랑스 또한 얼마 지나지 않아 그 뒤를 따랐으며, 유럽대륙 밖의 나라들에서도 기아와 절망감으로 고통을 당하기는 마찬가지였다.

1919년 1월, 유럽과 동맹국들의 지도자들은 평화를 보장하기 위한 규정들을 만들고, 황폐화된 상황을 타개할 수 있는 새로운 국제질서를 마련하기 위하여 파리로 몰려왔다. 초청된 국가는 모두 27개 국으로 전 세계 인구의 4분의 3을 대표하는 중요한 회의였다. 강대국들의 조치는 예상했던 대로였다. 모든 인명과 재산피해를 독일에 강제로 떠넘겨 독일은 엄청난 빚더미 위에 올라앉게 되었다. 그러나 그것으로 모든 문제가 해결되는 것은 아니었다. 연합국 간의 무조건적인 결속력은 전쟁의 종결과 동시에 균열이 생겼고, 그에 따라 각국의 이해와 미래에 대한 전망을 놓고 미묘한 신경전이 벌어지고 있었다.

대표단의 규모와 일행의 비중은 그들의 야망을 성취하는 데 도움이 되었다. 프랑스와 영국, 이탈리아는 수상들이 대표단을 이끌고 있었고, 영국과 미국의 대표단은 각각 수백 명으로 구성되어 있었다.

미국의 우드로 윌슨Woodrow Wilson 대통령의 참석은 처음에는 측근들이 반대에 부딪혔었다. 휴전 다음날 윌슨 정부의 국무장관이었던 로버트 랜싱Robert Lansing이 그의 일기장에 쓴 내용이다.

"오늘 오후 백악관에서 대통령과 파리 평화회의에 대해 논의했다. 나는 대통령에게 파리 평화회의에 참석하는 것은 현명한 생각이 아니며 과오가 될 수 있을 것이라는 나의 의견을 솔직하게 건의했다. … 나는 대통령에게 그는 이미 세계에서 지배적인 위치에 있으며, 거리를 두고 초연하게 있더라도 평화회의 조건들에 관해서 충분히 영향력을 행사할 수 있다는 점을 강조했다. 외국의 정치인들과 직접 협상하게 되면 대통령의 영향력이 반감될 수도 있다. 더구나 대통령은 미 의회에서 그의 지도력을 발휘해야 할 시기에 자리를 비우는 것에 대해 국내에서도 많은 비판을 받고 있다. 그리고 국내문제들을 해외에서 직접 처리하는 데도 많은 어려움이 있을 것이다."

랜싱 국무장관은 "나는 대통령의 경력에 중대한 과오가 될 수도 있고, 그의 평판에도 먹칠을 하게 될 것이라고 생각했다. … 파리협상은 험난한 가시밭길을 걷게 될 것이라고 예상하며, 대통령은 국내에 있는 것이 훨씬 낫다고 판단하고 있었다"고 당시를 회상했다.

미국 정부는 세계대전의 종식을 대비해서 사전에 만반의 준비를 했다. 1917년 가을, 비밀 암호 "탐구"라는 이름의 팀을 구성했다. 그 팀은 126명의 지리학자, 역사가, 경제학자, 과학자, 법률가들로 구성되었고, 전쟁이 끝났을 때 처리해야 할 사안들을 사전에 마련하도록 되어 있었다. 이때의 보고서들은 윌슨으로 하여금 지난 날의 국제질서를 무시하고 새로운 도전을 위해 발을 내딛어야 한다는 결심을 하게 했다.

* * *

휴전이 성립되기 10개월 전, 윌슨 대통령은 의회의 상·하원 합동회의에서 행한 연설에서 자신의 평화에 대한 구상을 발표한 적이 있었다. 그는 연설에서 피비린내나는 전쟁이 끝난 뒤, 미국과 동맹국들의 여론을 취합해 모든 나라의 도덕 감정을 회복시키기 위한 하나의 계획을 제안했다. 그 계획에 의하면, 패배한 국가들도 동등하게 공개적으로 집단적인 안전보장체제에 참여하도록 허용될 것이었다. 윌슨의 14개 원칙은 국제기구를 창설해, 분쟁 해결, 자유 항해 보장, 상호 무장해제, 거주민들의 의사를 우선 반영하는 국가독립의 결정 등에 관한 사항들을 다루도록 하자는 것이었다.

이 연설은 각국 영토에 대한 이해관계보다도 도덕적 근거에 의한 미국의 입장을 반영한 것이었다. 미국의 대표단은 1918년 12월 14일, 파리에 도착했다. 이번의 여행은 미국 대통령으로서는 첫 해외방문이었고, 천여 명의 지지자들이 윌슨을 환영했다. 미국 대표들은 이번 회담의 취지를 이해하고 있었지만, 막상 파리에 도착해 무엇을 어떻게 시작할지 전혀 준비가 되어있지 않았다. 미 대표단은 미국에서 출발하기 직전, 한 가지 훈령만을 전달받았다. "대표단은 1918년 12월 3일 밤 10시 15분까지 호보컨Hoboken 항구에 정박해 있는 조지워싱턴 호에 승선해야 한다"는 내용이었다.

다음날 아침 9시 정각, 대통령이 승선하자 곧 항해가 시작되었다. 국무장관은 항해 중 대표들에게 자신은 파리 평화회의 조직이나 의사일정에 대해 아는 바가 없다고 말하면서, 각각의 상황에 재빠르게 적응하면서 미국의 이익을 위해 노력해줄 것을 당부했다. 전략의 부재와 관련해 많은 우려들이 쏟아져나왔다. 미국 대표의 한 사람은 "우리의 막연하고도 무모한 대처방안을 알고 걱정스러웠다. 우리들은 유럽의 노련한 정치인들을 상대해야 한다. 그런데 무모하게도 아무런 계획도, 전략도 없이 회의에 참가해야 한다"고 불평했다.

윌슨 대통령이 상대할 인물들은 만반의 준비를 하고 있었고, 그들은 무엇을 어떻게 해야 할 것인가에 대해서 잘 알고 있었다. 그러나 그들은 윌슨의 고상한 이념과 목적에 대해서는 회의적이었다. 유럽 국가들은 독일로부터의 배상금 문제에 사활을 걸고 있었으며, 독일의 부활을 두려워했기 때문에, 이 기회에 독일을 무력화시켜 영토를 분할하기 위

파리 평화회의에 참가한 유럽대표들. 왼쪽부터 프랑스 원수 페르디낭 포슈Ferdinand Foch, 프랑스 수상 조르주 클레망소Georges Clemenceau, 영국 수상 데이비드 로이드 조지David Lloyd George, 이탈리아 수상 비토리오 오를란도Vittorio Orlando, 이탈리아 외무장관 시드니 소니노Sidney Sonnino 남작 (미 의회도서관)

해 혈안이 되어 있었다.

　로이드 조지 영국 수상은 얼마 전에 실시된 총선에서 "독일로부터 전쟁 배상금을 한 푼이라도 더 받아내겠다"는 공약을 내세워 영국 역사상 최다득표를 기록했기 때문에 독일 구석구석을 뒤져서라도 공약을 실현시켜야 할 입장이었다. 영국 대표의 한 장관은 "영국은 독일을 젖 먹던 힘까지 다 쏟아부어 쥐어짤 것이다"라고 수다를 떨기도 했다. 한편 프랑스 재무장관은 프랑스의 예산을 균형예산으로 편성하고, 국가의 부채를 독일로부터 받아내는 배상금으로 해결하겠다고 공언했다.

프랑스의 수상 조르주 클레망소Georges Clemenceau와 영국 수상 로이드 조지Lloyd George, 이탈리아 수상 비토리오 오를란도Vittorio Orlando, 미국의 윌슨 대통령은 모두 노련한 정치가들로 국민들로부터 신뢰를 받고 있었으며, 소신 있고 명석한 두뇌의 소유자들로 알려져 있었다.

프랑스 수상 클레망소는 "호랑이"라는 별명의 유명한 투사였다. 그는 청년시절 형무소에서 수련의로 근무했을 때 죄수들과 결투를 벌이면서 시간을 보냈다. 그 후 진보적인 신문 편집자로 활동하다가 정계로 진출해 국민의회 의원으로 정치적 능력을 유감없이 발휘하기도 했다. 하원의원 선거에서 그의 정당이 3분의 2이상의 의석을 확보하면서, 그는 권력의 정점에 다가와 있었다. 클레망소는 80의 나이에도 건강하게 활동했으며 파리회의 동안에는 매일 아침 3시에 일어나 밤 11시까지 근무했다. 미국의 국무장관은 그에 관한 인상을 일기에 남겼다.

"4명의 거물 정치인들 중 클레망소는 독보적인 존재이다. 그리고 파리회의 기간동안 내가 만나 본 사람들 중 가장 강건한 사람이었다. 그는 강렬한 개성과 영향력을 갖고 있었다. 담담히 기회를 엿보다 프랑스에 유리하도록 토론의 주도권을 잡는 그의 노련함은 단연 돋보였다."

1890년 로이드 조지가 처음으로 하원의원으로 당선되었을 때, 그는 하원의원들 중 최연소 의원으로 정치생활을 시작했다. 그리고는 재무 장관을 비롯 방위사업부장관, 전쟁부장관을 역임했다. 그는 윌슨의 진지함과 클레망소의 책략에는 못 미쳤지만 강력한 카리스마를 갖고 있었다. 그를 만나본 사람들은 곧 그에게 호감을 갖게 되었다. 그의 예민함과 활달함, 낙천적인 성격과 유쾌한 유머는 그를 더욱 돋보이게 했다.

마지막 인물 이탈리아 수상 오를란도는 국가 수뇌로서, 웅변술과 명석한 사고로 돋보이는 인물이었다. 회의에서 그의 명확하고도 논리정연하고, 설득력 있는 주장을 따라갈 사람은 아무도 없었다. 하지만 안타깝게도 그는 영어를 구사할 줄 몰랐기 때문에 이탈리아에 직접적으로 관련된 민감한 문제를 다루는 데 많은 애를 먹고 있었다.

이탈리아는 지난 전쟁 중에 독일에 맞서 싸우던 영국과 동맹을 맺는 과정에서 약속받은 사항들을 받아내기 위해 파리에 왔다. 1915년 영국과 이탈리아 간의 협약에서, 이탈리아는 오스트리아-헝가리 일부와 아드리아 해역Adriatic, 독일의 아프리카 식민지들과 오스만 제국의 일부를 할당받기로 약속되어 있었다. 오를란도는 이를 받아내기 위해 파리로 온 것이었다. 그리고 이탈리아가 이미 약속받은 것 외에 알바니아 남쪽 해안까지 영토를 확장하려는 야심찬 계획도 가지고 있었다. 이탈리아는 아프리카 해역에서 지중해까지 영역을 넓혀 강대국으로 부상할 꿈에 부풀어 있었다.

이번 회의를 준비한 파리는 전쟁으로 인해 옛날의 화려했던 모습은 거의 찾아볼 수 없었다. 석탄과 기름도 거의 바닥났고, 버터는 눈을 씻고 보아도 찾을 수 없었다. 생필품들의 가격은 너무 높아서 대부분의 파리 시민들에게는 그림의 떡이었다. 택시기사들은 때를 만났다는 듯이 바가지요금을 씌우기 일쑤였고, 호텔 객실 요금으로 평소의 두세 배를 받는 것은 약과였다.

회담 대표들에게는 고급 호텔이 배정되었고, 충분한 편의품들도 제공되었는데, 이 모든 경비는 회담에 참여하는 나라에서 직접 지불되었기 때문에, 회담기간동안 프랑스가 벌어들인 수입은 프랑스가 해외무역에서 벌어들이는 연간 수입보다도 많았다.

미국 대표단 일행은 맥심카바레 위층에 있는 사무실들에 짐을 풀었다. 수백 명으로 구성된 미국의 비공식 일행들은 공식대표들의 개인비서와 보좌관들이었고, 그 외에도 요리사, 이발사, 잡일꾼 등이 포함되어 있었다. 미국 대표들은 궁전같은 크리용 호텔Hotel Crillon에 여장을 풀었다. 그 호텔은 18세기의 파리의 사치를 상징적으로 보여주는 호텔로서, 1758년 루이 15세가 파리 중심지인 콩코드 광장의 샹젤리제 거리 건너편에 건립한 건물이었다. 호텔은 마리 앙투아네트Marie Antoinette 왕비가 귀빈들을 접대하는 장소로 사용하면서 더욱 유명해졌다. 그곳의 웅장한 살롱은 17세기 때의 최고급 융단들과 금박을 입힌 고급 가구들로 장식되어 있었고, 그 중에는 루이 16세가 사용한 가구들도 있었다. 크리용 호텔의 103개의 객실과 44개의 스위트룸은 전부 미국 공식대표들이 사용하도록 배정되었는데, 그곳은 전후 프랑스의 피폐해진 현실과는 너무나 동떨어져 있었다. 영국 대표들도 크리용 호텔에 버금가는 고급 호텔인 마제스틱 호텔Hotel Majestic에 여장을 풀었다. 그들의 사무실은 가까운 곳에 있는 아스토리아 호텔에 마련되었다. 다른 나라의 대표들도 파리 시내 곳곳에 있는 호텔들과 빌딩들에 분산되어 숙소를 사용했다.

각국의 협상단들이 도착해 회의를 열기까지는 한 달이 넘는 시간이 소요됐다. 각국 대표들이 파리에 도착해 적응하는 시간이 필요하기도 했지만, 무엇보다도 회의가 지연된 결정적인 요인은, 윌슨 대통령이 도착할 때까지 기다리자는 클레망소 수상의 간절한 호소 때문이었다. 윌슨 대통령의 평화를 위한 열정적인 호소는 영국의 유명한 경제학자 존 케인스John Maynard Keynes가 "윌슨 대통령이 워싱턴을 떠나는 순간부터 전 세계를 통해 역사상 유례가 없을 정도의 권위와 도덕적 영향력을 행사하게 될 것"이라고 말한 적이 있을 정도로 그를 국제적으로 유명한 인사로 만들었다.

각국 대표들은 윌슨 대통령이 도착하는 순간부터 탐색전에 들어갔다. 윌슨이 도착해 회의가 시작되기 전까지, 영국 수상 로이드 조지와 프랑스 수상 클레망소, 윌슨 대통령 간에 막후 협상이 이루어졌다. 윌슨은 막강한 영향력을 갖고 있으면서도 수수께끼 같은 인물이었기 때문에, 영국과 프랑스 수상은 그를 상대로 어떻게 협상을 진행해나갈 것인가를 파악하기 위해서 고심하고 있었다. 로이드 조지 영국 수상이 쓴 일기에 의하면 "모든 유럽대표들은 윌슨과 관련이 있는 모든 것에 대해 알고 싶어 했다. 그가 무엇을 구상하고 있고 무엇을 주장할 것인지에 대해서 궁금해 하고 있었다."

클레망소 프랑스 수상도, 윌슨과 잠깐 동안 조우했을 때 그를 매우 경계했다. 로이드 조지는 그때의 상황을 이렇게 정리했다. "클레망소는 마치 늙은 사냥개가 낯선 사람을 만났을 때와 같이 그의 모든 행동을 경계했고, 불청객이 자신의 앞마당에 불쑥 나타나서 무엇을 하려고 하는지 몹시 궁금해 하는 사람처럼 행동했다."

연합국들은 애초에 예비회담의 의제가 결정되는 순간부터 독일을 협상에 참여시키려고 했지만, 처음 예상했던 것보다 많은 이견들이 대두되었다. 연합국 측은 독일이 비엔나 회의 때 프랑스가 보여줬던 외교술을 재현하지 못하도록 기회를 차단하고자 했다. 독일을 휴전협상의 상대로 인정은 하면서도, 연합국들은 자신들이 우위에 있음을 내세우고 있었다. 그러나 독일이 비록 많은 타격을 받았지만, 아직 항복한 것은 아니었다. 여러 사정들을 감안했을 때 독일의 전쟁 능력은 소진되었지만, 그들의 군대와 국경선들은 여전히 존재하며, 독일 국민들의 도전적인 기세도 꺾이지 않은 상태였다.

27개국의 합의를 모두 얻어낸다는 것은 현실적으로 힘들기 때문에, 중요한 결정은 4개 연합국과 일본의 수뇌들과 외무장관으로 구성된 10인 협의회에서 결정하도록 권한이 위임되었다. 그리고 회의 장소는 프랑스 외무부로 정해졌다. 평화회의에서 다루어야 할 사안들이 너무 많았기 때문에, 연합국 지도자들이 세세히 검토한다는 것은 사실상 어려

파리 평화회의에 참가한 미국 대표단. 왼쪽으로부터 하우스 대령, 미 국무장관 랜싱, 윌슨 대통령, 화이트 보좌관, 블리스 장군 (미 의회도서관)

웠다. 이에 따라 좀 더 체계적인 접근방법이 필요했고, 현대세계에서는 전쟁과 평화도 구조적인 현상으로 분석해야 한다는 사회과학자들의 의견들을 반영해 회의를 효율적이고 합리적인 방법으로 해결하기로 합의했다. 전문가들로 구성된 전문위원회에서 의제를 검토한 뒤, 실무위원회로 넘겨져 검토를 거치고 보고서를 작성하도록 하는 체계를 만들었다. 회의기간동안 58개의 전문위원회가 구성되었고, 그곳에서 1,610회의 공식회의가 열리게 되었다.

국제연맹의 창설에 관한 14개 원칙은 윌슨의 최우선 관심사였다. 윌슨은 국제연맹에서 현자의 돌Philosopher's Stone(비금속을 황금으로 변화시키는 힘이 있다고 연금술사들이 찾아헤매던 돌)을 발견했다. 국제연맹은 국가간의 관계를 조정하고, 영토분쟁을 해결하고, 국가간 전쟁이 발생하기 전에 갈등을 해소하는 역할을 담당하게 된다.

윌슨은 국제연맹에서 평화를 이루는 데 장해가 될 수 있는 미비한 점들이 나타날 때는, 즉시 보완하고 또 이번의 회의에서 미비한 점들은 추후에라도 바로잡을 수 있도록 할 생각이었다. 그가 그의 아내에게 보낸 편지에서 쓴 것처럼 "미비한 점들을 차근차근 보완하여 국제연맹은 모든 나라가 참가하는 항구적인 구심체 역할을 할 것이며, 크고 작은 문제들을 처리하게 될 것"이었다.

그는 "국제연맹은 영토문제, 경제, 군사문제들은 물론이고 연맹에 제기되는 모든 문제들을 다루게 될 것이고, 독일도 가입하게 될 것"이라고 주장했다. 미국 대표들 중 한 사람의 말에 의하면, "윌슨은 이 연맹을 지금까지 늘 국가간의 경쟁과 정쟁을 불러일으켰던 과거의 제도와는 다른, 새로운 기구로 만들 예정"이었다.

윌슨의 이러한 계획에 대해, 다른 사람들은 다 회의적이었다. 클레망소는 그의 의견을 말해보라는 요청을 받자 "나는 국제연맹의 창설에 찬성한다. 그러나 신뢰하지는 않는다"고 밝혔다. 미국의 국무장관도 인간 본성의 어두운 면을 생각해볼 때, 과연 제 역할을 해낼 수 있을지에 대해서 회의적이었다. "연맹의 취지는 국가간의 이해관계나 통제에 대한 상호불신은 전혀 고려하지 않고 있다. 그 생각은 이상이지, 현실은 아니다"라고 말했다.

국제연맹안은 회의의 첫 의제였다. 1월 25일 전체회의에서 윌슨을 위원장으로 하는 국제연맹 위원회가 설립되었다. 위원회는 총 19명으로 구성되었으며 4개국 연합국과 일본에서 각각 2명씩, 나머지 국가에서 9명을 선정하기로 합의했다. 국제연맹 위원회의 첫 회의는 2월 3일 크리용 호텔에서 열렸다. 윌슨과 그의 친구인 에드워드 하우스Edward House 예비역 대령은 초안 작성을 위해 매일 밤낮으로 만났다. 초안 작성은 윌슨이 2월 14일에 미국으로 떠나야 했기 때문에 시간이 촉박했다.

에드워드 하우스에 의하면, 윌슨은 자신이 지금까지 만나본 사람들 중에 가장 어렵고 복잡한 성격의 소유자였다. 윌슨은 완고하기로 유명했고, 높은 도덕적 성찰을 하고 있는 사람이지만, 한편으로는 앙심을 품으면 개인적인 원한을 쉽게 풀어버리지 못하는 사람이었다. 윌슨은 제1차 세계대전에서 미국의 전쟁개입을 주도했는데, 이런 결정을 하게 된 배경에는 전통적인 힘의 균형체계를 무너뜨리는 것만으로도 자신과 미국의 정당성을 입증할 수 있을 것이라는 믿음이 있었기 때문이었다. 그리고 구(舊)세계 질서를 해체시키고, 도덕률에 의한 보편적인 원칙에 의한 새로운 국제질서를 만들기 위한 포석이기도 했다.

윌슨의 뒤에서 국제연맹의 창설을 돕고 있는 사람은 하우스였다. 하우스의 짧은 경력은 그가 장막 뒤에서 영향력을 행사하고 있다는 사실을 감추는 데 도움이 되었다. 그의 중요한 역할은 연맹에 대한 신뢰를 확신시켜주는 것이었다. 그가 말한 바에 의하면, "나는 연맹이 순항하는 데 있어, 항로를 이탈하지 못하도록 조정하는 역할을 하고 있다." 하우스는 미국의 역사에 때때로 등장하는 공식적인 관료집단과 달리, 개인적으로 대통령에게 영향력을 미칠 수 있는 그러한 조언자들 중 한사람이었다. 윌슨이 대통령에 당선되었을 때, 하우스는 행정부 내의 어떤 자리라도 선택한다면 임명하겠다는 제의를 받은 적도 있었다. 그러나 그는 그 제의를 거절하고 언제, 어디에서라도 개인적으로 돕겠다고 약속했다. 공직을 맡지 않고도, 대통령에 대한 그의 영향력은 막강했고 백악관 측도 관내에 그의 숙소를 마련해줄 정도였다.

* * *

이러한 독창적인 작업을 하는 동안, 협상대표들은 아무런 준비도 되어있지 않은 것을 알고는 깜짝 놀랐다. 윌슨만이 그 제안에 대한 대략적인 윤곽을 알고 있었다. 윌슨이 초안의 개요를 위원회에 제출하자, 로이드 조지 영국 수상은 "너무 추상적이고 이해가 되지 않는다"고 말하면서 실망스러운 표정을 지었다.

미국 실무 팀들은 열심히 작업을 했다. 하우스는 2월 2일자 일기에 다음과 같이 기록했다. "백악관 보좌관인 데이비드 밀러David Miller가 수정된 '국제연맹규약'을 가져왔다. 그는 오늘 새벽 4시가 되어서야 규약안 작성을 마무리지었다. 그리고 아침 8시 30분까지 재검토를 했고, 오늘 오후에 내게 가져왔다. 우리는 내일 회의에 앞서 규약안을 검토해야 했다." 그들의 희망은 낙관적이었다. 하우스는 다음날 일기장에 그날의 상황을 기록했다. "연맹 위원회가 나의 방에서 열렸다. 나는 이 방에서 지금까지 기록되었던 것들 중 가장 중요하고 인간적인 문안이 작성될 것이라는 생각에 흥분을 감출 수 없었다."

프랑스는 매우 난처한 입장이었다. 국제연맹이 그들을 보호해줄 것이라고 기대할 수 없었고, 윌슨의 독창적인 안전보장에 대해서도 신뢰가 가지 않았다. 이러한 프랑스의 방해와 지연 전략은 윌슨을 당혹스럽게 했다. 그는 주치의에게 말하길, "프랑스 대표들은 정말 골치 아픈 친구들이야. 그들은 이미 비난받고 무시당했던 견해들을 다시 계속해서 말하고, 또 말하기를 계속하고 있어." 클레망소는 연맹은 대체로 프랑스에 이익을 가져다주기보다는 손해를 안겨다줄 것이라고 판단했다. 그는 국제연맹위원회 프랑스 측 대표에게 훈령을 내렸다. "우리가 한번 양보하게 되면, 그 다음에는 라인 강의 보장까지 요구할 것이다. 절대 양보란 없다."

* * *

프랑스는 국제연맹에 자신들의 상비군을 결성해, 연맹의 결정을 직접 행사하도록 하자는 안을 제의했다. 그러나 영국과 미국은 자국군의 일부를 외부의 통제 아래 두는 것을 단호히 거부했다. 특히 윌슨은 그것은 연맹의 취지에도 맞지 않고 불가능한 일이라고 못을 박았다.

2월 11일, 윌슨은 다시 한 번 프랑스의 입장, 즉 연맹의 직접적인 통제를 받는 국제연맹군을 결성하자는 요구를 거부했다. 윌슨은 미합중국 헌법은 주권에 대한 침해를 인정하고 있지 않다면서 거부입장을 분명히 했다. 그리고 영국의 대표인 로버트 세실Robert Cecil 도 영국의 입장도 미국과 같다면서 반대했다. 그러나 프랑스는 이것만이 연맹에 활력을 불어넣을 수 있고, 실효성 있는 안전보장을 담보할 수 있다는 그들의 입장을 고수했다. 회의 분위기는 냉랭했고 자정도 되기 전에 회의는 정회됐다.

이틀이 지난 2월 13일 오후, 그들은 다시 만났다. 그날은 윌슨이 본국으로 떠나기 하루 전이었다. 26개 조항 중 6개의 조항만이 합의를 보았다. 그날 저녁 하우스는 일기에 그날의 일과를 적었다.

"오늘은 기념할 만한 날이다. 대통령이 오후 회의에 출석하지
않았기 때문에 나는 영국 대표인 로버트 세실에게 대통령 대신
회의를 주재하라고 권했다. 우리는 만족할 만한 기록을 만들자
고 동의하고 안건을 처리했다. 우리들은 저녁 6시 반까지 21개
조항들을 작성했다. … 몇 번의 투표과정을 거쳐 토론이 종료되
었고 오늘밤 8시 30분에 회의를 속개하기로 했다. 내가 저녁 7시
에 대통령에게 전화를 걸어 지금까지의 경과를 보고하자, 대통
령은 매우 놀라며 기뻐했다."

계속 이어진 열 차례의 회담 끝에 최종적인 초안이 마련되었다. 국제

연맹규약은 26개 조항으로 만들어졌다. 총회는 모든 회원국들로 구성되고 상임이사회는 5개국의 영구회원국(영국, 프랑스, 이탈리아, 일본, 미국)과 총회에서 선출되는 3년 임기의 4개 회원국의 대표들로 구성되었다. 집행기구는 사무총장이 총괄하며, 상임이사회는 세계평화에 영향을 미치는 어떠한 문제도 제기할 수 있는 광범위한 권한을 행사할 수 있고, 중요한 안건에 대해서는 전원 합의로 결정한다. 연맹군은 창설하지 않으며 강제적인 무장해제도 없고, 강제적인 중재도 없다. 그러나 규약은 항구적인 국제심판소의 규정을 포함시켰다. 또 전 세계 노동자들의 노동조건을 개선하기 위해서 국제노동기구(ILO)의 창설을 규정했다.

2월 14일, 윌슨은 연맹규약초안을 평화회의의 전체회의에 제출했다. 윌슨은 매우 만족했다. "우리들은 이번 전쟁으로 끔찍한 시련을 겪었다. 그러나 그 결과로 매우 의미 있는 교훈을 얻게 되었다." 그리고 3시간 후 윌슨은 미국으로 향했다.

뉴욕 헤럴드는 "세계에 평화를 보장해줄 수단으로 여겨져왔던 국제연맹을 창설하는 데 들인 실제적인 시간은 30시간에 불과했다"고 보도했다. 미 국무장관 랜싱은 규약조항들을 검토한 후 "나는 그 기록들을 보면 볼수록 관심이 멀어졌다"고 평했다. 그의 이러한 불평은 그와 대통령 사이에 영원히 봉합되지 않을 균열을 만들었다. 랜싱은 연맹에 대한 평가를 일기장에 남겼다.

"세계의 헌법(연맹의 주창자들은 그렇게 부르고 있다)이 11일 만에 완벽하고 말끔하게 작성되었다는 것을 생각해본다면, 많은 사람들이 이전에 그 주제에 관해 관심을 갖고 있었다 하더라도, 국제적 문제들을 해결할 수 있다는 인식을 심어주는 데는 실패했고, 그 일에 관여했던 지혜롭고 재능 있는 인사들의 허황된 믿음만이 남아있는 것 같다. 학식 있고 명망 있는 사람들이 참석했던 미합중국 헌법을 기초하는 회의가 비판과 검토 과정을 거쳐 꽤 오랜 시간이 걸렸다는 점과, 2월 14일의 보고를 위해 국제연맹위원회에서 강행된 10차례 회의에서 규약의 조항에 담겨진 의미나 문구를 검토하는 데 불과 몇 시간 밖에 걸리지 않았다는 점을 비교해본다면, 이번 위원회에서 만들어진 기초안은 수준에 못 미치는 내용이라고 의심하지 않을 수 없다. 그리고 그 규약에는 결점들이 많이 있을 것으로 생각하는 것 또한 당연할 것이다."

2월 19일, 연맹규약안이 국제연맹위원회를 통과한 지 5일 뒤, 회담은 비극적인 소식으로 중단되었다. 비극적인 뉴스는 프랑스의 한 무정부주의자가 클레망소의 자동차 뒷좌석에 7발의 총탄을 관통시켰고, 그 중 한 발이 클레망소의 심장을 몇 인치 비켜난 위치에 박히는 총상을 입혔다는 내용이었다.

그러나 클레망소는 다음날 그의 정원을 거닐었고, 2주일도 채 안 되어 집무를 시작했다. 총탄은 아직도 '프랑스의 투사'의 가슴에 박혀있었다. 클레망소는 암살 미수범의 사격술에 대해 농담을 건네는 여유를 보였다. "우리는 얼마 전에 역사상 유례가 없었던 전쟁에서 이겼다. 그런데 일곱 발 중 여섯 발을 명중시키지 못한 프랑스인이 있다. 물론 이런 놈은 위험한 무기를 함부로 사용하고, 형편없는 사격솜씨로 벌을 받아 마땅하다." 이번의 총격사건은 상황에 대한 불만과 실패의 가능성을 높여주는 것을 예고하는 것이라고 볼 수도 있었지만, 클레망소는 언제 그랬느냐는 듯이 앞장서서 회의를 독려했다. 그러나 그의 부상은 그에게 후유증을 남겼고, 윌슨과 로이드 조지를 비롯한 많은 사람들도 그가 이전만 같지 않을 것이라고 생각했다.

영국 수상 조지는 2월 10일 본국의 노동 불안을 해결하기 위해 런던으로 급히 떠났다. 클레망소가 부상당하고 윌슨과 조지가 자리를 비움에 따라, 회의는 이들이 도착할 때까지 연기되었다. 이러한 휴회기간에도 영국 외무장관 아서 밸푸어Arthur Balfour와 하우스 대령 같은 연맹지지자들은 계속 만나 논의를 계속했다.

전쟁이 끝나자 연합국들은 군인들 간 무력충돌 가능성을 줄이기 위해 재빠르게 군대를 해산하고 있었다. 미국은 한 달에 30만 명씩 미군들을 본국으로 수송하고 있었다. 통제가 없어지면서 불안과 혼란 등 무정부상태가 유럽 전역을 뒤숭숭하게 만들었다. 로이드 조지는 "상당기간 혼란이 계속될 것"이라고 일기에 썼다. 헝가리와 독일의 바이에른에서는 혁명이 일어났다. 폴란드는 러시아에 반기를 들었고, 내전으로 빠져들었다. 루마니아도 헝가리에 반기를 들면서 전투를 벌였다. 유럽대

류 곳곳에서는 사소한 원한과 파리회의에 영향을 주기 위해, 또 영토를 탈취하기 위해 국지전이 속속 일어나고 있었다.

물자부족도 심각했다. 비엔나에서는 면화가 부족해 산부인과 병동에서는 신생아들을 낡은 신문지로 감싸기도 했다. 영국의 한 전문가는 "보헤미아에서는 우유와 식용유의 절대부족으로 신생아 중 20%가 출산하자마자 사망했고, 유아의 40%가 한 달을 버티지 못하고 죽어갔다"고 보고했다. 윌슨과 하우스는 국제연맹을 살리기 위해 독일에 대한 응징을 최소화하고 평화를 정착시키려고 했지만, 클레망소와 로이드 조지는 그들의 주장을 굽히지 않았다.

급기야 협상무대는 윌슨식 이상적 사고와 유럽정치인들의 냉소주의의 대결장으로 변했다. 독일에 대한 무장해제, 전쟁 배상과 영토 할양 등 세 가지 원칙이 만들어졌다. 독일은 이 원칙에 따라서 본격적인 무장해제를 시작했다.

* * *

휴전은 독일 병력과 군장비를 급격히 감축시켰다. 독일은 이미 군장비의 대부분을 연합국에 넘겨주었다. 독일군은 벌써부터 전장에서 철수하고 병사들을 귀가조치시켰다. 그러나 연합국들은 아직도 남아있는 병력을 완전히 없애고, 다시는 복귀할 수 없도록 독일의 군국주의를 말살시키려고 했다. 군사위원회는 초안을 마련하는 데 3주일이 걸렸다.

연합국 사이에서는 많은 점에 대체적인 합의가 이루어졌다.

"독일은 항구적으로 공군을 보유할 수 없고, 탱크나 장갑차, 중화기, 비행선, 잠수함 등을 보유할 수 없다. 라인 강 서쪽과 동쪽에 구축되어 있는 모든 요새들은 파괴되고, 북해에 있는 해군 기지들도 모두 폐쇄된다. 현재 남아있는 무기들과 탄약들도 모두 폐기시키고, 몇몇 지정된 공장에 한해서만 무기 생산이 허용될 것이다."

프랑스의 군사전문가들은 전쟁 직전 천 백만 명 수준이었던 독일군 정원을 일반적인 모병원칙에 입각해서 연간 14만 명 이하로 줄이도록 주장했다. 영국의 군사전문가는 프랑스 측의 제의는 언제든지 동원 가능한 예비군들을 양산하는 결과를 초래하기 때문에 그 대신 20만 명 수준의 직업군인들을 유지시키는 방안을 제시했다. 이 제안은 프랑스의 반대로 무산되었는데, 프랑스는 직업적인 독일 장교들이 훗날 대규모 군대 양산의 토대로 활용될 수 있다는 점을 우려했다.

로이드 조지와 클레망소는 독일 직업군인들을 10만 명 수준을 유지하는 데 합의를 이뤘다. 독일의 참모본부는 해체되고, 독일 해군은 6척의 순양함과 몇 척의 소형경비정으로 제한되었고, 또 잠수함, 항공기, 탱크와 중화기는 일체 소유하지 못하도록 금지되었다.

협상자들은 독일의 전쟁 배상금이라는 민감한 사안을 검토하기 시작했다. 미 재무부의 대표로서 이 협상에 참가한 미국 은행가 토머스 라몬트Thomas Lamont는 "배상금 문제는 그 어느 문제보다도 어렵고, 논쟁적이고, 감정대립으로 시간을 많이 끌었다"고 말했다.

총력전과 산업화된 무기생산은 지금까지 보아왔던 어떤 전쟁보다도 현대전의 파괴적 잠재력을 급속히 증가시켰다. 그리고 전쟁은 도시와 시골을 가리지 않고, 유럽 전역에서 전개되면서 엄청난 참극을 불러왔다. 이러한 피해를 복구하려면 엄청난 자금이 필요했고, 연합국들도 전쟁을 치르면서 자금을 다 써버렸기 때문에, 독일의 배상에 의존할 수밖에 없었다. 이 문제에 대해서는 미국 대표도 예상과 다르게 독일에 대한 강경한 원칙을 고수했다. "어떤 국가를 침략하는 것은 잘못이다. 이는 경고로 끝나서는 안 된다. 침략국들이 불순한 의도로 전쟁을 시도했다면, 그들도 응당 이와 상응한 대가를 지불해야 한다는 사실을 모든 나라들에 보여줄 필요가 있다."

연합국들은 눈에 불을 켜고 배상금액을 제출했다. 프랑스와 벨기에는 전쟁 전의 자산을 초과하는 금액을 요구했다. 프랑스는 55년간 분할 배상 조건으로 2천 2백억 달러를 요구했다. 로이드 조지는 이 금액을 보고받자 "이 액수를 받으려면 독일의 노동자들을 2세대 동안 노예로 혹사시켜야 할 것"이라고 말했다. 프랑스는 놀랍게도 독일은 충분히 갚을 능력이 있으며, 시간도 충분히 배려했다면서 자신있게 공언하고 있었다. 프랑스의 재무장관인 클로츠Klotz는 배상에 아무 문제가 없다고 밝혔다. 그는 다른 것은 생각지도 않고 다만 돈만 생각하는 잔인하고도 무자비한 사람이었다. 한편 이러한 가혹한 요구는, 중세시대부터 계속되어온 적대감이 새롭게 되살아나면서, 독일로부터 한 푼이라도 더 뜯어내 독일을 고사시키려는 의도가 있었다.

프랑스는 자신들의 요구를 합리화시키기 위해서, 과거 독일이 저질렀던 행위를 예로 들었다. 파리 평화회의가 열리기 일 년 전, 러시아가 혁명으로 어려움에 봉착해서 강화회담을 제의했을 때, 독일은 자비를 베풀기는커녕, 거액의 배상금 외에도 러시아 인구의 3분의 1, 산업시설의 절반과 석탄광산의 90%를 강화회담 대가로 받았다는 사실을 예로 들었다. 전쟁 피해에 대한 실손해액을 파악할 수 있는 사람은 아무도 없었다. 피해 내역을 사정하는 전문가들도 피해액을 추정하려면 2년 이상이 걸리는데, 프랑스가 요구한 배상금액은 수주일 만에 결정되었다. 평화회의에 영국 재무장관의 보좌관으로 파견되었던 경제학자 케인스는 피해 배상금을 프랑스가 요구한 전체금액의 절반 정도로 추산했으며, 미국 내의 전문가들은 케인스가 정산한 금액의 5분의 1로 추산했다.

금액이야 어떻든 독일은 연합국들의 피해 보상을 한 푼도 지급할 수 없는 것이 현실이었다. 전쟁은 독일을 붕괴직전까지 몰고 갔다. 지금 독일의 형편으로는 유럽의 복구를 위한 배상금 문제는 둘째치고라도 자국의 국민들도 먹여살릴 수 없는 지경이었다. 어떤 기자는 협상과정을 지켜본 뒤 다음과 같이 평했다. "협상대표들은 지금 어린아이들이 딱지를 가지고 놀 듯 수십억 이상을 거론하고 있다. 그들이 동의하든 안하든 간에, 문제는 독일이 그러한 거액을 지불할 수 없을 것이라는 점이다." 로이드 조지도 경제관련 회담에서 "윌슨은 지금 하늘 높은 줄 모르고 치솟고 있는 인플레이션을 모르는 것 같다. 그는 경제 문제에 대해서는 전혀 관심이 없어 보인다"고 불만을 털어놓았다.

프랑스와 영국 지도자들은 스스로 어려움을 자초하고 있었다. 로이드 조지는 하우스에게, 자신은 지금 영국의 피해와 배상금 문제에 대해서 국민들을 속여온 데 대한 적절한 해명을 해야 한다면서, 고민을 털어놓았다. 그러면서 로이드 조지는 독일은 현재 영국과 프랑스가 요구한 배상금을 지불할 능력이 없다는 것을 인정했다. 한 영국 대표는 그들의 입장을 이렇게 표현했다. "너무 적은 배상금을 독일에 부과한다면 동맹국들은 별로 얻을 게 없을 것이고, 너무 많은 금액을 독일에 부과한다면, 독일은 차라리 자폭하겠다는 식으로 나올 것이 뻔해 연합국들은 한 푼도 받지 못할 것이다."

문제를 자세히 검토하면 할수록 더 복잡했다. 독일은 재정이 바닥난 상태였다. 정부소유의 예술품과 운송 장비, 해외 자산과 동산들을 압류한다 해도 배상금으로는 턱없이 부족했다. 연합국이 전쟁배상금을 받아내려면, 독일이 연합국과의 무역에서 많은 흑자를 만들어내야 한다. 그러나 독일의 무역흑자가 늘어날수록 연합국의 기업들은 도산 가능성이 높아지고 동맹국의 화폐가치는 떨어진다. 한때 재무장관을 지냈던 로이드 조지는 국제금융의 문제점들을 잘 이해하고 있었다. 그래서 이에 관한 생각을 일기에 남겼다. "지금의 상황은 전쟁배상금 지불을 유예하지 않는 한 각국 정부들도 똑같이 재정적 어려움에 빠져들 것이다." 이것은 심각한 딜레마였고, 여러 동맹국들이 독일을 산업국으로 발전시키는 것을 저지하려는 그들의 의도에도 어려움을 안겨주었다.

미국의 한 협상대표는 문제해결에 대한 답을 간단히 정리해서 보여주었다. "독일이 전쟁배상금을 지급할 수 있는 유일한 방법은 수출을 많이 하는 것이다. 현재로서는 독일이 연합국들에게 배상금을 지불할 수 있도록 돈을 많이 벌게 해주는 방법밖에 없다."

휴전협정에는 민간인들의 재산과 생활기반의 붕괴에 대한 손해도 배상하기로 했다. 연합국들은 이러한 민간인들에 대한 배상과 관련해서도 예민하게 대응했다. 그 이유는 피해 당사국들 사이에 배상금이 어떤 기준으로 배분되느냐에 신경을 곤두세우고 있기 때문이었다. 벨기에 대표는 벨기에를 제외한 어떤 연합국들도 총 배상금에 민간인들의 피해액수를 추가하는 것에 반대했다. 프랑스는 막대한 민간인들의 재산상의 피해 때문에 고통을 받고 있었다.

영국은 자국의 산업시설들에 대해서 전쟁 수행의 대가로 보상해왔기 때문에 당연히 배상을 받아야 한다고 생각하고 있었다. 영국은 더 나아가, 영국이 이미 지불한 전쟁참여 군인들과 노동자들에게 지급했던 임금과 유가족에 대한 연금도 포함시키기 위해 규정을 확대 해석하자고 주장했다.

협상대표들은 안건을 심의하는 데 공적인 시각은 던져버리고, 자국의 이익만을 챙기기 위해 혈안이 되어 있었다. 미 국무장관 랜싱은 "모두들 귓속말로 얘기하고, 신뢰할 수 있는 말은 한 마디도 하지 않는다. 공개회의는 당초에 약속된 사항이었다. 그러나 공식적인 회의는 겉치 레에 불과했다. 합의와 흥정들은 밀실에서 이루어지고 있었다"면서 불만을 표출했다. 밀실의 광경은 더욱 가관이었다. 좁은 회의실에는 각국 수상들과 외무장관들, 보좌관들과 여러 관료들이 함께 섞여있었다. "모든 것은 비공식적으로 이뤄졌고 각자는 그들이 생각나는 대로 말했다" 고 한 미국 대표가 말했다.

2월 말, 국민들의 여망과는 반대로 각국 대표단들은 혼란과 회의지연으로 시간만 낭비하고 있었다. 대표들은 아직까지도 배상문제와 영토 문제 등과 같은 중요한 사항들도 매듭짓지 못하고 있었다. 더욱 심각한 것은 안건들을 심의하는 일정이 제대로 수행되지 않고 있었다. 대부분의 의안들이 실무위원들에게 넘겨져서, 세세한 항목들과 기술적 문제들을 검토한 뒤에 전문위원회를 경유해 10인 협의회에 보내지도록 되어 있었는데, 실무위원회에서 다루어야 할 안건들이 너무 많아 허둥대면서 시간을 끌고 있었다. 영국 외무장관은 동료들에게 "조급해하지 마라. 시간이 걸리더라도 모든 나라들에 확실한 평화를 정착시키기 위해서는 이 정도의 시간은 감수해야 한다"면서 격려했다.

또 하나의 중요한 원인은 조직이 허술하다는 데 있었다. 조직이 제대로 갖추어지지 않았기 때문에, 어느 곳에서 어떻게 처리해야 할지를 모르고 허둥대고 있었다. 10인 협의회도 이러한 사실을 보고 받고, 전문위원회로 하여금 3월 8일까지, 이에 관한 보고서를 작성해서 제출하라고 지시했다.

독일의 국경은 클레망소의 의중에 의해 좌우되었고, 국제연맹안은 윌슨의 의중에 따라 좌우되었다. 다른 나라들은 그저 지켜보는 입장이었다. 지난 50년 동안 두 번이나 침략을 당해 고통을 당한 프랑스는 독일을 철저히 불신하고 있었다. 그래서 프랑스의 기본입장은 라인 강 왼쪽 둑을 따라서 독일의 영토를 떼어내, 그곳에 완충국을 만들 생각이었다.

가칭 라인공화국으로 불릴 새로운 국가는 완전한 자치국이 될 것이고, 독일 연방에의 가입도 금지되며 연합국 군대가 주둔하게 될 것이었다. 프랑스는 이 구상이 획기적이고, 신생국가를 배상금 의무에서 해방시켜주면서, 심정적으로는 대부분이 독일인이라고 생각하는 주민들을 만족시킬 수 있을 것이라고 내다봤다. 클레망소는 독일을 분할하고자 하는 그의 열망을 공개적으로 나타내었고, 독일에서 더 많은 독립 공화국들이 탄생하면 할수록 좋은 일이 아니냐고 반문하기도 했다.

이에 대해 미국과 영국은 반대했다. 그들의 반대 이유는, 4천만 독일인들이 그들의 의사에 반해서 조국의 분리를 강요당할 수 없다는 점을 강조했고, 특히 미국은 '민족자결권의 원칙'에 대한 직접적인 모욕이라면서 강력히 반대했다. 그러나 프랑스는 윌슨의 고상한 원칙들보다는 현실적인 안전을 더 선호했다. 그래서 프랑스는 군사적 방어라는 하나의 구상을 만들게 되었다. 또 클레망소는 자르Saar 계곡에 있는 탄광지역의 양도를 요구했다. 이곳은 프랑스 국경에 인접한 비옥한 땅이었고, 전쟁 전에는 독일 석탄 생산량의 8%를 차지하고 있었다. 프랑스는 전쟁기간 동안 독일의 체계적인 공격으로 프랑스의 대부분의 탄광이 파괴되었기 때문에, 프랑스의 재건을 위해서는 그 지역이 절실히 필요하다고 강조했다. 영국과 미국은 이 제안을 거부했고, 프랑스가 노골적인 약탈을 감행한다면서 진저리를 냈다.

독일의 동부 국경선도 논쟁의 초점으로 등장했다. 이번의 문제는 오랫동안 지속되어온 유럽의 관심사항인 폴란드의 부활과 얽혀 있었다. 1815년의 비엔나 회의의 결과로 러시아와 프로이센, 오스트리아에 의한 폴란드의 분할 통치는 백 년여 간 지도상에서 지워져 있었지만, 폴란드의 문화와 정체성은 고스란히 남아있었고, 열렬한 애국지사들이 재독립의 꿈을 불태워왔었다. 드디어 유럽국가의 일원으로 당당히 독립할 수 있는 기회가 찾아왔고, 그 동안 외국의 지배 하에서 살아왔던 3천만 폴란드인들의 자유가 보장되는 순간이었다.

윌슨은 연맹 14개 원칙에 폴란드의 독립을 포함시켰고, 프랑스는 독일 동쪽 국경지대에 독일에 대한 강력한 견제세력의 등장을 반갑게 맞아들일 채비가 되어 있었다. 로이드 조지는 훗날 "프랑스 외교정책은 항상 변함없이 하나의 목적에 의해서 좌우되어 왔다. 그들은 독일의 약화와 독일의 반대세력의 강화에만 신경을 곤두세워왔다"고 말했다.

중부와 동부 유럽의 대부분의 지역은 경계선도 없이 소수민족들의 혼합지역으로 구성되어 있었다. 그 지역은 대부분 평야지대였기 때문에 자연적으로 형성된 경계선도 없었다. 폴란드는 대표단들에게 러시아와 독일, 체코슬로바키아의 광대한 지역까지의 확장을 예상하는 폴란드의 입장을 전하라고 지시해 모든 사람들을 놀라게 했다. 이를 두고 로이드 조지는 "폴란드는 중부 유럽의 우아한 여왕의 자태를 뽐내고 싶어 한다"면서 비꼬았다. 폴란드 대표들은 윌슨의 '민족자결원칙'도 무시하면서, 갈리시아Galicia와 우크라이나의 대부분, 리투아니아, 러시아 일부를 요구했다. 윌슨은 뒷날 10인 협의회에서 이에 관한 일화를 들려주었다. "내가 워싱턴에서 폴란드 대표들을 만나 그들이 원하는 폴란드의 경계를 그려보라고 했을 때, 그들은 지구의 거의 대부분을 요구하는 지도를 그려서 가져왔다."

폴란드를 바다와 연결시키는 방안은 특별한 의미가 있었다. 폴란드 수출품의 90%가 해상을 이용해서 수출되고 있었다. 폴란드가 발트해와 연경되는 유일한 통로는 단치히Danzig였다. 그 도시는 폴란드인이 지배하는 항구도시였고, 주변은 독일인들이 살고 있는 지역들로 둘러싸인 상태였다. 단치히에서도 독일지방을 깊숙히 가로질러 2백만 명에 이르는 독일어 사용 인구를 수용하고 있는 폴란드 영토를 거쳐서 수송하는 것이 유일한 방법이었다.

월슨 대통령은 3월 14일에 돌아왔다. 그의 부재중에 합의된 사항은 아무것도 없었지만, 그는 그 동안의 논의가 14개 원칙에서 멀리 벗어난 것을 알고는 큰 충격을 받았다. 그리고 독일에 대한 배상요구, 가칭 라인공화국의 탄생가능성에 대한 검토와 기타 약속들에 대해서 양보한 하우스에 배신감을 느낄 정도였다. 윌슨은 이때의 충격을 아내에게 보낸 편지에 썼다. "하우스는 내가 파리를 떠나기 전에 이루어 놓았던 것들을 전부 양보해 버렸어. 그는 모든 것에 양보를 했기 때문에 나는 원점에서 다시 시작해야 할 형편이라오."

윌슨이 돌아오고 토론 방식도 새롭게 바뀌면서 의사진행 속도도 빨라졌다. 다양한 안건들이 복잡하고도 예민한 문제를 동반하는 경우에는 10인 협의회에서도 쉽게 결정을 내릴 수 없었다. 어떤 때는 회의실에 50명이 넘는 인원들로 북적거렸고, 비밀이 새어나갈 우려 때문에 공개적이고도 솔직한 대화를 하기가 어려웠다. 영국 대표단의 한 사람인 해럴드 니콜슨Harold Nicolson은 그의 아버지에게 보낸 편지에서 다음과 같이 썼다. "회의는 여전히 악화되고 있습니다. 10인 협의회는 그들에게 넘겨지는 안건들 때문에 마비될 지경입니다"

윌슨과 클레망소, 로이드 조지, 오를란도는 외무장관들을 배제한 채, 그들이 직접 회동하는 4인 협의회를 구성하기로 합의했다. 일본은 수상이 대표로 참가하지 않았기 때문에 제외되었고, 극동에 관련된 사항이 논의될 때 일본 외무장관이 참석하기로 양해되었다. 윈스턴 처칠Winston Churchill(그는 영국 각료의 일원으로 회의에 참석했었다)은 클레망소에게 보내는 서신에서 종종 "회의 진행이 너무 힘들다"고 털어놓았고, 윌슨이 돌아오자 "이제 활동준비를 해야 할 때"라면서 "드디어 기 싸움이 시작될 것"이라고 밝혔다. 미국의 입장은 처음보다 많이 약화되었다. 잠깐 워싱턴에 가 있는 동안 월슨은 국제연맹규약이 미 의회에서 비준을 얻으려면, 먼로 독트린의 원칙을 벗어나지 않게 새로운 수정안이 마련되어야 한다는 것을 느꼈다. 그러한 방향을 수정을 하려면, 당연히 그의 기본원칙의 상당 부분을 포기해야 한다는 것은 당연한 귀결이었다. 주변의 강요도 합의를 재촉하고 있었다. 무엇보다도 하우스조차도 합의는 빠를수록 좋다고 건의하고 있었다.

하우스는 월슨이 도착한 날, "이제 독일과의 평화협상에 전략을 다해야 할 때"라고 일기에 기록했다. 그렇지만 예상처럼 쉽지 않았다. 3월 20일, 월슨과 로이드 조지, 클레망소가 회동한 뒤, 하우스는 클레망소에게 회동 결과에 대해서 물어보았다. 그는 "한마디로 모든 것에 실망했다"고 답했다.

미국 대표단의 일원인 찰스 시모어Charles Seymour는 협상을 한 마디로 "미묘한 시각차이로 인한 신경전"으로 묘사했다. "협상에 격렬한 논쟁은 없었다. 다만 각국 대표들이 평화를 지속하기 위한 그들 나름의 특별한 방법들에 대한 보장 요구로 옥신각신 하고 있었다. 모든 나라들의 목표는 일치했다. 그것은 지난 4년간의 세계적 대참사를 다시는 되풀이하지 말자는 것이었다. 그들이 추구하는 안전장치들도 당연히 다를 수밖에 없었다. 나라마다 서로 다른 이해관계를 갖고 있기 때문이다."

3월 31일 마지막 주까지 협의는 험악한 분위기 속에서도 계속되었다.

로이드 조지와 클레망소 간에는 큰 의견 충돌이 있었다. 영국의 한 대표는 당시의 상황을 설명했다. "프랑스는 독일에 대한 보루로서 라인 강을 따라 국경을 정하자고 요구했고 우리는 반대했다."

3월 28일, 윌슨은 프랑스의 자르 지역에 대한 합병도 거절했다. 이에 대해 클레망소는 그것은 하찮은 문제라면서 계속해서 병합을 요구했다. 그러면서 장시간 논쟁이 오고 갔고 윌슨은 드디어 폭발했다. 윌슨은 클레망소에게 자신은 "휴전 직후까지만 해도 자르 지역에 관한 문제는 들어보지도 못했다"면서 화를 냈다. 그러자 클레망소는 윌슨이 독일 입장만 챙긴다면서 비난했다. 이에 윌슨은 "프랑스는 프랑스의 입장이 관철되지 않으면 우리에게 등을 돌릴 생각인가? 이대로 내가 본국으로 돌아가도 괜찮은가?"라고 물었다. 클레망소도 "그런 식으로 몰아붙이지 말라. 나는 내 방식대로 할 것이다"라고 말한 후 씩씩거리며 퇴장했다. 윌슨은 다음날 아침 미국 대표들을 소집해서 다음과 같이 당부했다.

> "여러분, 우리는 지금 어려운 처지에 몰려있고, 여러분들의 도움이 필요합니다. 프랑스는 라인 강의 왼쪽 둑 전부를 원하고 있습니다. 나는 클레망소에게 그 제의를 받아들일 수 없다고 거절했습니다. 그는 몹시 흥분하면서, 자르 지역의 양도를 요구했습니다. 나는 그럴 경우에는 30만 명의 독일인들이 그들의 의사와 관계없이 프랑스에 넘겨지는 것이기 때문에 동의할 수 없다고 거절했습니다. … 나는 클레망소를 다시 볼 수 있을지 모르겠습

니다. 오후 회의에 참석하는 것에 대해 생각해봐야겠습니다. 사
실 평화회의가 계속 될 수 있을지도 의문입니다."

클레망소의 기분은 많이 가라앉아 있었다. 그는 오후에 열린 회의에
참석하기는 했지만 계속 입을 다물고 있었다. 4월 첫째 주가 되자, 모든
안건들이 한꺼번에 위기에 봉착했다. 프랑스와 미국이 자르 지역과 라
인 강 지역 문제로 교착상태에 빠진 데 이어서, 프랑스는 독일이 30년
후에 배상금을 지급하도록 하자는 제안을 거부했다. 지금까지 미국과
보조를 맞춰왔던 영국도 이 제안에 대해서는 입장을 바꿔 프랑스와 함
께 반대했다. 하우스는 이제 합의는 물 건너갔다고 판단했다.

윌슨과 하우스의 인내도 한계에 이르렀다. 그들은 미국의 양보가 또
다른 양보를 불러일으킬 것을 걱정하고 있었다. 윌슨은 스페인 독감으
로 누워 있으면서도 보좌관들과 대책을 숙의했다. 그들은 양국 수상들
이 연맹의 14개 원칙을 지키면서 평화를 이루는 데 동의하지 않을 경
우, 미국이 협상에서 철수하기로 의견을 모았다.

하우스는 4월 6일 일요일 오후, "나는 빈번히 대통령의 침실을 들락
거리면서 보좌관들과의 협의 진행 상황들을 보고했다. 대통령에게 다
음 주말까지 아무 진전도 없을 경우, 미국은 평화 협정이라는 큰 틀에서
협상에 임하겠다는 입장을 밝히고, 연합국들이 미국의 입장에 동의하
지 않는다면 미국은 즉각 본국으로 돌아갈 것이며, 그들이 의안을 어떻
게 처리하든 전혀 관여하지 않겠다고 통고하자고 제의했다"고 일기에

기록했다. 다음날 아침, 윌슨은 조지워싱턴 호가 프랑스까지 오는 데 얼마나 시간이 걸리는지 알려달라고 타전했다.

클레망소와 로이드 조지는 윌슨이 떠나면 회의가 어떻게 되겠느냐며 떠나지 말 것을 간곡히 만류하면서 그들의 주장도 양보하겠다고 약속했다. 윌슨은 그들의 설득에도 마음이 내키지 않았지만, 그 동안 공들였던 연맹에 대한 기대와 열정 때문에 쉽게 발을 돌릴 수 없었다. 윌슨은 그들에게서 확실한 양보를 얻어내고 나서야 그날 오후에 열린 4인 협의회에 참석했고, 거의 모든 결정들은 윌슨의 희망대로 합의가 이루어졌다. 4인의 지도자들은 배상금액에 대해서는 그들이 선정한 대표들이 따로 모임을 갖고 결정하기로 하고, 이때 독일도 참가시켜 그들의 의견을 제시할 수 있는 기회를 주기로 합의했다.

하우스는 그들의 결정들이 미봉책에 불과하다는 것을 알고 있었다. 이러한 결정은 윌슨으로서는 무난한 결정일 수도 있었다. 그러나 독일에게는 백지수표에 금액은 적지 않고 서명한 꼴이 되었고, 앞으로도 많은 양보들을 해야 하는 계기가 되었다.

윌슨은 애초부터 자르 지역을 프랑스에 넘겨줄 의사가 없었고, 독일의 주권이 존중되어야 한다고 생각하고 있었다. 로이드 조지는 원래의 주장대로, 자르 지역을 프랑스에 양도하는 것보다는 룩셈브르크와 같은 중립국으로 만들자고 주장했다. 이에 대해 윌슨은 그 지역을 프랑스의 통제 하에 두는 것보다 독일의 주권행사를 15년간 중지시키고, 국제연맹이 선정한 위원회가 그 지역을 관리하도록 하고, 15년 뒤에는 국민투표로 그 지역의 운명을 결정하도록 하자는 안을 제시했다. 또 월슨은 라인 강 지역을 독일에서 분리시키는 입장에는 완강히 반대하고, 대신 향후 15년간 연합국 군대들이 라인 강 지역을 관리하도록 하자고 한 발 물러섰다. 그러나 프랑스가 기간을 35년으로 늘리자고 제안하자 얼굴을 찡그리며 못마땅해 했으나 결국에는 동의하고 말았다.

월슨과 로이드 조지는 라인 강 지역을 독일의 주권 하에 두는 것을 걱정하는 프랑스를 안심시키기 위해서, 프랑스가 미래에 독일의 공격을 받을 때는 영국과 미국이 함께 방어해주기로 약속했다. 이러한 약속과 독일의 무장해제, 연합국들의 라인 강 지배는 클레망소를 안심시켰다. 이러한 양보 끝에 월슨은 국제연맹 수정안의 합의를 이끌어낼 수 있었다.

월슨은 한 발 물러선 행보로 연맹 14개 원칙들을 포기했다는 격렬한 비난에 휩싸이게 되었다. "그는 국제연맹규약을 강한 추진력으로 창안해냈다. 그리고 이 규약을 '모세의 십계명'과 비유하면서 강한 실천 의지를 보여왔는데, 지금에 와서 하나하나씩 포기해버렸다." 영국 대표단의 한 사람이 일기에 남긴 글이었다.

월슨으로 하여금 유럽입장에 양보하도록 만든 데에는, 주변 여론도 한 몫 했다. 영국 대표의 한 사람의 관찰에 의하면 "월슨 대통령의 양보는 그의 완고한 성격 때문이었다. 그는 동료들이 제안한 사항들에 많은 실망을 했다. 측근들은 계속되는 불만이 그에게 얼마나 큰 고통을 남기는지 잘 알고 있었다. 그들이 의도한 바는 아니었겠지만 결과적으로 상황을 그런 쪽을 몰아가는 데 일조한 셈이었다.

조약안이 독일 측에 전달되기 전, 결정적인 위기가 발생했다. 이탈리아 대표들은 회의 폐회를 11시간 앞두고 그들이 전쟁 중에 체결한 런던 협정에서 약속한 아드리아 해의 영토들을 넘겨주지 않으면 이 평화조약에 서명하지 않겠다고 선언했다. 이탈리아는 아드리아 해의 중요 항구인 피우메Fiume를 요구했다. 그 항구는 런던 조약을 체결할 당시에는 크로아티아의 소유였다 이제 크로아티아는 새로 생긴 유고슬라비아로 흡수합병되었다. 그리고 피우메 항은 새로 탄생한 국가의 빈곤한 경제를 살리기 위해서는 없어서는 안 될 항구였다.

윌슨은 영국과 이탈리아 간의 조약은 미국의 전쟁참여 전에 이루어졌던 합의이기 때문에 런던 조약을 인정할 수 없다고 선언했다. 윌슨은 피우메 항을 이탈리아에 넘기기로 한 조항은 구시대의 정략적인 거래이자 약탈이므로, 앞으로 없어져야 할 유산이라고 주장하면서 불쾌해했다. 윌슨 대통령은 이탈리아가 요구를 관철시키려 한다면, 자신은 평화회의에서 철수하겠다고 위협했다. 이에 대해 이탈리아 대표들은 분개했다. 그들은 윌슨이 프랑스와 영국에 양보하는 것을 보면서, 이탈리아도 기꺼이 전리품을 나누어가질 권리가 있다고 생각했기 때문에, 자신들만 물을 먹었다면서 불쾌하게 생각했다. 이러한 사태를 보면서 소니노 남작은 "미국은 이미 프랑스와 영국에 줄만큼 주었다. 이에 대한 비판이 고개를 들면서 윌슨의 체면은 땅에 떨어졌고, 이탈리아를 볼모로 삼아 그의 위신을 세우려하고 있다"고 불만을 제기했다.

오를란도 이탈리아 수상도 모든 합의를 반대하면서, 이탈리아의 요구사항들이 반영되지 않는다면, 평화회의에서 철수하겠다고 으름장을 놓았다. 전 세계가 '이탈리아가 단순히 엄포를 놓는 것인지, 평화회의의 서명을 거부하고 본국으로 돌아갈 것인지'에 대해 주시했다. 이것은 포커게임과 다를 것이 없었다. 윌슨과 로이드 조지는 이탈리아가 독일 강화조약 서명식 때 참석하지 않으면, 독일에 대한 이탈리아의 배상청구권을 박탈하겠다고 경고했다. 이 경고를 받은 이탈리아 대표는 사색이 되어 돌아갔고, 독일 강화조약이 평화회의 총회에 제출되기 직전 이탈리아 대표들은 멋쩍은 표정을 지으면서 회의장에 참석했다.

5월 6일, 클레망소의 수석보좌관인 앙드레 타르디외Ander Tardieu가 공식회의에서 각국의 대표들에게 완성된 독일 강화조약의 요강을 낭독했다. 그때 독일 대표들은 보이지 않았다. 다음날 열린 간소하면서도 어색한 기념식에 독일대표들이 참석하여 강화조약 합의서를 공식적으로 접수했다. 독일 대표들은 강화조약이 완전히 타결될 때까지, 철조망이 쳐진 숙소에서 몇 주일동안 연금되어 있었다.

* * *

윌슨의 취지가 퇴색되면서, 평화조약은 '원한을 갚은 평화'라고 폄하되었다. 특히 처음 윌슨의 14개 원칙들에 일말의 희망을 걸었던 독일인들의 실망은 이만저만이 아니었다. 독일 대표인 브로크도르프 란차우

Ulrich von Brockdorff-Rantzau는 다음과 같이 불만을 토로했다. "이 두꺼운 서류들은 아무 쓸모도 없다. 그것들은 단 한 구절로 간단명료하게 표현된다. '독일은 모든 나라들을 다 만족시켜주었다.'"

독일의 반응을 기다리는 동안 연합국들은 의제를 오스트리아–헝가리 문제로 옮겼다. 오스트리아–헝가리 제국(그 제국은 중부 유럽의 대부분을 차지했고, 기원은 고대 로마제국으로까지 거슬러 올라간다)은 전쟁이 끝나면서 붕괴되었고, 제국 영토들은 무정부 상태에 있었다. 제국의 갑작스러운 종말은 수세기 동안 억눌려왔던 민족들의 독립에 대한 염원들을 이룰 수 있는 기회를 마련해주었고, 윌슨의 '민족자결원칙'은 이들 민족들을 고무시켰다. 미 국무장관 랜싱은 이들의 기대가 실망으로 변했을 때의 위기에 대해 우려했었다. "민족자결원칙'은 언제 터질지 모르는 화약과 같은 것이다. 그 말은 실현될 수 없는 기대만을 불러일으키게 될 것이다."

민족 감정의 발아는 파리에서 싹이 트고 무모한 기대들을 만개시켰다. 그리고 그 열매는 영토에 대한 야망들로 영글어졌다. 체코슬로바키아, 헝가리, 유고슬라비아, 폴란드, 세르비아와 수십여 개의 민족들이 국가로서의 지위를 인정받고 땅 한 뙈기라도 더 갖기 위해서 경쟁했다. 그러나 얼마 지나지 않아, 자신들이 복잡하게 얽혀있는 민족들의 덤불이라는 사실을 깨닫게 되었다.

약소국들과 새로이 태어나려는 신생 국가의 대표들은 그들이 점유하고 있는 영토에 대한 기원, 기득권과 그 근거들을 적은 탄원서들을 평화회의에 제출했다. 이 탄원서들은 해당 전문위원회에서 검토를 거친 후, 이들 대표들이 4인 협의회에서 그들의 입장을 개진할 수 있도록 기회를 마련해주었다. 이를 지켜본 영국 대표의 촌평은 당시의 상황을 잘 보여주고 있다.

 "약소국들은 그들이 당장 필요로 하는, 예상을 훨씬 초과하는 요구들이 담겨있는 사항들을 작성해왔다. 이들은 탄원서에 적혀 있는 내용들을 구두로 설명했다. 덥고 후덥지근한 방에 있는 늙은 정치인들은 피로로 인해 그들의 성명에 반박할 힘도 없이 그냥 앉아있기만 했다. … 약소국 대표들은 정치인들이 그들의 설명에 관심을 갖고 있는 것으로 착각해 더욱 열을 올리면서 설득했다. 그러나 그들은 소모적이고 불필요한 문제들을 거론하느라 헛고생만 하는 셈이었다."

 이러한 소모적인 논쟁들은 시간만 허비한다는 논의 끝에, 신속하고도 과감한 결단이 필요하다는 데 합의가 이루어졌다.

 5월 8일, 4개 연합국 외무장관들의 모임에서 중앙 및 남부 유럽의 문제가 도마 위에 올려졌다. 영국의 중부 유럽 전문가는 이에 대해 다음과 같은 소감을 내린 적인 있었다. "먼저 트란실바니아Transylvania 문제를 매듭지었고, 타르디외와 랜싱 간의 가벼운 언쟁 끝에, 헝가리는 그들의 남쪽 영토를 잃었다. 그 다음에는 체코슬로바키아 문제가 다루어졌고, 파리들이 열려있는 창문으로 윙윙 소리를 내면서 왔다 갔다 하는 사이에, 헝가리는 또 북쪽과 동쪽 영토를 체코슬로바키아에 빼앗겼다. 오스트리아와 마주하는 국경선은 지금까지도 유지되고 있다. 다음으로 유고슬로비아 국경이 의제로 올려졌는데, 별다른 충돌없이 합의되었고, 차를 마시면서 잡담도 오고갔다.

동맹국들은 오스트리아-헝가리 제국을 오스트리아, 헝가리, 체코슬로바키아, 루마니아와 유고슬로비아로 장작 패듯이 순식간에 쪼개었고, 오스트리아를 비엔나보다 조금 크지만 다른 나라들로 둘러싸인 외로운 육지 속의 섬으로 만들어버렸다. 헝가리는 이미 종전 이전에 오스트리아-헝가리 제국에서 떨어져 나왔는데도, 또 다시 영토의 3분의 2와 인구의 3분의 2를 빼앗겼다. 발칸지역에서는 세르비아와 크로아티아, 마케도니아, 보스니아-헤르체고비나, 슬로베니아를 통합해서 유고슬로비아 국가가 탄생되었다.

프랑스는 체코슬로바키아를 중부 유럽에서 독일을 견제할 수 있는 국가로 보았다. 로이드 조지 수상은 "우리들은 국가의 자유를 위해서 싸웠다. 그러나 체코슬로바키아, 폴란드와 같은 나라들을 위해 싸운 것은 아니다. 많은 국가들이 이탈리아, 프랑스, 영국과 미국의 피의 대가로 자유를 얻었다. 그런데 지금 우리는 그들이 다른 나라의 영토로 합병되는 것을 보고만 있으며, 심지어는 수세기 동안 견뎌온 전제국가들에 넘겨지는 것을 지켜보고 있다"면서 불편한 심기를 드러내었다. 오스트리아-헝가리 문제는 5월 12일에 마무리되었다.

* * *

　5월 29일, 환멸을 느낀 독일 대표들은 파리로 돌아와 그들의 반대의
견서를 제출했다. 그러나 그들의 항의는 무시되었다. 특히 윌슨은 독일
의 불만을 대수롭지 않다는 듯이 처리했다. "대답 자체가 중요하지 않
다. 그들의 말은 들을 가치도 없다."

　로이드 조지는 독일의 반응을 눈여겨보았다. 그는 동맹국들의 처사
가 너무 가혹할 경우, 독일이 서명을 거부할지도 모른다고 우려했다.
로이드 조지는 주요 조항들을 재검토하기 시작했다. 라인 강 지역의 점
령기한을 줄이고, 독일을 즉시 국제연맹에 가입시키며, 배상금 요구도
재조정하는 방안을 연합국들에 설득하기 시작했다. 그러나 클레망소는
이미 충분히 검토했던 사항이라는 반응을 보였고, 윌슨의 반응은 차갑
기만 했다.

　윌슨은 이에 대해 미국 대표들에게 말했다. "나는 이런 제안들 때문
에 피곤하다. 많은 사람들이 찾아와서 독일이 서명하지 않으면 어떻게
하느냐고 걱정한다. 그러나 이러한 걱정은 그들이 조약을 작성할 때 충
분히 고려하고 반영되었다." 그 동안 로이드 조지가 노력 끝에 얻은 결
과는 단 하나, 상부 실레지아Upper Silesia(옛 프로이센 남부지방)의 영토를
독일의 영토로 할 것이냐, 폴란드의 영토로 할 것이냐의 결정은 국민투
표로 결정하자는 안건 뿐이었다.

6월 16일, 독일 대표들이 조약안에 대한 수용여부를 결정하는 시한을 3일 연장해 6월 23일까지로 못 박는다고 그들에게 통보했다. 독일의 대표들은 그날 밤 독일로 돌아갔다. 독일 대표들은 조약 수용을 거부했다.

동맹국들도 나름대로의 대비책을 만들기 시작했다. 클레망소는 4인 협의회에서 말했다. "독일이 서명을 거부한다면, 그들이 서명할 때까지 격렬하면서도 지속적인 군사공격을 감행해야 한다." 윌슨과 로이드 조지도 이에 동의했고, 연합군 최고사령부는 독일의 심장부를 공격할 42개 사단에 군사공격 태세를 취하라는 명령을 하달했다.

6월 20일, 조약의 수용여부를 두고 갈등이 고조되자, 독일 정부는 총사퇴했고, 브로크도르프 란차우 수석 대표도 사의를 표명하고 낙향해 버렸다.

독일의 수용여부에 대한 마감시한은 6월 23일 저녁 7시였다. 독일 대통령 프리드리히 에베르트Friedrich Ebert는 6월 22일 부랴부랴 새로운 정부를 구성했다. 독일 국회가 찬성투표를 가결시켰을 때는 시한이 얼마 남지 않을 때였다. 파리에 있는 정치인들은 숨을 죽이고 독일의 결정소식을 기다리고 있었다.

저녁 5시 40분, 독일의 답변이 도착했다. 서명식은 6월 28일 거행되었다. 그날은 날씨도 화창했고 포근한 날씨였다. 독일 대표는 신임외무장관인 헤르만 뮐러Herman Muller와 교통부장관인 요하네스 벨Johannes Bell이었다. 조약식이 끝난 날 밤, 윌슨은 미국으로 출발했다. 미국 대표들이 본국으로 돌아갈 때, 대표들의 얼굴들에는 그늘이 드리워져 있었다. 미 국무장관 랜싱은 그의 비망록에 이렇게 썼다.

"어제 평화조약안이 독일의 전권 대표들에게 전달된 뒤, 체결된 조약안을 검토하면서, 배상금에 대한 열띤 토론이 있었다. 그때 받은 인상은 실망과 후회, 그리고 절망뿐이었다. 조약안의 규정들은 너무 가혹하고, 굴욕적이었을 뿐 아니라, 대부분의 조항들이 이루어질 수 없는 것들이었다. 조약에 의해 탄생된 국제연맹은 엉성한 기구들에 의존하고 있었다. 이러한 기구들은 강대국들의 이해관계를 반영한 타협의 산물이었고, 비록 취지는 전쟁의 씨앗을 제거하기 위해서 만들어졌지만, 많은 규정들에는 이미 분쟁의 씨앗들이 심어져 있어 어떠한 환경에서도 열매를 맺을 수 있을 것이다. 국제연맹은 열대지방의 정글에서 식물의 성장을 저지시키려고 바둥거리는 그런 기구가 될 것이다."

랜싱은 또 봄이 온 뒤에는 머지않아 여름이 오듯이, 또 다른 전쟁의 열풍이 뒤를 이을 것이라고 예고했다. 프랑스의 포슈 원수도 같은 의견을 말했다. "이것은 평화가 아니다. 이것은 20년 동안의 휴전일 뿐이다" 그의 예측은 5일의 오차만 있었을 뿐이다.

월슨 대통령이 워싱턴에 도착했을 때, 상원의원들은 이미 그에게 등을 돌린 상태였다. 월슨은 미국의 대표선정에 공화당 인사를 한 명도 포함시키지 않았고, 이 때문에 공화당으로부터 분노를 샀다.

의원들은 연맹규약 제10조에 반대하고 나섰다. 많은 상원의원들은 회원국이 침략당할 경우, 모든 회원국들이 지원해야 한다는 규정이 미 의회의 전쟁선포에 관한 헌법상 보장된 권리를 침해하는 것이라면서 이의를 제기하고 나섰다. 조약 비준안은 자신의 의견에 동의하지 않는 사람들을 상대로 구차하게 설득하지 않겠다는 윌슨의 고집 때문에, 상원의원 3분의 2의 동의를 얻는 데 실패했다. 결국 미국은 독일과 오스트리아, 헝가리에 대해 별도의 평화조약을 체결했고, 국제연맹의 가입도 좌절되면서 국제연맹은 탄생부터 부모로부터 버림받은 기구가 되었다. 중국도 일본에 산둥 반도의 양도를 허락한 조항에 분노하면서, 조약에 서명하지 않았다. 중국은 1919년 9월, 독일과 별도의 강화조약을 체결했다.

파리 회의의 기구는 1920년 4월까지 업무를 계속했다. 그러나 중요한 안건들은 해결된 상태였고 각국의 주요 인사들도 귀국하면서, 비교적 하위급 직원들만 남아서 잔무를 처리하고 있었다. 독일과의 강화조약은 천 페이지나 되는 분량이었고 조항만 해도 440조에 달했다.

독일은 전쟁 원인국으로서 책임을 지도록 강제되었고, 영토의 13%를 빼앗기면서 인구의 10%에 이르는 7백만 명을 잃었으며, 탄광의 16%, 철과 강철생산량의 절반을 생산하는 광산들을 빼앗겼다. 독일의 식민지와 상선들도 몰수되었고, 폴란드가 독립하면서 동프로이센은 독일과

격리되었다.

그러나 독일에 대한 무장해제 방침은 얼마 지나지 않아 해지되었고, 전쟁 배상금도 정확히 정산되기도 전에 대폭 삭감되었다. 배상금액은 50억 파운드를 넘지 않았고, 그것마저도 연합국들의 차관으로 충당되었다. 연합국들은 배상금에서 실질적인 도움도 얻지 못했고, 오히려 독일 강경론자들이 이것을 빌미로 독일국민들의 민족감정에 호소하며 세를 확산하는 기회로 활용하면서 연합국들에게 당혹감만 안겨주었다.

1921년, 배상금 산정위원회는 최종금액을 1,320억 마르크(66억 파운드, 330억 달러)로 결정했다. 그러나 독일이 실제 지불한 돈은 220억 마르크에 불과했고, 1932년에는 지불을 중단했다. 파리 평화회의 때 구획된 유럽의 국경선들은 지금도 그대로 유지되고 있다. 폴란드는 인구 3천만 명의 주권국가로 재통일되었고, 갈리시아 지역에 대한 25년간의 위임통치권도 부여받았다. 단치히도 국제연맹 관할의 자유도시로 탄생되었다. 폴란드는 또 독일로부터 상부 실레지아와 폴란드 회랑Polish Corridor에서 발트 해로 연결되는 통로를 개척하는 데 필요한 포젠Posen지역 일대를 할양받았다. 오스트리아의 새 영토는 이전의 영토에 비하면 4분의 1로 줄었으며, 인구도 5분의 1로 줄었다. 또 군사적으로 3만 명의 지원병과 3척의 해양순시선만 보유할 수 있도록 제한받았다.

반면 체코슬로바키아는 넓은 영토를 확보하면서 새로운 독립국이 되었다. 그 영토에는 체코와 폴란드가 서로 군침을 흘렸던 석탄이 풍부한 테쉔Teschen과 보헤미아 지역의 대부분이 포함되어 있었다. 체코슬로바키아의 땅은 척박하기로도 유명했지만, 또 하나 골치 아픈 문제는 1,500만 명의 인구 가운데 3분의 1이 체코인도 슬로바키아인도 아닌 이민 독일인들이었다는 점이었다. 불가리아도 전쟁 때 독일 측의 동맹국이라는 이유로 4개의 국경지역을 유고슬라비아에 넘겨주었다. 또 배상금도 할당되었는데 그 금액은 불가리아의 국부와 맞먹는 금액이었다. 헝가리는 루마니아에 영토의 일부를 넘겨주었고, 인구의 4분의 1에 해당하는 3백만 명도 함께 딸려 보냈다. "전쟁은 정치의 연장이다"라고 한 유럽의 정치학자의 말대로, 잘못된 선택이 얼마나 참혹한 결과를 가져오는지를 극명히 보여주는 교훈이었다.

* * *

파리 평화회의에서 연합국들 사이에서 거론되었던 오스만 제국의 처리문제는 1920년 4월에 산레모회의San Remo Conference에서 결정되었다. 이 결정에 따라서 아르메니아Armenia는 독립했고, 그리스와 이탈리아는 지중해 연안의 소아시아Asia Minor의 대부분을 자치했지만, 곧이어 아타튀르크Ataturk에 의해 일어난 터키의 민중봉기로 그들의 꿈은 실현되지 못했다.

중동지역의 문제들은 전시에 프랑스와 영국 간에 맺어진 비밀 합의대로 대부분 처리되었다. 아라비아반도의 사람들이 거의 살고 있지 않은 사막지대는 독립이 이루어졌다. 그러나 나머지 지역은 프랑스와 영국이 사이좋게 나누어가졌다.

영국은 팔레스타인과 지금의 이라크에 있는 메소포타미아 지역을 보호령으로 만들었고, 그곳에 매장된 석유 자원들은 프랑스와 동등하게 배분하도록 규정되었다. 시리아와 레바논은 프랑스의 보호령으로 남겨졌다.

이때의 결정으로 만들어진 지도가 지금의 사우디아라비아, 시리아, 이라크, 팔레스타인, 레바논과 요르단으로 계속 이어져왔고, 지금까지 수십 년 동안 이 지역에 갈등과 긴장을 지속시키고 있다. 유럽에서도 파리 평화회의는 또 다른 대규모의 전쟁을 예방한다는 원래의 취지를 퇴색시켜버렸다.

헨리 키신저Henry Kissinger가 관찰한 것처럼 "미국의 이상과 프랑스의 공포가 조합되면서, 인간의 창의력은 말살" 되었다. 평화조약은 쓸모없는 것이 되었고, 주요 당사국들에게도 만족을 주기는커녕, 대륙 간에 분쟁의 씨앗만 심어준 셈이 되었다.

독일은 철저히 소외되고, 약화되고, 분노하고, 좌절했지만 결국에는 살아남았다. 독일을 경계하도록 세워진 주변 국가들은 원래의 사명도 잊고, 서로 싸우고 이합집산을 거듭하는 허약하고 쓸모없는 무리들에 불과했다. 늘 독일로부터 유린당하고, 위협 받아왔던 프랑스도 불안하기는 예나 지금이나 마찬가지였다. 이탈리아의 야망도 시들해졌다. 영국 정부도 국민들에게 독일로부터 배상금을 잔뜩 안겨주겠다고 한 공약을 지키지 못하게 되면서 국민들로부터 외면을 당하게 되었다. 미국은 새로운 국제질서의 창출이라는 14개 원칙을 관철시키지 못했다. 국제연맹은 산파역할을 했던 미국이 빠지면서, 어둠속에서 빛만 깜박거리다가 제2차 세계대전 후 소생해서 지금의 유엔(UN)으로 탈바꿈했다.

이러한 와중에서도 일부 국가들은 많은 전리품들을 노획했다. 프랑스는 알자스로렌Alsace-Lorraine 지역은 물론이고, 시리아와 레바논에 대한 통치권도 획득했고, 자르 탄광지역을 15년 동안 사용할 수 있게 되었으며, 메소포타미아 지역의 석유의 절반을 소유할 수 있는 권리를 얻게 되었다. 영국도 독일의 해외 식민지들과 이라크와 팔레스타인 지역을 확보하면서 백만 제곱 마일의 영토와 8천만 명의 인구를 새로 맞아들였다.

파리에서 노력한 보람도 없이 비판을 받게 되자, 마음이 상한 윌슨 대통령은 상심에 빠져들었다. 워싱턴으로 돌아온 지 2주일도 안 되어 그의 정신과 육체는 시들기 시작했다. 그는 계속되는 심장 통증으로 몸져눕게 되었고, 몇 년간 병으로 고생하다가 1924년에 운명했다. 그때 그의 나이 67세였다. 한 가닥 위안은 1919년 노벨평화상을 수상했다는 점이었다.

로이드 조지는 수십 년 동안 영국 정계에서 영향력을 행사하다가 1945년 82세의 나이로 운명했다. 클레망소는 1920년까지 프랑스 수상으로 재직하다가 대통령 선거에 출마했지만, 파리 평화회의에서 너무 많이 양보했다는 국민들의 비판을 받으며 고배를 마셨다. 로이드 조지는 "프랑스 국민들은 클레망소가 연합국의 전쟁 승리로 하늘이 만들어 준 기회에 라인 강에 대한 오랜 염원을 실현시키지 못했다고 판단해서 그를 용서하지 않았다"고 선거의 패인을 분석했다. 클레망소는 1929년 11월 24일 노환으로 사망했다.

아돌프 히틀러의 권력 장악은, 파리 평화회의 때 독일인들의 가슴에 부당함과 굴욕감을 안겨주면서 미리 예견되었다. 히틀러는 독일인들이 이전에 빼앗겼던 영토들에 대한 미련과 갈망을 계속해서 간직해왔다는 것을 헤아리고 있었다. 그는 독일 주변에 포진한 국가들에 산재해 있던 소수 독일인들을 세력 확장의 디딤돌로 활용하기 위한 작업을 시작했다. 파리회담 때 영국 대표들이 묵었던 마제스틱 호텔은 ─역사의 농간이라고 하더라도─ 21년이 지난 후, 독일 파리점령군 사령부로 징발되어 사용되었다. 영국 수상 로이드 조지의 말을 인용하면서 이 장의 결론을 대신한다.

"국가들이 국민들의 힘을 총동원하고, 그들이 지쳐 피를 흘리고 국토가 유린되는 상황에서 평화를 대충 땜질하는 것은 어렵지 않다. 그러나 그러한 평화는 전쟁의 공포를 몸소 겪었던 세대들이 살아있을 때에만 가능하다. 전쟁의 고통과 공포에 대해 아무것도 모르는 세대들은 오직 영웅과 승리만을 기대하고 또 찬양한다. 그래서 세대가 바뀌어갈수록 평화를 유지하기는 더욱 어렵다. 영웅과 승리만을 추구할수록 사회적 갈등과 국가간의 대립은 더욱 깊어지기 때문이다."

This Government has been informed that a Jewish state has been proclaimed in Palestine, and recognition has been requested by the *provisional* Government thereof.

The United States recognizes the provisional government as the de facto authority of the new ~~Jewish~~ *State of* ~~state.~~ *Israel.*

Harry Truman

Approved.
May 14, 1948.

6.11

해리 트루먼 대통령이 이스라엘의 승인을 확인하는 서명이 담긴 문서(미 연방 공문서보관소)

제6장

이집트-이스라엘 휴전협정
1949

파리 평화회의의 결정대로 팔레스타인에 대한 영국의 위임통치를 1948년 5월 14일자로 끝내, 팔레스타인을 유태인들이 거주하는 지역과 아랍인들이 거주하는 지역으로 분리하자는 UN 중재안에 대한 협상이 실패하자, 이스라엘은 독립을 선포하고 이집트의 주도 하에 있는 인근 아랍국들을 공격했다. 치열한 전투 끝에 양측에서 많은 희생자들이 발생하자, UN은 4주간의 휴전을 중재했다. 7월 11일 전투가 다시 재개되자, 유엔안전보장이사회는 전쟁의 확산을 막기 위해, 7월 18일 2차 휴전을 권고했다. 이에 따라 UN은 스웨덴 출신의 외교관인 폴세 베르나도테Folk Bernadotte를 중재자로 임명하여, 그 지역으로 파견시켜 휴전을 중재하고 협상을 위한 작업을 벌이도록 조치했다. 베르나도테는 양쪽 진영을 오가면서 필사적으로 노력했고, 9월 중순경 그 결과를 유엔사무총장에게 보고했다.

"카이로에 도착한 후부터 양측 사이에 평화협상에 대한 공감
대를 찾기 위해 쉬지 않고 노력했지만, 아무 성과도 없었습니다.
심지어 양국대표들은 내 사무실에서 함께 만나자는 제의도 무시
했습니다. 나는 그 동안 그들의 입장, 요구와 논쟁들을 조심스럽
게 검토해보았고 … 그런 뒤 몇 가지 제안들도 생각해보았습니
다. … 그들에게 구두로 또는 서면으로 … 양국에 회담의 필요성
을 강조하여 여러 번 설득했지만 지금까지도 양국에서 어떤 동
의도 얻지 못했습니다."

그는 이 보고서를 전송한 다음 날, 예루살렘에서 암살되었다.

10월 중순, 이스라엘은 요아브 작전을 재개해 남쪽에 집중적인 공격
을 가한 뒤, 이집트의 전선들을 파괴시켰다. 일주일도 채 안 되어 이스
라엘군은 네게브 사막Negev desert과 가자지구Gaza Strip를 제외한 팔레스
타인의 남부지역을 점령한 데 이어, 알팔루자Al-Faluja에 주둔하고 있는
이집트의 정예사단을 포위했다. 이와 동시에 이스라엘은 북쪽으로 진
격하여 갈릴리Galilee 지역도 점령했다. 유엔안전보장이사회는 11월에
회의를 열어 즉시 전투를 중지할 것을 촉구하는 성명서를 발표하고 양
측에 대해서 즉각 휴전협상을 개시할 것을 촉구했다. 그러나 이집트와
이스라엘 모두 이를 거부했다.

12월 10일, 이집트는 알팔루자에 있는 사단을 구해내고 네게브사막을 재탈환하기 위해 공격을 개시했다. 그러나 이스라엘의 반격은 무기가 열악한 이집트군을 격퇴시켰고 그들을 시나이 반도Slinai Peninsula 쪽으로 몰아냈다. 1949년 1월 6일, 1만 명 이상의 사망자와 50만 명에 달하는 피난민들의 대열이 줄을 이루고, UN과 영국, 미국의 결정적인 압력을 받고서야 양측은 UN 주재하의 휴전 협상에 응하기로 동의했다. 이스라엘군의 결정적인 승리는 상대편 군사들에게 회복불능 상태로까지 타격을 주었고, 처음보다 더 많은 지역을 통제하게 되었다. 이는 아무도 예상하지 못한 결과였다. UN의 후원아래 탄생한 신생국가의 군사적 승리는 외교협상을 할 때, 유리한 입장에 설 수가 있었다. 그러나 이스라엘도 많은 것을 잃었고, 또 정치적으로도 취약했다. UN의 전투중지 통고가 있은 후 획득한 새로운 영토들은 그 정통성이 인정되지 않았다. 만약 UN이 영토의 인정을 보류하거나 제재를 가할 경우에는 강대국들은 UN과 보조를 맞추어야 하며, 그렇게 될 경우에는 이스라엘은 국제적으로 고립되고, 작은 국가로서 빈곤하고 연약한 신생국가로 남게 될 운명이었다.

* * *

이집트도 엄청난 타격을 받은 것은 물론이었다. 군사적 패배로 많은 사상자들을 내었고, 아랍연합은 와해되어 서로 불신과 대립의 소용돌이 속으로 빠져들었다.

  미국도 이집트에 대해 공식적인 휴전협상에 나서도록 압력을 넣고 있었다. 특히 영국은 전쟁으로 수에즈 운하의 안전도 위태로워질 수 있다는 이유로 군대를 파견하겠다고 통고하면서 이집트를 압박하고 있었다. 이집트도 전쟁으로 상실한 영토들을 다시 찾기 위해서는 협상을 통해서 돌려받거나 UN의 결정에 따르는 수밖에 없다는 사실을 잘 알고 있었다. 그러나 무엇보다도 이집트를 협상테이블로 불러오도록 한 요인은 알팔루자에서 이스라엘군에 의해 고립된 2천 7백 명에 이르는 이집트군의 운명 때문이었다. 그 사단은 완전히 포위되어 보급품 투입도 불가능해 거의 식량이 바닥난 상태였다. 이집트인들이 이스라엘과의 협상을 원하지 않는다 해도, 알팔루자 문제는 시급히 처리되어야 할 사안이었다. 그리고 이 문제는 이스라엘과의 휴전협상을 좌우할 수 있을 정도의 큰 비중을 차지하는 사안이었다. 물론 이집트로서는 현 상태에서 휴전협상을 하는 것은 불리한 입장이었다.

  이집트는 지금까지 이스라엘을 인정하기는커녕 아예 무시해왔다. 이집트는 UN 주재하의 이스라엘과 일대일 협상을 벌이는 것 자체가 소위 "이스라엘 국가"를 인정하는 결과를 가져온다는 점에 대해서 우려하고 있었다. 이집트 지도자들은 가끔 공개적으로 이스라엘을 인정할 바에는 차라리 죽음을 택하겠노라고 발언해왔었다. 협상이 진행될 경우에는 이 발언들을 문제삼아 암살될 가능성도 배제할 수 없었다.

  3년 전에 창설된 UN의 입장에서도, 이번의 휴전협상은 조직의 사활이 걸린 문제였다. 이번 휴전협정은 UN이 전쟁과 평화에 관한 사안을 처음으로 다루는 중요한 기회였고, 전 세계도 UN이 성공적인 결과를 이끌어낼 수 있을지, 국제연맹의 전철을 밟아 아무 쓸모 없는 기구로 전락하게 될지에 대해서 지켜보고 있었다. 휴전협상은 적대행위가 중단되면서 두 개의 사항들을 처리하게 되었다. 하나는 군사적인 문제로 이스라엘군의 철수와 힘의 균형에 관한 문제였고, 또 하나는 정치적 문제로 영토의 경계선과 항구적인 평화를 이루는 방안에 관한 것이었다. 이집트 대표단은 10명으로 구성되었다. 수석대표는 세이프 엘 다인Seif El Dine 대령이었고 그 외의 대표로는 압둘 무스타파Abdul Mustata 박사와 엘 라마니El Rahmany 중령, 파루크 이집트 왕의 사촌이자 매부인 이스마일 세린Ismail Sherine 중령이 포함되어 있었다. 이스라엘 측도 수석대표인 39살의 외교관 월터 에이탄Walter Eytan, 다비드 벤그리온David Ben-Gurion 총리의 외교보좌관 엘리아스 사순Elias Sasson, 군 대표 이가엘 야딘Yigael Yadin 대령을 비롯해 똑같이 10명으로 구성되었다.

이 협상은 UN에서 파견한 랠프 번치Ralph Bunche가 주재하기로 결정되었다. 그는 이런 어려운 협상을 이끌어가는 데 가장 적합한 인물로 평가되고 있었다. 어릴 때부터 고아였던 그는 수양할머니 '나나Nana Jonson'와 함께 로스엔젤리스 빈민가에서 성장했다. 그의 수양할머니는 노예출신이면서도 그에게는 정신적 지주 역할을 했다. 그는 어린 시절을 할머니와 함께 어렵게 생활했기 때문에, 어린 시절에 대한 즐거운 추억은 별로 없었다. 그렇지만 이때의 어려움이 그로 하여금 관용이 얼마나 소중한 것인지를 깨닫게 했다.

"어린 시절은 정말 비참했다. 니그로Negro라는 존재가 어떤 것인가를 뼈저리게 배우고 있었다. 그렇지만 담담히 받아들이려고 노력했다. '나나' 할머니는 항상 악의 없이 싸우라고 가르쳤다. 그녀는 항상 인간의 존엄을 위해, 자신의 권리를 위해 당당하게 맞서 싸우라고 당부하면서도, 어느 누구에게도 증오는 갖지 말라고 강조했다. 이러한 증오는 성격을 비뚤어지게 만들뿐이라면서 … 또 그녀는 진정으로 강한 자존심은 어떤 극단적인 상황에서도 너그럽게 포용할 수 있어야 한다고 가르치며 이해와 용서를 강조했다. 자신에게는 엄격하면서도, 남에게는 사랑과 배풂을 행하라고도 했다. 항상 자신과 세상에 대해 정직하고 솔직해야 하며, 자신이 옳다고 생각하는 것은 양보하지 말라고 당부했다. 싸움을 걸지 말되, 네 자신의 소신에 비추어 정당하다고 생각하면 물러서지 말라고도 했다."

번치는 항상 할머니 말대로 행동했고, 카펫을 까는 아르바이트를 하면서 고등학교를 졸업했다. LA에 있는 캘리포니아대학교(UCLA)에 입학해서는 잡역부로 일하면서 생계를 이어갔다. 대학 시절에는 육상선수로 두각을 나타내었고, 4년 후, 수석으로 졸업했다.

그의 졸업식 날, LA 혹인공동체사회는 그가 하버드에서 석·박사과정을 마치는 데 조금이라도 도움을 주기 위해 모금한 천 달러를 그에게 전달하면서 격려했다. 1939년 그는 하버드에서 흑인으로서는 처음으로 정치학 박사 학위를 취득했다. 제2차 세계대전이 발발하자, 번치는 CIA의 전신인 전략정보국 OSS에서 아프리카 담당국장으로 근무하면서 연합군의 북아프리카 상륙작전을 돕는 중요한 역할을 했다. 전쟁이 끝나자, 그는 흑인으로서는 처음으로 미

랠프 번치 (미 의회도서관)

국무성에 들어가서 식민지국의 국장이 되었다.

1945년 4월, 미 정부는 그를 샌프란시스코로 파견해 UN 창설을 도와주는 역을 맡겼고, 그는 UN 헌장을 작성하는 데 중요한 역할을 했다. 그 후 UN에 합류해 식민지와 신탁통치에 관한 전문가로 활동하다가, 얼마 뒤 팔레스타인 담당 수석 보좌관으로 발탁되어 활동했다. 그 후 친구이자 동료였던 베르나도테가 암살되자 UN 중재자로 임명되었다.

UN의 간부들은 그가 협상을 중재하기 위해 현지로 출발하기 전, "이번의 협상 결과는 중동의 미래뿐만 아니라, UN의 미래도 결정되는 중요한 회담"이라는 점을 강조했다.

양측 대표들은 12월 12일, 로도스Rhodes 섬에 도착했다. 터키 해안에서 가까운 곳에 있는 고대 그리스의 섬이었던 로도스는 중립적 성향이었고, 호젓하면서도 카이로나 텔아비브Te l Aviv와 가까운 거리에 있었다. 대표들은 아름다운 건축물로 유명한 웅장한 로즈 호텔Hotel des Roses에 여장을 풀었다. 그 호텔은 외관과는 달리 객실에 난방시설도 제대로 갖추어 있지 않았고 음식도 영 시원치 않았다. 번치와 그의 참모들은 호텔의 한쪽에 있는 부속건물에 사무실과 숙소를 마련했고, 반대편에 있는 다른 건물에는 이집트와 이스라엘 대표들이 사용하도록 안배했다. 이스라엘은 1층을 사용했고, 이집트는 당연히 2층을 사용하게 되었다. 그것은 정말 절묘한 배치였다. 양측의 모든 협상관련자들은 한 지붕 아래서 거주하면서도 각자의 사생활을 보장할 수 있었다.

양측 대표들은 다음 날 번치의 거실에서 만났고, 번치는 다음과 같이 말을 시작했다.

"나는 그 동안 수많은 핑계와 지역전술, 방해물과 교착상태에 관해서 생각해보았습니다. 이번 협상은 세계가 주시하고 있습니다. 나는 이번 협상에서 형식에 너무 구애받아 세세한 것에 연연하거나, 서로 비난하는 일이 없기를 바랍니다. 많은 사람들이 우리를 지켜보고 있고, 그들은 티끌하나도 놓치지 않을 것입니다. 많은 사람들의 삶은 물론이고 중동의 평화도 여러분들의 협상 결과에 좌우된다는 사실을 명심해주셨으면 합니다. 여러분들은 실패를 자조해서는 안 되며, 꼭 결과를 이루어내야 합니다. 나는 여러분들이 꼭 해낼 것이라고 확신하고 있습니다."

이어서 번치는 대표들에게 협상을 원만하게 이끌어나가겠다는 기본적인 양해각서를 전달했고, 그들은 다음날 만나서 합의여부를 결정하겠다고 약속했다. 그 각서에는 "무력 사용을 반대하는 안전보장이사회의 권고를 성실히 존중하겠다. 어느 쪽에서도 공격행위를 계획하지도, 실행하지도 않겠다. UN은 양측에 공격에 대한 우려를 불식시키고 보장하기 위해, 최선의 노력을 기울여 양측의 권리를 존중하겠다. 휴전의 성립은 팔레스타인에서 평화를 정착하기 위한 적극적인 과정의 일환이다"라는 등의 약속사항들이 담겨있었다. 또 번치는 "알팔루자에 포위되어 있는 이집트 병사들의 문제, 휴전선의 표시, 병력의 철수, 군대의 감축" 등이 포함된 협상의 의제를 제시했다.

이스라엘의 수석대표인 에이탄은 이스라엘 외무장관 모세 사레트 Moshe Shaett에게 다음과 같이 보고했다.

"우리가 이곳에 온 지 불과 24시간 밖에 되지 않았지만, 이곳의 분위기를 보고할 필요가 있다고 생각합니다. … 번치는 협상을 성공시키기 위해 온몸을 던질 각오가 되어 있는 것 같습니다.
이집트 대표들이 제안을 받아들일 것인지의 여부와 관계없이,
고강도의 외교압력에도 개의치 않고 소신대로 밀고 나갈 것으로
보입니다. … 공식적인 첫 만남은 무난하게 치뤄졌습니다. 번치
는 첫 만남이 끝난 뒤, 자신들은 이집트 대표단이 거칠고 호전적
인 인물들로 구성되어 협상장에서 냉혹한 표정으로 일관할 것으
로 예상했는데, 예상과는 달리 담담한 표정으로 나타난 데 대해
서 깜짝 놀랐다고 말했습니다. 그러나 이집트 대표들의 모습은
눈에 띌 정도로 예민해보였고, 협상에 응하는 것이 과연 옳은 일
인지에 대해 확신이 서 있지 않는 것 같아 보였습니다. 우리들은
우선 그들의 선입견, 즉 의심과 경계를 풀어주는 것이 시급하다
는 데 동의했습니다."

첫 주는 온갖 핑계와 해명으로 시간을 허비했다. 각국 대표들은 서로
복도에서 마주치기라도 하면 시선을 피하고 외면했다. 또 비공식적으
로 만나서 대화를 하는 것도 꺼렸다. 보다 못한 번치는 "여러분들은 협
상하려고 이곳에 왔고, 협상을 하려면 서로가 만나 대화를 해야 한다"
고 권고했다. 심지어 양국의 대표들은 공식회담 장소에서 의자에 앉지
않고 회담이 끝날 때까지 서 있었다. 하는 수 없이 번치는 양쪽을 오가
면서 문서로 작성된 제안과 이에 대한 답변을 전달하면서 협상을 이끌
어나갔다. 5일간 이러한 중계 역할을 한 번치는, 각국 대표들 앞에서 입

을 열었다.

　　"나는 그 동안 삽살개처럼 양쪽을 오고가는 데 이골이 났습니
　　다. 여러분들은 만남과 대화도 없이 평화가 이루어졌던 예를 역
　　사에서 본적이 있습니까?"

　양국의 협상 대표들에게도 나름대로의 고충이 있었다. 국내의 반대
여론을 감안하면서 협상을 하라는 본국의 계속되는 압력은 가장 어려
운 장해물이었다.
　이집트 정부는 아랍세계와의 정치적 긴장들을 줄이기 위해 '로도스
협상은 이스라엘 측이 직접적인 대화를 꺼리고 있기 때문에 화평에 관
한 폭넓은 문제들을 다룰 수 없게 됐다'는 그럴듯한 구실을 만들어냈
다. 이집트 지도층은 그 동안 국민들에게 군사적 패배를 숨겨왔기 때문
에 곤경에 처하게 되었다. 군부를 비롯한 몇몇 정치인들을 제외한 이집
트 국민들은 그들의 군대가 텔아비브 근처에까지 접근해 있는 것으로
알고 있었고, 군인들이 귀환할 때 거국적인 환영 행사를 가져야 한다고
믿고 있었다. 이러한 상황으로 보아 이집트 대표들이 영토의 양보는 물
론이고 어떤 상황에 대한 양보도 국민들에게 알려진 경우, 매국노로 몰
린 판이었다.
　이스라엘의 사정도 별로 나은 것은 없었다. 이스라엘 국민들은 알팔
루자에 있는 이집트 병사들을 석방하고, 가자지구에 아직까지 이집트

가 보유하고 있는 영토를 양보하는 대가로, 네게브 사막에 대한 영토할양과 보다 확고한 정치적 안정을 기할 수 있는 방안을 요구하고 있었다. 에이탄 이스라엘 수석대표는 1월 16일, 본국 외무장관 사레트에게 다음과 같이 보고했다.

"우리 대표단은 본국 정부가 다음과 같은 사항들을 고려해주었으면 합니다. 이집트와의 휴전협상 타결은 그 협상의 내용과는 관계없이, 그것 자체로 중요성을 갖고 있습니다. 우리가 알고 있는 바와 같이 레바논과 시리아, 요르단은 이집트와의 협상이 타결된다면 휴전협정에 서명할 의사를 갖고 있습니다. … 이러한 일련의 휴전협정이 타결된다면, 그것만으로도 중동에서의 정치적 풍향을 바꿀 수 있을 것입니다. 그들도 이집트와의 협상결과를 주시하고 있습니다. 우리가 협상을 타결하지 못한다면, 이들 나라들과 협상할 수 있는 기회도 당분간은 생기지 않을 것입니다. 이러한 사항들을 고려해 이집트와의 협상타결이 그 자체로 매우 중요한 의미를 갖는다는 점을 강조하는 것입니다. 덧붙여서 우리들은 이집트가 휴전선, 군대의 철수와 감축 등을 염두에 두면서, 회담에 임하고 있는지에 대한 어떠한 예단도 지금으로서는 할 수 없습니다."

에이탄이 염려하는 것은 시간이 많지 않다는 점이었다. 요동치고 있는 중동의 상황으로 볼 때, 이집트의 수상이 언제라도 암살될 가능성을 배제할 수 없기 때문에, 우리는 가능한 빨리 이스라엘에게 유리한 방향으로 결말지어야 할 필요가 있다고 판단했다. 그는 또 이집트의 대표들은 노련하고 끈기 있고 설득력을 겸비한 사람들로 구성되어 있다는 사실도 인정했다.

첫 의제는 예상했던 대로 알팔루자였다. 그곳에 포위되어 있는 병사들의 생사에 대한 우려가 이집트로 하여금 회담장으로 나올 수 있도록 만든 가장 중요한 요인이 되었다. 물론 이스라엘도 이 문제의 중요성과 가치를 잘 파악하고 있었다. 번치도 미리 이 문제를 매듭짓고, 회담에 탄력을 불어넣으면서 휴전선의 경계를 지정하는 의제로 논의를 옮길 생각이었다. 번치는 이미 이집트의 병사들을 UN의 감시 하에 철수시키고, 그들의 중화기는 협상이 타결될 때까지 UN에서 보관하는 방안을 구상하고 있었다.

이스라엘은 환자들과 부상병들에 대해서는 조건 없이 철수할 수 있도록 하겠다고 동의했다. 그러면서도 나머지 병사들은 휴전협상이 타결될 때까지 계속해서 포위망을 풀지 않을 것임을 분명히 했다. 그러나 이스라엘은 번치로부터 UN의 명예를 걸고 회담을 빨리 성사시키겠다는 약속을 받은 뒤에야 자신들의 주장을 거둬들이고 1월 24일, 병사들을 철수시키는 데 동의했다. 그리고 양측은 1월 17일 오후에 공식회담을 열기로 합의했다.

알팔루자에 대한 신속한 합의는 협상의 성공가능성을 높였고, 번치

유엔사무총장 트뤼그베 리(UN)

와 양측 대표들은 일주일 내에 회담을 끝내기로 합의했다. 알팔루자 문제가 표면상으로 일단락되자, 양측 대표들은 휴전선의 경계라는 미묘한 문제를 다루기 시작했다. "휴전선의 경계선은 회담의 성패를 좌우하는 중요한 문제"라고 번치는 일기장에 기록했다. 그의 우려대로 협상은 주춤했다. 이스라엘 측은 휴전선의 경계는 현 전투 상황의 위치에서 결정되어야 한다면서, 이집트가 팔레스타인의 경계선 밖으로 모두 철수해야 한다고 주장했다. 반면 이집트는 UN의 전투중지를 위반하기 전의 10월의 전투상황의 지점에서 결정되어야 한다고 주장했다. 번치는 1월 20일 유엔사무총장 트뤼그베 리Trygve Lie에게 다음과 같이 보고했다.

"이집트는 11월 4일의 안전보장이사회가 권고한 날짜와 11월 13일의 양해 각서를 근거로, 이스라엘이 라파-비르Ratar-Bir 지역에서 철수할 것을 요구하고 있습니다. 저는 이집트 대표들에게 개인적으로 기적은 일어나지 않는다고 알려주었습니다. 이스라엘은 가자지구와 라파지구를 연결하는 경계선을 주장하고 있습니다. 지금의 상황은 불투명하지만 실망할 단계는 아니라고 봅니다. 왜냐하면 아직까지는 계속 협상을 벌이고 있고, 변수는 언제든 생길 수 있기 때문입니다. 이스라엘 대표들은 임박한 이스라엘의 총선에 미치는 영향과 야당의 반대여론을 감안하면서 시간을 저울질하고 있는 상황에 있습니다. 이에 비해 이집트는 느긋한 편입니다."

번치의 예상대로 아직까지는 각자의 입장에서 적극적인 움직임은 보이지 않았다. 그는 양측이 원래의 입장에서 완강하게 버티고 있으나, 단호하게 거절하는 모습이 보이지 않는 상황에 섣불리 나섰다가는 상황을 악화시킬 수 있다는 판단을 했다. 그러면서도 번치는 이스라엘이 갖고 있는 안보에 대한 우려와, 이집트가 영토의 상실을 최소화하려는 시도 사이에서 조정할 수 있는 기회가 생길 것으로 믿고 있었다. 그는 매일 새벽까지 이어지는 협상에서 아무런 합의도 없이 회담이 끝나면 실망하곤 했다. 번치는 팔을 걷어 부치면서, 협상을 빨리 마무리하도록 재촉했다.

1월 23일 그는 이스라엘 수석대표인 에이탄에게 이스라엘이 이집트에게는 백지수표에 서명하라고 요구하면서, 자기들은 한 치도 양보하지 않고 있다면서 단호한 어조로 훈계했다. 이에 대해 에이탄은 폭탄발언을 했다. 이스라엘은 내일로 예정된 알팔루자에 있는 이스라엘군을 철수시키지 않을 것이라고 말했다. 양국 대표들이 1월 24일까지 병사들을 철수하겠다고 합의할 때, 이스라엘은 그때까지는 회담이 타결될 것이라고 믿고 있었다. 그런데 이제와서 협상의 타결여부도 불투명해지자, 이스라엘은 이집트가 휴전에는 관심도 없고 오직 병사들의 석방에만 관심을 기울이는 것은 아닌가 하고 의심하고 있었다.

에이탄은 이집트의 새로운 공격이 있지 않을까 의심하게 되었다. 그는 번치에게 그들이 협상을 빨리 매듭짓겠다는 말에 자신이 속았다면서 항의했고, 결과는 두고 보면 알게 될 것이라는 경고도 잊지 않았다. 번치는 자신의 어려운 처지를 이집트 대표들에게 알렸다. 같은 시각 에이탄은 "번치가 지금까지 이스라엘 측이 양보를 하지 않는다는 생각을 하고 있었던 점에 대해서, 다시는 그런 말을 하지 못하도록 재갈을 물리는 데 성공했다"고 본국에 보고했다.

번치도 유엔사무총장에게 "이스라엘이 군 병력의 철수를 취소할 경우에는 협상의 결렬을 위협하는 사태로까지 번질 것"이라고 보고했다. 그날 밤 번치는 이집트 대표들에게 잠자기 전에 회담을 계속 진행할 수 있는 방안부터 찾아보라고 다그쳤다. 번치의 마음은 지푸라기라도 잡고 싶은 심정이었고, 협상을 계속 이어가 양측을 만족시킬 수 있는 방안을 마련하기 위해 고심했다. 아침이 밝았을 때, 그는 다음과 같은 3개 항의 중재안을 제시했다.

제 1항. 양측의 전투행위는 무기한 중단한다.

제 2항. 이스라엘은 UN의 주관으로 알팔루자에 있는 이집트 병사들
　　　　에게 식량과 의약품을 전달하는 것을 양해한다.

제 3항. 각국 대표들의 본국정부와의 협의를 위해 1월 27일 목요일까
　　　　지, 3일간 회담을 휴회한다.

위와 같은 제안은 사소한 수정 과정을 거쳐 양측에 받아들여졌다. 이
렇게 해서 협상은 살려냈지만, 결과는 아무도 장담할 수 없었다. 2주간
의 계속된 협상의 결과로 전투행위의 중지는 효력을 계속 유지하고 있
었고, 25톤의 식량과 의약품들이 알팔루자에 있는 이집트군에게 보급
되었다는 것이 전부였다. 양측은 이전의 입장에 한발도 양보하지 않고
있었다.

번치는 그때의 상황에 대해 "저녁 내내 합의문 초안을 작성하다가 이
합의문에 서명을 받는 순간이 있을 것인가에 회의가 생기기도 했다"고
술회했다. 번치는 당구를 좋아했고, 시간이 날 때마다 당구를 치면서
휴식을 취했다. "나는 그가 요즘처럼 낙심해서 축 처진 모습을 본 적이
없었다." 그의 비서였던 도린 다우턴이 술회했다. "그는 일이 잘 안 풀
릴 때면, 휴게실에 내려가서 몇 분간 당구를 친 뒤, 다시 일을 시작했
다." UN 대표단의 일원이었던 로슨도 비슷한 설명을 했다.

"번치는 몸집이 크면서도 미남이었고, 매력적인 사람이었다.

그의 입에서는 엷은 미소가 떠나질 않았고, 유머감각도 탁월했으며, 담배를 손에서 놓지 않는 애연가였다. 저녁식사를 마치고 호텔 휴게실에 있는 당구대로 몰려가 3개 팀(UN, 이집트, 이스라엘)이 모여서 게임을 했다. 게임이 끝나면 패배한 팀이 술과 안주를 사들고 와서 테이블에 앉아 서로 대화를 나누며, 긴장도 풀고 유대관계를 강화하는 기회로 만들었다. 당구 게임이 끝나면 그는 양측 대표들 중 한 명 또는 두 명 정도를 그의 방으로 데리고 가 자신의 견해를 들려주고 그들의 반응을 살피면서 의견들을 듣기도 했다."

당구 게임은 번치가 회담을 성공시키는 데 큰 역할을 했다. 대표들 간의 냉랭한 분위기를 바꾸는 데 촉매제가 되었으며 그들은 당구 게임을 하면서 서로에 대한 편견들을 씻어냈고, 서로가 똑같은 사람들이라는 공감대를 형성하면서 그들 사이에 가로 놓여있던 벽을 허물게 했다. 번치는 게임을 할 때면, 진지한 스포츠맨십을 발휘할 것을 주장하면서 양측의 거리를 좁히기 위해 분위기를 주도했다.

* * *

1월 27일, 회담은 양측의 대표들이 본국에서 돌아오자 재개되었지만 별다른 진전이 없었다. 번치는 양측에 보다 유연한 자세로 회담에 임할 것을 촉구했고, 특히 이스라엘 측의 양보를 촉구했다. 번치는 이스라엘 대표 에이탄과 대화하면서, "협상의 교착상태를 돌파하기 위해서라도 패자에 대한 관용을 촉구했다. "지금이 이스라엘에서 대범한 태도를 보일 수 있는 절호의 기회이며, 자신이 보기에 앞으로 그 이상의 대가를 받게 될 것으로 생각한다"는 견해를 밝히기도 했다.

에이탄도 이집트가 팔레스타인에서 발을 빼기위해서는, 그럴듯한 명분이 필요하다는 점을 이해하고 있었다. 그러나 이집트 정부의 고민을 덜어주는 것과 휴전협정은 별개의 문제이고 본국의 관심사항도 아니라는 점을 인식하고 있었다. 이스라엘 외무장관인 사레트는 번치에게 노골적으로 "지금 이집트는 자신들이 저지른 불법적인 공격과 실패에 대한 응분의 대가를 치루고 있다. 그러므로 이집트 정부는 이스라엘로부터 어떤 양보도 기대해서는 안 된다. 만약 이스라엘이 이집트의 입장을 들어준다면, 이집트 정부는 이것을 이집트 국민들을 호도하는 구실로 이용할 것이다"라고 강조했다.

번치는 아내인 루스에게 보낸 편지에서 다음과 같이 협상진행 상황을 전했다. "지금 이곳에서 벌어지고 있는 협상은 고양이와 쥐의 싸움으로 보면 된다. 그들은 이쯤에서 내가 협상을 종결시키면 만족할 것이다. 그러면 그들이 책임과 부담에서 벗어날 수 있기 때문이다. 그러나 나는 그럴 생각이 전혀 없다. … 어떠한 고난과 두려움이 있다 해도 회담은 끝까지 성사시킬 것이다."

회담은 총체적 난국에 빠져 있었다. 어느 쪽도 입장을 바꾸지 않았고,

그렇다고 협상 실패에 대한 책임을 뒤집어쓰는 것도 원치 않았다. 번치는 마침내 이집트 대표에게 말했다. "당신들이나 이스라엘이 협상을 결렬시킨다면 책임을 져야합니다. 나는 UN 대표로서 여러분들을 위해 봉사하고 있습니다. 나는 당신들이 이곳에 한 쪽만이라도 남아있는 한 끝까지 떠나지 않을 것이며, 경우에 따라서는 10년이라도 남아있을 것입니다." 그의 말이 끝나기 무섭게 이집트 대표가 웃으면서 말했다. "오 그럴 생각이십니까? 그렇다면 왜 그렇게 서두르죠?"

번치는 유엔사무총장 트뤼그베 리에게 보고했다. "대표들을 접촉하면서 느낀 결론은 휴전협정의 전망이 쉽지 않아 보인다는 것입니다. 각국 대표단의 입장은 단호하고, 양측으로부터 양보를 얻어내기 위해서 별별 수단들을 다 써보았지만 아무런 도움도 되지 못했습니다." 사무총장 리는 번치에게 "희망을 가지고 협상을 계속하라"고 격려했다.

미 국무장관 딘 러스크로부터도 협상을 계속하라는 격려 전문이 왔다. "우리는 이번 협상에서 당신이 보여준 탁월한 조정능력을 높이 평가하고 있습니다. 비록 회담 전망이 낙관적이지 않더라도, 당신이 협상을 타결시킬 때까지 계속 노력해줄 것을 당부합니다. 지금이라도 그만두고 귀국하고 싶은 당신의 심정을 모르는 바 아니지만, 이러한 미묘한 협상을 당신만큼 잘 이끌어갈 수 있는 인물을 찾을 수 없다고 생각하고 있습니다." UN 관계자 로슨이 일기장에 남긴 번치에 대한 평가를 소개한다.

"번치는 터프한 사람이다. 그는 엄격하게 대표들을 위협하기도 하고, 부추기기도, 달래기도 하면서 회담을 이끌어갔다. 그의 회의 진행솜씨는 공정하고, 논쟁을 귀담아 들은 후 설득을 한다. 그는 한마디로 유엔의 신뢰를 상징하는 인물이다. 견해 차이가 많았던 문제들도 그와 개인적인 논의를 통해 타협에 이른 적도 많았다. 나는 그를 존경하며 지금껏 만나본 사람들 중에서 가장 훌륭한 사람 중 한 명으로 생각한다. 그리고 기회가 주어진다면 그와 함께 일하고 토론을 벌이고 싶다."

* * *

번치는 협상을 다그쳤다. 그러나 그의 노력은 헛되었다. 그는 새롭고 획기적인 아이디어를 생각해냈다. 그것은 양측 모두가 어떤 양보를 하는 것보다 회담을 결렬시켰다는 책임을 뒤집어쓰고 싶어 하지 않는다는 사실이었다.

1월 30일 일요일, 번치는 드디어 주사위를 던졌다. 그는 대표들을 소집해 지금부터 자신에게 주어진 조정권을 행사하겠다고 통보했다. 자신의 제안에 동의한다면 화요일까지, 동의하지 않는다면 수요일까지 조정안을 제출하라고 통보했다. 다음날 아침, 그는 양측에 서로의 입장을 충분히 반영한 제안서를 전달했다.

번치가 새로 구상한 제안은 결정적인 사항들에 대한 최소한의 양보를 요구하는 것이었으며, 그들이 협상을 깨려 하지 않는 이상, 거절할 수 없는 사안들이었다. 그 초안은 휴전협정의 대강을 조문화한 것이었는데, 알팔루자의 이집트 병사들의 석방을 촉구하고, 휴전선도 새롭게 재조정하면서, 국경 근처에 주둔하는 병력의 감축과 균형의 대안을 함께 제시했다. 그는 양쪽 다 그 제안을 탐탁지 않아 할 것이라고 예상했지만, 거절하기도 어려울 것이라고 생각했다. 이 제안을 받아들인다면, 양 국가들은 한 배를 타는 셈이었다. 이집트 대표들은 정부와 협의하기 위해 급히 카이로로 떠났다. 이집트 대표들이 본국으로 떠난 뒤, 이스라엘 대표들은 번치와 만나 의견들을 교환했다. 이스라엘 측은 알팔루자의 남쪽 마을을 비무장화 하자는 이집트의 요구에 대한 양보안에 특히 반대했다. 그곳은 전략적인 도로로서 이집트 국경과 맞닿아 있는 이스라엘이 전투 마지막 단계에서 점령한 지역이었다.

이스라엘 대표단 일원인 루벤 실로Reuven Shiloah가 이스라엘 측의 입장을 대신 전했다. "이 지역에 대한 제안은 받아들이기가 어렵다." 그러자 번치는 "우리는 이미 많은 어려움들을 겪어왔고, 그 정도의 양보는 감수해야 한다"고 말했다. 번치는 에이탄에게 줄 메모를 작성했다.

"나는 이 초안을 작성하면서 각 대표단의 양보사항들을 최소화하기 위해 많은 고심을 했습니다. 지금까지 고집해왔던 입장들은 양측에서 똑같이 양보해야 한다고 생각합니다. 나는 이 초안에 따라서 협상이 타결된다 하더라도 양국의 이익에 치명적인 타격은 없을 것이라는 것을 확신합니다. 나는 그 동안 양측 입장의 엄청난 차이를 해소하기 위해 온 힘을 다해 가능한 한 합리적이고 공정성을 유지하면서, 타협을 이끌어내기 위해 노력해왔습니다. 그리고 지금에 와서 이 제안에 따라 합의를 도출하지 못한다면, 중동지역은 심각한 소용돌이에 빠지게 될 것입니다. … 이 협상으로 평화가 보장된다는 데 신뢰가 가지 않더라도, 평화를 얻기 위해서는 그에 상응하는 희생이 뒤따른다는 사실을 잊어서는 안 될 것입니다."

1월 31일, 에이탄은 본국의 외무장관에게 "그들의 단호한 입장으로 볼 때, 이번 회담이 결렬된다면, 그에 대한 비난은 우리에게 돌아올 것"이라고 보고했다. 에이탄은 "이집트는 휴전을 원하고 있다. 그러나 이스라엘 측의 조건에 전혀 변화가 없다면, 그들은 이미 서명된 휴전협정안에 만족하던지, 아니면 로도스를 철수하면서 이 문제를 안전보장이사회에 이관하는 방법을 택할 것"이라는 의견도 덧붙이면서 본국 정부가 회담의 결렬에 대한 책임을 감수할 것인가, 아니면 미국과 유엔안전보장이사회와의 관계를 고려한 다른 결정을 할 것인가에 대한 지침을 내려줄 것을 건의했다.

이집트 대표들이 본국으로 돌아간 사이, 로도스 외부의 상황은 번치에게는 큰 힘이 되었다. 유엔안전보장이사회의 압박은 늘 그랬듯이, 번치의 제안에 힘을 실어주었다. 또 세계의 여론도 이번 협상의 교착상태는 이스라엘 측의 강경한 입장 때문이라는 데 대체로 동의하고 있었다. 이스라엘로서도 이 문제가 유엔안전보장이사회로 넘겨진다면, 지금까지 이집트가 요구했던 것보다 더 좋지 않은 결과가 나올 것이라는 것을 알고 있었다. 번치는 미국과 영국 정부와 긴밀한 채널을 유지해왔고, 그들은 이스라엘과 이집트의 지도층에 압력을 행사해왔다. 그로 인한 효과는 양측 정부가 협상 대표들을 본국으로 소환하는 것을 차단하는 결정적인 요인이 되었다.

해리 트루먼Herry Truman 대통령도 번치에게 언제, 어디에서라도 필요할 때에는 영향력을 행사하겠다는 전문을 보내왔다. 이는 그에게 큰 힘이 되었고, 번치의 마지막 제안에 대한 미국과 영국 정부의 지지는 이스라엘과 이집트를 막다른 골목으로 몰아가는 데 결정적인 역할을 했다. 이집트 대표인 세이프 엘 다인 대령은 카이로에서 초안을 받아들이기를 간절히 바라면서 전전긍긍하고 있었다. 이집트 군부는 협상 결렬을 내심 원하고 있었지만, 정치인들은 아직도 협상에 미련을 갖고 있었다.

지금까지도 그랬지만, 이집트 정부는 대표단의 요구와 미국으로부터의 압력 때문에 협상을 계속하기로 결정했다. 이집트 대표들은 2월 3일 일찍 로도스로 돌아왔다. 그들이 돌아오자 번치는 이집트가 좀 더 양보를 얻어내고 타협안을 받아들이기로 결정했다는 것을 간파했다. 그의 예상대로 이집트 대표들은 이스라엘을 벼랑 끝으로 몰고 갔다. 이스라엘의 첫 반응은 의외로 차분했다. 에이탄은 번치에게 이집트의 생각은 알다가도 모르겠다고 말했다. 모험 끝에 던진 제안을 이집트가 받아들이기로 하자, 협상은 새로운 활기를 띠게 되었고, 협상에 새로운 돌파구를 마련해주었다.

번치는 다음날인 2월 4일에 비공식 모임을 갖자고 양측에 통보했다. UN 대표 측은 좀 더 진전된, 양측이 받아들일 수 있는 제안서를 작성했다. 번치는 유엔사무총장 리에게 보고했다.

> "이스라엘은 타협안을 받은 뒤에도 아무런 반응이 없습니다. 반면에 이집트는 최소한의 수정을 요구하면서 타협안을 받아들였습니다. 이곳에 있는 우리 대표단의 일치된 견해는 타협안에 들어있는 아우자 지역에 대한 규정은 양국의 안전을 보장할 수 있는 매우 적절한 보호막이었던 같습니다."

세이프 엘 다인 이집트 대표는 두 명의 군 수뇌부를 만나 휴전에 대해 세세하게 의논했다. 훗날 번치는 "이 타협안은 그들에게 자신감을 부여했고 드디어 그들이 타협안을 받아들이게 되었다"고 술회했다. 상황이 너무 미묘했기 때문에, 번치는 조심스럽게 접근했다. 그는 본질적인 문제들은 가급적 피하고, 양측이 접근할 수 있는 작지만 실질적인 문제들부터 하나하나씩 해결해나갔다. 에이탄은 후에 이때의 상황에 대해 "번치는 상황을 현실적으로 접근해 처리해나갔다. 그는 우리들보다 상황을 빨리 파악했고, 협상의 전망도 밝게 보았다. 그는 오직, '한 번에 하나씩'이라는 원칙을 강조하면서 실천해나갔다"고 일기에 기록했다.

번치는 여러 사안들을 한꺼번에 다루어야 할 때에도, 그것들을 하나하나 따로 분리해서, 독립된 안건으로 처리해나갔다. 그는 알팔루자 문제, 사막을 가로지르는 천 평방마일에 대한 휴전선의 경계, 만 명에 이르는 군 철수에 관한 규정, 이스라엘의 가자와 네게브 지역에 위치한 마을에 관한 처리, 그에 따르는 부수적인 문제들을 그러한 방식으로 처리해나갔다. 그는 각각 세분된 안건들을 협상대표들에 넘기면서 의제로 채택해서 논의하도록 조처했다. 그러면 양측 대표들은 안건을 검토하고 논의한 뒤, 동의서에 공식적으로 서명하는 방식을 택했다. 양 대표들이 의사 일정에 합의하는 즉시 그들은 안건을 심의한다. "이러한 방식은 두 가지의 목적을 충족시킨다"고 번치는 설명했다.

일차적으로 이러한 방식을 채택하면, 양측 대표들이 함께 만나게 된다. 그러면서 양측 대표들이 공식적인 행동을 하고, 합의된 사항에 서명하는 데 익숙해진다. 이런 식으로 계속하다 보면, 다음 단계로 넘어가는 것도 쉬워진다. 처음 그들이 함께 만났을 때, 그들 사이에는 어색한 기류가 흘렀다. 그러나 자주 만나 안건들을 하나씩 검토하고 서명하면서, 이러한 어색한 감정들도 없어지기 시작했다. 처음부터 한꺼번에 많은 안건들을 그들에게 넘기지 않았기 때문에, 각국의 대표들도 힘들어하지 않았다. 이러한 과정들을 거친 뒤, 서명한 안건들을 정식합의서로 채택하기 위해 그들에게 넘겨 본국 정부와 협의해가면서 하나하나

타결해나갔다.

회담장의 분위기는 항상 긴장되었고, 숨소리조차 들리지 않을 정도였다. 대표들은 서로가 유리한 결과를 얻기 위해 협상에 몰두했다. 그들은 온갖 종류의 계략들—교활한 아첨, 회담에서 철수하겠다는 위협 등—을 구사하면서, 상대편으로부터 양보를 얻어내기 위해서 노력했다. 번치는 이견들이 있을 때는 독창적인 언어로 우회했다.

양측 대표들이 합의 도출에 실패하면, 자신이 직접 나서서 자신의 판단 하에 공식적인 초안을 만들겠다면서 그들을 압박했다. 번치는 새벽 3~4시쯤 양측대표들과 함께 오솔길을 걸으면서 의논을 하는 시간도 마련했다. 그러면 그 동안 쌓였던 스트레스도 풀리고, 지쳐있던 대표들도 웬만한 사안들에 대해 양보하면서 서명하기도 했다. 그는 하루에 20시간을 일했다. 아침 10시에 회의를 시작하면, 점심 식사도 거르며 양쪽 대표들 사이를 오가면서, 다음날 아침 6시까지 논의가 분분한 사항들에 합의를 이끌어내기 위해서 분주하게 움직였다. 그의 부지런함에 양측의 대표들도 혀를 내둘렀다.

그는 한 순간도 방심하지 않았다. 그는 휴전협정은 휴전에서 평화로 전환하는 데 꼭 필요한 단계라는 것을 주지시키기도 했다. 이스라엘 대표의 한 사람은 "번치의 회의 운영을 보고 깊은 감명을 받지 않는다면, 사람이 아니다. … 그는 거의 말을 안 하고 다른 사람들의 말을 주의 깊게 듣기만 한다. 그러나 단순히 듣기만 하는 것이 아니라, 상대방의 말의 의미와 마음까지도 꿰뚫어보고, 뒤에 숨겨진 이면까지 파악하려고 노력한다."

마침내 중요한 사안들도 해결을 보기 시작했다. 양측 간의 이견들도 상당히 좁혀졌다. 아직도 토론중인 사안은 베에르셰바Beersheba 지역의 처리 문제였다. 그곳은 이스라엘과 이집트 사이의 중간 쯤에 있는 네게브 사막에 위치해 있는 큰 도시였으며, 전쟁 초기에는 이집트군이 점령했으나 10월에는 이스라엘에 의해 재탈환된 지역이었다. 대규모의 이스라엘군의 주둔은 가자지구와 이집트 국경에 대한 계속적인 위협으로 남아있었고, 이집트는 이 지역을 비무장지역으로 만들자고 제의했다. 그러면서 이집트는 베에르셰바에 민간행정관을 주재시킬 것을 주장했다. 이스라엘의 수석대표인 에이탄은 베에르셰바의 비무장화를 거절했다. 이스라엘의 입장에서는 동쪽 네게브에 있는 아랍군들과 아카바 지역에 주둔하고 있는 영국 군대를 염두해 최소한 1개 연대는 주둔시켜야 한다고 판단하고 있었다. 또한 이스라엘과 이집트 측은 뒤이은 아랍국들과의 휴전협정을 염두에 두면서 협상을 하고 있었다. 특히 이스라엘 측은 이번의 양보는 그들의 허약함을 드러내는 것이고, 다음에 뒤이을 협상에서도 고전을 하게 될 것을 우려하고 있었다. 아랍세계에서의 주도권 다툼으로 요르단 왕 압둘라King Abdullah와 경쟁관계에 있는 이집트로서는 이 지역을 확보함으로써, 요르단 왕이 네게브 사막 쪽으로 접근하려는 기도를 차단하려는 목적도 있었다.

번치는 유엔사무총장에게 다음과 같이 보고했다. "이집트 대표들은 오늘 아침 회의 때, 오늘이라도 조약안에 서명할 용의가 있다고 선언했습니다." 다음 날 "이집트의 입장은 아직도 변함이 없습니다. 나는 오늘 에이탄과 허심탄회한 대화를 나누었고, 현 입장에서 나의 평가를 담은 개인적인 서신을 그에게 건넸습니다"라는 보고를 전달했다. 이집트 대표는 타협적이었다. 그러나 이스라엘로부터 어떤 양보도 없는 상태에서는 자신들도 중요한 양보는 있을 수 없다고 완강하게 거절하고 있는 상황이었다. 2월 7일 에이탄은 외무장관 트뤼그베 리에게 보고했다.

"안전보장이사회의 조치에 대한 압력은 우리가 이곳에 온 이후, 번치와 나눈 대화 속에도 잠재돼 있었습니다. 그러나 이전에는 명확하게 전달되지 않았었지요. 지금 당면한 문제는 정부가 이 안건들에 대해서 안전보장이사회에 맞설 준비가 되어있는가를 다시 한 번 다짐해보아야 한다는 점입니다. 정부가 그에 관한 의견을 말해준다면, 그 대답을 번치에게 건네줄 생각입니다. 제가 판단하기로는 우리 쪽에서 어떤 양보가 없다면, 그는 머지않아 로도스에서 철수하고, UN에 넘길 것 같습니다."

에이탄은 이집트가 이스라엘이 전투를 재개하지 않을 것이라고 확신하고 있다고 믿고 있었다. 또 이집트는 로도스에서 합의가 이루어지지 못할 경우, 안전보장이사회로 넘겨질 것이고, 알팔루자와 엘 아우자 문제에 대해 그들의 목적을 이룰 수 있을 것으로 예상했다. 이스라엘은 이집트와의 협상이 실패할 경우, 다른 아랍국들과의 협상도 어려울 것이라는 사실도 알고 있었다.

이스라엘 대표단은 본국에 타전하면서, 이스라엘도 이제 합의를 원한다면 본질적인 사안에서 양보해야 한다고 건의하고 "우리가 제의하는 양보는 지금까지 거론되어 왔던 양보를 모두 포함하는 것이 아니라, 무리한 요구사항들을 거둬들이는 것을 의미한다"고 보고했다.

번치도 유엔사무총장 리에게 베에르셰바에 대한 어려움을 해소하기 위해서, 영국에 그들의 군대를 아가바에서 철수해줄 것을 요청해보도록 부탁했다. 한편 미국의 트루먼 대통령도 번치의 요구로, 딘 애치슨Dean Acheson 국무장관에게 이스라엘 수상 벤구리온에게 메시지를 보내, 이스라엘 측으로 하여금 회담타결을 촉구하도록 하라고 지시했다. 번치와 그의 군사보좌관인 윌리엄 라일리William Riley는 이스라엘 측의 에이탄, 야딘 대령과 긴 대화를 나누었다. 번치는 지금까지 합의를 강조해왔던 야딘이 정말 양보할 의향이 있는지 의심하고 있었다. 번치는 협상의 시급한 타결의 당위성에 대해서 말한 뒤, 그에게 국가와 군부의 미래의 지도자로서의 잠재력을 시험해보기 위해서라도, 의연하게 휴전을 받아들일 용의가 없는지 다시 한 번 생각해 보라고 당부했다.

이집트는 새롭고 특이한 요구를 제출했다. 베에르셰바 지역의 비무장화외에도, 그곳에 이집트의 국민들을 보호하기 위해 상징적인 군사령관을 상주시키는 방안을 제시했다. 이스라엘 대표들은 이 요구안은 억지라면서 이집트 대표들을 설득했다. 이집트 대표들도 그 요구를 거뒤들이고 대신 새로운 요구조건을 제시했다. 비르 아스루라는 작은 마을이 베에르셰바와 이집트 국경사이에 있었다. 그 마을은 작고 전략적 가치도 없었지만, 이집트 대표들은 그곳에 이집트 군사령관의 형상만이라도 세울 수 있도록 양보해달라고 부탁했다. 비르 아스루의 지배를 상징하는 군 사령관의 형상을 진흙으로 만들어 베에르셰바 지역에서 엘 아우자를 거쳐 이집트 국경까지 일정한 거리를 두고 세운다는 생각은, 비록 초현실적인 방법이긴 하지만, 이집트로서는 중요한 사안이었고 이집트 정부의 체면을 살려주는 데 도움이 될 수 있었다.

그러나 이스라엘 측은 그것을 조롱하면서 대화를 끝내버렸다. 이집트는 끈질기게 물고 늘어지면서 이집트 국경 가까이에 있는 엘 아우자에만이라도 동상들을 세울 수 있도록 해달라고 요구했다. 에이탄은 이 제의도 거절하면서, 이스라엘이 통치하는 어느 곳에서도 그러한 동상을 세우는 것에 동의할 수 없다고 말했다. 번치는 이스라엘의 반발을 이해했다. 그러나 이집트가 자신들의 체면을 살리자고 하는 절박한 심정도 이해할 수 있었다. 번치는 절충안으로서 이스라엘도 엘 아우자에 군대를 상주시키는 것을 자제하고, 이집트도 이 제안을 거둬들인다는 선에서 합의하자고 중재했다. 이스라엘은 마지못해 생각해보겠다고 동의했다. 번치는 가능성 있는 타협안들을 계속해서 만들어나갔다.

그는 2월 10일 유엔사무총장에게 보고했다. "협상은 우여곡절을 겪으면서도 진행되고 있습니다. 그러나 아직도 완전한 합의는 요원합니다. 매일 협상과 타협안들을 이끌어내고 있지만, 여기저기서 내려오는 압력은 여전히 계속되고 있습니다." 이스라엘 대표의 일원인 사순은 2월 10일 이스라엘 외무장관에게 "이집트의 대표들이 베에르셰바에 대한 문제 때문에 협상을 결렬시키라는 압력을 받고 있는 것을 보면 그 정도가 심한 것 같습니다. 그들은 이 문제가 거절되자 낙담하고 있고, 여차하면 협상을 결렬시키고 이집트로 돌아갈 생각을 하고 있습니다" 라고 보고했다. 에이탄도 2월 10일 다음과 같이 외무장관에게 통신을 보냈다.

"지금으로서는 우리 정부가 획기적인 양보안들을 제시하지 않는 한, 이 교착상태를 타개할 방안은 없어 보입니다. 제가 이곳에 온 지도 벌써 한 달이 지났습니다. 이곳의 경치는 훌륭하지만 저는 아무런 관심도 없습니다. 저는 다만 이곳에 오래 체류하더라도 제가 할 수 있는 보람 있는 일을 하고 싶습니다. 우리의 양보가 없을 경우, 두 가지 선택만이 남아있지요. 회담을 계속하느냐 결렬시키느냐, 아니면 이곳에 계속 남아서 이집트로부터 새로운 제안을 계속 들어야 하느냐의 두 가지 경우입니다. 필요한 선택은 양보와 결렬뿐입니다. 곧 유엔안전보장이사회의 결정으로 어떤 형태로든 강제로 양보안들이 만들어질 것입니다. 저는 가급적 지금 양보안들을 제시하고, 휴전협정을 체결하면서, 국가의 안전도 확보하고 국제사회로부터도 신뢰를 얻는 것이 좋을 것 같습니다."

베에르셰바에 관한 토론이 교착상태에 빠지자, 번치는 그의 방으로 대표들을 불렀다. 그들이 도착하자 옷장을 열었다. 거기에는 두 세트의 아름다운 무늬가 장식된 접시가 있었다. 그 접시에는 "1949년 로도스 휴전협정"이라는 문구가 새겨져 있었다.

"이 예쁜 접시들을 보십시오." 번치는 그들에게 말했다. "당신들이 합의하게 되면, 하나씩 갖고 본국으로 돌아가게 될 것이고 합의가 안 되면, 이 접시들로 당신들의 머리통을 부숴버리고 말 것입니다."

* * *

2월 11일, 영국 정부는 UN에 이행각서를 제출하면서, 아카바에 있는 영국 병력을 공격적인 목적으로 활용하지 않겠다는 뜻을 전해왔다. 이러한 제안은 이스라엘 측에 대한 압박을 다소 줄여주었다.

번치는 이틀 후 사무총장에게 보고했다. "13일, 이스라엘이 엘 아우자에 대한 기존 입장을 완화하고, 그들의 군대를 엘 아우자 일대에서 철수하겠다고 제시해오면서 상황이 좋아졌습니다." 그 동안 교착상태에 빠져있던 협상에 물꼬가 트이자 회담은 다시 재개되었고, 휴전선의 경계문제에 이르러서는 대표들이 수 차례 대화를 나누면서 해결의 기미가 보이기 시작했다.

번치의 참모로 있는 이집트 출신의 한 보좌관의 제의로 일대일 회담이 이루어졌다. 이러한 회담방식은 이스라엘 측에 이집트가 좀 더 유연하게 대응하고 있다는 인상을 주었다. 사순은 당시를 회고했다. "양측 대표들은 UN 대표들의 참석 없이도, 서로 만나면서 양측 사이에 남아 있는 이견들을 조정하면서, 직접적이고도 화기애애한 분위기 속에서 작업을 계속해나갔다." 에이탄은 본국정부로부터, 엘 아우자 일대의 비무장화와 네게브 사막에 대한 문제에 재량권을 부여받았고, 이로써 회담의 전망도 밝아졌으며 합의가 가까워 보였다.

2월 16일, 번치는 사무총장에게 "거의 모든 문제들이 타결되었거나 곧 타결될 예정입니다. 아직 한 가지 합의가 안 된 것은 베에르셰바의 비무장화에 관한 문제인데, 이집트 대표들은 아직까지도 끈질기게 요구하고 있고, 이스라엘측은 거절하고 있습니다"라고 보고했다.

같은 날 2월 16일, 에이탄도 외무장관에게 보고했다. "엘 아우자 문제는 원만하게 해결되었습니다. 이로써 회담의 전반적인 분위기가 한 순간에 바뀌었습니다. 아직 합의가 안 된 문제는 가자–리마 전선에 주둔하고 있는 아군 주둔군에 관한 문제와 이보다 더 어려운 사안인 베에르셰바 지역과 이 지역의 동부지역에 관한 문제입니다. 우리는 베에르셰바 문제에 철저히 준비해왔고, 깔끔하게 합의를 볼 준비가 되어 있습니다. 그러나 동부지역에 대한 문제는 우리가 우리의 권리와 자유를 완전히 보장받는 것을 전제로 하는 한 합의가 어려울 것 같습니다. 저는 어젯밤 번치와 대화하면서 이 문제를 심도있게 의논했습니다. 사순도 오

늘 아침 이집트 대표들을 만나 이 문제를 토론했습니다. 이에 대해 야
딘은 오후에 번치와 의논하겠다고 말했습니다." 에이탄은 다음 날도 외
무장관에게 보고했다. "오늘은 베에르셰바 문제에 모든 시간을 쏟았습
니다. 이집트 대표들도 안간힘을 다하며 자신들의 입장을 고수했습니
다. … 협상 중에 우리 대표들 중 한 사람이 번치에게 질문을 했습니다.
'이집트는 이 협상에서 모든 것을 다 얻으려고 하는 것 같다. 왜 우리는
모든 것을 양보만 해야 하느냐?' 이에 대해 번치는 주저 없이 대답했습
니다. '네게브!' 나는 그들의 말이 옳다고 생각합니다. 나도 이 문제로
지난 6주간 고심했고, 끝도 없는 토론을 벌여왔습니다."

　이집트는 베에르셰바에서 이스라엘군의 완전 철수를 끈질기게 요구
해왔는데, 그것은 다분히 의도적인 것이었다. 왜냐하면 이스라엘군이
철수한다 하더라도, 그 지역에 대한 이스라엘의 지배권에는 아무런 영
향도 받지 않기 때문이다. 그래도 이집트가 계속해서 고집하는 속셈은
이스라엘 정부로부터 새로운 합의안을 얻기 위한 의도된 계략이었다.
번치는 2월 19일, 유엔사무총장 리에게 다음 같이 보고했다.

　　"이스라엘은 영국이 아카바에서 철군하지 않는 한, 자신들도
　　철군하지 않겠다는 입장을 고수하고 있습니다. 이스라엘이 지금
　　베에르셰바에서 철수한다면 장래에 그곳에 대한 기득권을 주장
　　할 수 없다는 점을 우려하는 것 같습니다. 양측이 이러한 궁색한
　　이유 때문에 합의에 이르지 못한다면, 그것은 정말 참담한 비극

입니다. 일정 대로라면, 수정된 합의서는 모든 조항들을 포함해서 일요일까지 끝마치기로 되어 있습니다. 현재의 진행 상황은 베에르셰바 문제가 걸려 있는 7항을 제외하고는 문제가 없으며 그때까지는 충분히 마치게 될 것입니다. 이집트 대표 한 사람이 일요일에 초안을 갖고 카이로로 갈 예정입니다. … 저는 이제 베에르셰바 문제를 제외하고는 모든 것을 조정할 수 있습니다. 다만 베에르셰바 문제는 별도의 지침을 내려줄 것을 요청합니다."

번치는 다음 날 새벽 3시에 이집트 대표와 만나 8시 30분까지 베에르셰바의 문제를 제외한 수정안을 작성했다. 이스라엘 대표들은 그것을 받아들였다. 베에르셰바 문제는 이집트 측에서 보면, 여전히 장해물로 남아있었지만, 그들은 개정안을 복사해 월요일 카이로로 가서 본국 정부와 협의하기로 했다. 이번이 합의가 이루어지느냐 여부에 대한 마지막 기회가 될 것이었다. 이집트 정부에서 받아들이지 않으면 협상은 결렬될 것이다. 대표 일행들은 간절히 성공하길 빌었다. 번치는 사무총장에게 이스라엘의 입장은 변한 게 없고 베에르셰바 문제에 양보하느니 차라리 회담을 결렬시키는 것이 낫다고 생각하는 것 같다는 자신의 판단을 보고했다. 그러면서 사무총장이 직접 이집트 정치인들을 설득해 보도록 건의했다.

유엔사무총장 리는 세 번씩이나 이집트 외무장관을 만나 회담을 빨리 타결시키라고 촉구했다. 사무총장은 이스라엘이 베에르셰바 문제에 대해서는 양보하지 않을 것이라고 말하며, 이집트가 유엔안전보장이사회가 1948년 11월 4일 이후로 제기능을 다하지 못하고 있다는 점을 이해한다면, 휴전협정을 받아들일 것으로 생각한다면서 "피해가 막심한 이집트군의 입장을 고려해보면 이번이 유일한 기회이고, 만족할 만한 협정이 될 것이라 생각한다"고 그의 의견을 보내왔다.

2월 23일 수요일, 이집트 대표들이 도착했다. 그들은 베에르셰바 문제를 양보했고 드디어 양측은 협정서에 서명했다. 야딘 대령은 번치에게 그 동안의 노고에 감사를 표하면서, 당신의 끈기 때문에 협상이 마무리지을 수 있었다는 찬사를 보냈다.

1949년 2월 24일, 로즈 호텔의 겨울 만찬장에서 장엄한 의식 속에서, 조인식이 거행되었다. 양측의 대표들은 번치의 양옆에 마주보며 앉았다. 그들 앞에 놓인 네모난 식탁은 깨끗한 흰 천으로 덮혀 있었고, 그 위에 놓인 싱싱한 꽃들은 자태를 한껏 뽐내고 있었다. 다섯 부의 문서에 대표들이 서명할 때 번치는 동료인 라일리를 쳐다보았다. 그때 라일리의 눈가에는 눈물이 글썽이고 있었다. "그때는 내 생애에서 가장 감격스러운 순간이었네." 라일리가 나중에 번치에게 들려준 말이었다. "처음으로 나는 전쟁이 아닌, 평화를 이루는 데 공헌했다는 생각에 가슴이 뭉클했다네." 그날 저녁, 모든 회담관계자들은 협상타결을 축하하는 파티에 참석했다. 그들은 이집트 대표들이 카이로의 유명한 식당에서 공수해온 음식을 들며 대화를 나누었다. 이스라엘 수석대표인 에이탄은 이집트 수석대표 엘 다인 옆에 나란히 앉아서 가족사진을 그에게 보여주었다. 에이탄은 그때의 순간을 다음과 같이 표현했다.

"그때의 분위기는 우리들이 처음 만났을 때, 복도에서 마주치기라도 하면 서로 외면했던 것과 비교한다면 엄청난 변화였다. … 6주간, 로즈호텔에서 함께 지내며, 우리는 이집트인들과 아주 가까운 사이가 되었다. 그들이 처음 왔을 때는 불안하고 어색해하는 표정이었다. 나는 그때마다 그러한 태도가 단순히 적개심 때문만은 아니라고 생각했다. … 협정이 타결된 그날 밤, 우리들은 비록 사랑과 배려가 없다 하더라도 전쟁을 공식적으로 종식시켰고, 적어도 두 나라 사이의 공식적인 관계개선에 다소나마 기여했다는 생각에 잠을 이룰 수가 없었다. 물론 이집트인들도 똑같았으리라 믿는다."

휴전협정은 이집트와 싸웠던 135평방마일에 효력이 미쳤다. 그 중에서 대략 100평방마일은 중립지역으로 남겨졌고, 나머지 영토는 이스라엘에 넘겨졌다. 알팔루자의 병사들은 안전하게 철수했고, 그 사단의 부사단장이었던 가말 나세르Gamal Nasser는 훗날 이집트 대통령이 되었다. 30년 뒤, 캠프 데이비드 협정 때까지 휴전협정은 잘 지켜졌고, 중동에서는 유일하게 의미 있는 외교적 노력 끝에 이루어진 성과로 기록됐다.

휴전협정이 타결되자, 이스라엘의 반응은 열광적이었다. 이에 관한 뉴스는 연일 언론의 특종으로 지면을 메웠다. 벤구리온 이스라엘 수상

이집트-이스라엘 휴전협정 서명 광경 (캘리포니아주립대학교 도서관)

은 전투의 승리에 못지않게 '역사의 승리자' 로 칭송되었다. 이와는 대조적으로 카이로의 반응은 침묵으로 빠져들었다. 이집트 국민들이 전쟁 상황에 대한 전모를 파악한 뒤, 정부는 나라를 팔아먹었다는 비난에 직면하게 되었다. 이집트 수상 이브러힘 압델 하디Ibrahim Abdel Hadi는 짤막한 성명을 발표했다. "휴전협정은 정치적 의미는 없고, 단지 군사적 문제만 다루었을 뿐이다. 어떠한 경우에도 팔레스타인의 정치적 미래에는 영향을 미치지 않을 것이다." 이집트 정부는 언론에 휴전협정문안을 발표하지 못하도록 압력을 넣었고, 이를 어기면 응분의 보복조치가 있을 것이라고 위협했다.

이스라엘과 다른 아랍국가들 간에도 휴전협정이 순조롭게 타결되었다. 번치는 그때에는 이미 뉴욕에 돌아와 있었다. 이스라엘은 3월 23일 레바논과, 4월 30일 요르단과, 7월 20일 시리아와 각각 휴전협정을 체결했다.

* * *

월터 에이탄은 이스라엘 수석대표로서 그의 임무를 성공적으로 마친 후, 1960년대에는 파리 주재 이스라엘 대사로 근무했다. 그 후 1970년부터 1978년 은퇴할 때까지 이스라엘 방송협회회장으로 봉사했다. 야딘은 1952년 이스라엘군에서 예편한 후 예루살렘대학에서 인류학을 공부하고 1955년에는 인류학 박사학위를 취득했다. 그는 저명한 인류학자로서 중동에 산재해 있는 많은 유적들을 발굴하는 작업을 지휘했고, 사해문서Sea Scrolls의 탁월한 해독가로도 활동했다. 1970년에는 헤브라이대학교의 인류학연구소의 소장 직을 맡았고, 그 후 정치계에 잠깐 몸담아 1977년부터 1981년까지 부수상으로 재임했다. 루빈 실로는 이스라엘 비밀정보국인 모사드Mossad의 창설자겸 초대 국장이 되었다. 이츠하크 라빈Yitzhak Rabin(그는 협상타결 전 이스라엘의 양보를 항의하며 대표단에서 철수했었다)은 후에 이스라엘 수상이 되었고, 1994년에는 팔레스타인과의 협상에서의 공로를 인정받아 노벨평화상을 수상했다. 그리고 1995년, 중동지역의 평화를 모색하다가 안타깝게도 암살되었다. 이집트의 압둘 무스타파는 아랍연맹의 사무차장으로 활동했고, 후에는 사우디아라비아 왕의 외교정책보좌관이 되었다. 1952년 이집트 국왕은 셰린 대령을 전쟁부장관으로 임명했다. 그러나 그는 자질 부족으로 이집트군 장교들의 배척대상이 되었고, 이미 고위정치인들의 부패와 1948년의 이집트군의 패배로 동요하고 있었던 장교들은 쿠데타를 일으켜 군주정권을 전복시키고 군사독재정권을 수립했다.

로도스에서의 외교적 성과로 랠프 번치는 1950년, 윈스턴 처칠과 조지 마샬같은 거물들을 제치고 노벨평화상 수상자로 발표되었다. 그는 미국 흑인으로서는 첫 노벨평화상 수상자이자, 최연소 수상자이기도 했다. 그는 처음에는 노벨상 위원회에 노벨평화상 수상을 거절하는 서신을 보냈다. "나는 노벨평화상을 받기 위해 UN 대표단에서 일한 것이 아니다"면서 정중하게 거절했다. 그러나 유엔사무총장으로부터 노벨평화상을 수상하라는 독려가 있고 나서야 노벨평화상을 수상했다. 번치는 미 대통령으로부터도 대통령 훈장을 수여받았고, 67개 대학으로부터 명예박사학위를 받았다. 그 외에도 셀 수도 없을 정도의 영예를 받았다.

그는 계속해서 UN에 남았으며, 훗날 특별정치담당 사무차장이 되었다. 그러나 그의 명성은 전 세계적으로 그리 많이 알려지지는 않았다. 기자회견 중, 한 기자가 번치의 5살 된 아들이 사무실에서 노는 것을 보고, 아이에게 아버지가 무슨 일을 하고 있는지 알고 있냐고 물었다. 그러자 번치의 아들은 이렇게 대답했다. "물론 알고 있죠. 아빠는 UN의 난방기구입니다."

번치는 미국에서 인권운동가로도 활동했다. 1963년 워싱턴에서는 친구인 마틴 루터 킹Martin Luther King과 함께 활동했고, 1965년에는 셀마에서도 함께 활동했다. 하버드대학교는 그에게 종신교수직을 제의했고, 케네디 대통령도 국무장관직을 권유했지만, 번치는 1971년 사망할 때까지 UN을 떠나지 않았다. 어느 기자가 그에게 "회담을 성공시킨 비밀이라도 있느냐"고 물었을 때, 그는 다음과 같이 대답했다.

"미국에 있는 모든 흑인들이 겪었던 것처럼, 나는 온갖 풍파를 겪으면서 성장했다. 물론 수많은 실망과 좌절도 겪었다. 그러면서 자연스럽게 편견을 싫어하게 되었다. 달리 말한다면, 나는 어렸을 적부터 관용의 미덕을 배워왔다. 권리를 위해 싸우는 투지도 배웠다. 그러나 남는 것은 비참함과 고통뿐이었다. 성장해서 사회과학자의 한 사람으로서 인간의 이성과 비이성 사이에 갈등이 생길 때면, 냉정한 마음과 객관적인 태도를 유지하려고 항상 노력했다. 그것이 비록 아무 쓸모가 없다는 것을 깨닫게 되더라도 … 그리고 팔레스타인에서의 협상도 예외는 아니었다. 성공은 완벽한 객관성을 지속시킬 수 있느냐에 달려있었다. 협상이 속절없이 표류할 때에도, 나는 희망에 대한 확신을 갖고 버텨냈

다. 어떻게 해서라도 꼭 성사시켜야 한다고 나 자신에게 다짐했

었다."

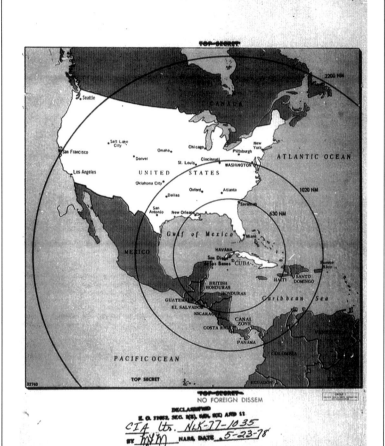

쿠바에서 발사될 핵미사일의 예상 사정거리를 나타내는 비밀 지도 (미 연방 공문서보관소)

제7장

쿠바 미사일 위기
1962

쿠바 위기의 발단은 1959년 새해, 피델 카스트로Fidel Castro가 주도한 반란이 폴헨시오 바티스타Fulgencio Batista의 독재정권을 무너뜨리고, 공산당 정권을 탄생시키면서 시작되었다. 미국은 플로리다 해안에서 불과 90마일 정도 떨어져 있는 서쪽지역에 공산당의 교두보가 마련되었다는 사실에 큰 충격을 받았고, 카스트로 정권을 붕괴시키기 위해 부심했다. 1961년 4월에는 쿠바에서 탈출한 망명자들로 구성된 천 2백여 명의 특공대들이 피그스 만에 상륙하여, 공산당 정권의 붕괴를 시도했지만 실패로 끝났다. 그 상륙작전에 참가했던 사람들은 모두 살해되거나 포로로 잡혔다.

소련 서기장 니키타 흐루쇼프Nikita Khrushchev(흐루시초프)는 미국이 머지않아 또 다른 공격을 감행할 것으로 예상해, 카리브 해에서 새로 탄생한 취약하기 그지없는 동맹국을 보호하기 위한 방안을 마련하느라 13개월을 고심했다.

1962년 5월, 불가리아에서 휴가를 보낼 때, 그는 미국 주도하의 쿠바 침공 가능성을 단번에 제거할 수 있는 아이디어를 떠올렸다. "방어선도 구축하면서 동시에 핵공격 능력까지 증강시킬 수 있다면, 이것이야말로 일거양득이 아닌가?" 소련의 미사일을 쿠바에 설치하게 되면, 그 동안 전략 핵무기에서 절대적인 약세에 있었던 것을 단번에 만회할 수 있고, 미사일이 미국에 도달하는 시간도 20분에서 단 3분으로 단축시키게 된다. 흐루쇼프의 생각은 다음과 같았다.

"소련이 쿠바에 비밀리에 미사일 기지를 설치하고 나면, 미국이 그것을 발견한다 하더라도 이미 설치된 후가 될 것이다. 미국은 쿠바의 미사일 기지를 파괴하려고 시도하겠지만, 신중하게 생각해야 할 것이다. 미국의 군사력을 감안해보면 우리 미사일 기지들을 충분히 파괴할 수 있다고 본다. 그러나 전부 한꺼번에 파괴할 수는 없다. 쿠바에 미사일이 몇 개만 남아있어도 —아니 한두 개만 남아있어도— 우리는 뉴욕을 강타할 수 있고, 뉴욕의 대부분을 날려버릴 수 있을 것이다."

카스트로로부터 동의를 얻은 소련은 그 해 여름 비밀작전에 들어갔다. 5개월이 넘는 기간동안, 극비리에 60여 척의 선박들과 해상 운송설

비들을 총동원하여 장비들을 쿠바로 수송했다. 이때 수송된 장비 내역을 보면, 42기의 중거리 미사일, 42대의 장거리 폭격기, 162개의 핵탄두와 5천 명의 병력, 군 고문관들과 기술자들, 장비들을 비롯해 다수의 전투기와 지대공 미사일 등이 포함돼 있었다.

모든 것은 흐루쇼프의 계획대로 진행되고 있었다. 그러나 그 해 10월 14일, 미국의 U-2 정찰기가 쿠바 서부지역에 대한 정기적인 정찰 비행 중, 거의 완성단계에 있는 미사일 기지를 촬영하고 기지로 돌아왔다. 10월 16일 아침식사가 끝난 뒤, 백악관 안보보좌관인 맥조지 번디 McGeorge Bundy가 미사일 기지의 관측을 케네디John F. Kennedy 대통령에게 긴급히 보고했고, 케네디 대통령은 즉시 특별위기관리팀을 소집했다. 국가안전보장회의 비상 대책 위원회 또는 엑스콤ExComm으로 알려져 있는 이 팀은 국가안보보좌관, 국무장관, 국방장관, CIA 국장, 법무장관과 대통령이 위촉하는 몇몇 고위인사들로 구성되어 있었다.

당시 대통령의 특별보좌관으로 있었던 아서 슐레진저Arthur Schlesinger의 기억에 의하면, "엑스콤의 분위기는 긴장감이 흐르는 가운데서도 의견을 자유롭게 개진했다. 이것은 뜻밖의 사태이고, 조심스럽게 접근해야 한다는 데 의견이 일치했다."

모두들 나름대로의 대안들을 내놓았지만, 문제의 핵심을 찾아내지 못하고 그 주변들만 맴돌고 있었다. 그들은 세 가지 선택방안을 검토했다. 공중폭격, 육상 침공과 해상봉쇄 등 3가지 안이었다. 공중공격은 목표물을 집중타격 할 수 있는 장점이 있는 반면, 흐루쇼프가 예상했듯이

미국의 U-2기가 촬영한 쿠바의 미사일 기지 건설현장 (미 연방 공문서보관소)

당시의 기술력으로 보았을 때, 60~90%의 미사일들만 파괴시킬 수 있었다. 군부의 의견은 공중폭격 후 침공을 감행해 위협을 제거하고 카스트로 정권도 붕괴시키는 안을 주장했다. 그러나 상황이 너무 급박했기 때문에, 그 방법은 사태를 더 악화시킬 가능성이 있었다. 그래서 케네디는 마지막 행동을 취하기 전에, 소련에 미사일을 철수할 수 있는 기회를 주기를 원했다. 이 지역에서 압도적인 미 해군력을 이용한 봉쇄작전은, 소련의 반응을 저울질해보고, 미국의 유연성을 보여줄 수 있는 방안이었다.

그러나 번디는 해상봉쇄로는 미사일을 제거할 수 없을 것이라고 주장했다. "소련은 이미 필요한 장비들을 모두 쿠바에 준비시켜놓은 상태이므로, 해상봉쇄로는 소련이 미사일 기지들을 설치하는 것을 방해할 수 없습니다. 또 봉쇄는 상대방으로부터 또 다른 봉쇄를 불러올 수도 있습니다. 베를린의 사례에서도 보았듯이, 봉쇄작전은 신중을 기해야 합니다. 그것은 단판승부를 필요로 하지 않습니다. 그러한 작전은 첫 시작 단계에서 필요한 것이지, 마지막 단계에서는 가급적 피해야 합니다."

케네디와 그의 보좌관들은 최악의 상황도 대비하고 있었다. 대통령은 봉쇄작전을 위해 3백 척의 해군 함정들을 카리브 해역과 남대서양에 배치했다. 쿠바침공을 준비하기 위해, 18만 명의 병력도 대비시켜놓고 있었다. 그리고 미사일 부대에도 명령이 하달되는 즉시 몇 분 내로 핵미사일을 발사할 수 있도록 준비하라고 지시했다. 그는 또 전국에 걸쳐 비상식량과 식수, 의약품들을 전국에 산재해 있는 핵 방공호로 보내도록 조치했다. 그리고 10월 22일 월요일 저녁, 쿠바에서의 소련 미사일 기지의 관측과 이에 대응하기 위한 해상봉쇄를 명령했다는 내용을 미국 전역에 방송할 연설문을 준비했다. 모든 국민들이 TV와 라디오에 시선을 집중하는 가운데, 케네디 대통령은 그의 집무실에서 침착한 목소리로 연설을 하기 시작했다.

"지난 주, 쿠바에서 핵공격 미사일 기지가 건설 중에 있는 확실한 증거를 포착했습니다. … 우리는 미국의 안보에 막대한 위협을 줄 수 있을 정도의 가공스러운 무기들이 있는 세상에서 살기를 바라지 않습니다. 핵무기들은 대량파괴를 가져오고 특히 탄도 미사일은 너무 빠르기 때문에, 핵탄두를 장착하거나 미사일의 배치를 변경할 때에는, 평화에 결정적인 위협이 될 수 있습니다. … 1930년대를 되돌아보면, 우리들에게 공격적인 행위가 견제되지 않고 그대로 방치되거나, 제재를 받지 않는다면 궁극적으로는 세계대전으로 비화될 수도 있다는 명확한 교훈을 주었습니다. 그러므로 우리의 확고한 목적은 이러한 위험한 무기들이 우리 미국은 물론이고 다른 국가에서도 사용되지 못하도록 예방하고, 제거해야 합니다."

대통령은 어떠한 상황에서도 대처할 수 있도록 만반의 준비를 하도록 군에 지시했으며 "이러한 조치들은 이제 시작일 뿐이고 … 우리는 조급하게 행동해서도 안 되며, 전 세계를 핵전쟁으로 비화시킬 수 있는 위험을 자초해서도 안 된다"는 점을 강조하면서 "그러나 막다른 위험에 직면했을 때는, 과감히 도전에 맞설 준비를 해야 한다"고 말했다. "미국은 쿠바에서의 미사일 기지 건설을 서반구에 대한 위협으로 간주할 것이며, 소련이 미국에 공격을 가할 경우, 미국은 소련에 대해 전면전도 불사할 것이다." 케네디는 흐루쇼프에게 "세계 지배에 대한 야욕을 버리고, 위험스러운 무기경쟁을 끝내는 역사적인 노력에 동참해 인간의 역사를 만들기 위해 노력하자"고 촉구했다. "우리 미국은 필요하다면, 전쟁의 위협을 평화로 대치할 준비가 되어 있고, 평화로운 세상을 만들기 위한 우리의 제안이 받아들여져 언제 어디에서나, 어떤 제약도 없이 상호간에 대화를 이끌어낼 수 있기를 촉구한다."

소련의 반응도 즉각적으로 나왔다. 케네디의 연설에 뒤이어, 흐루쇼프는 소련 전략미사일 부대에 비상경계령을 내렸고, 쿠바로 가는 모든 소련 선박들은 진로를 바꾸지 말고 계속해서 항해하라고 지시했다. 흐루쇼프는 크렘린에서 최고회의 간부회를 소집해, "이것은 또 한 번의 세계대전이 될 수도 있다"고 말했다.

흐루쇼프는 케네디에게 보내는 서신에서 도전적인 어조로 미국이 취한 조치들을 철회하라고 경고했으며, 그렇지 않으면 세계평화에 큰 재앙이 될 것이라고 말했다. 또한 케네디가 취한 조치는 쿠바와 소련은 물론이고, 다른 나라들에 대한 공공연한 내정간섭이라고 규정한 뒤, 쿠바 해역에 대한 봉쇄는 공해상에서의 항해권을 부인하는 것으로 쿠바와 소련에 대한 명백한 침략행위라고 비난했다. 흐루쇼프는 케네디의 주장을 반박하면서 "우리는 당연히 쿠바가 자국의 방어능력을 강화하려는 노력을 미국이 군사력으로 억제하려고 하는 것을 용납하지 않겠다"고 강조했다. 흐루쇼프는 나중에 그때를 회상하면서 "나는 그날 밤 옷도 그대로 입은 채 사무실 소파에서 눈을 붙였다. 언제든 비상사태를 알리는 경고가 들어오는 즉시, 반격할 준비가 되어 있었다"고 밝혔다. 케네디는 간결한 서신을 그에게 보냈다.

"존경하는 서기장 각하!

나는 각하의 서신을 10월 23일에 받았습니다. 각하께서는 우리가 취한 일련의 조치가 귀국 정부가 쿠바에 미사일을 비밀리에 설치한 데 따른 당연한 조치라는 것을 알고 있을 것입니다. 우리는 이 문제를 유엔안전보장이사회에서 논의할 것입니다. 우리는 신중하게 대처할 것이며 지금의 사태를 더욱 악화시키는 행위는 묵과할 수 없습니다. 나는 각하께 소련 선박들이 우리의 정선명령에 따르도록 필요한 조치를 즉시 시행해줄 것을 촉구합니다. 이러한 조치의 근거는 오늘 오후에 열린 미주기구(OAS)의 결정에 근거한 것이며, 10월 24일부터 시행되고 앞으로 1,400시간 동안 효력을 미치게 될 것입니다."

케네디의 성명에 이어, 미국 정부는 동맹국들과 주변 국가들을 상대로 설득작업에 들어갔다. 미주회의 관련국 대사들과의 모임에서, 딘 러스크 국무장관은 "솔직히 말하자면, 우리 인류는 지금 최대위기에 몰려 있다는 것을 인정할 수밖에 없습니다." 미주기구는 정선명령을 만장일치로 통과시켰고, 회원국들은 봉쇄를 지원하기 위해, 자국의 함정들을 파견하기로 결의했다. 그날 밤 해런 클리블랜드Harlan Cleveland 국제기구 담당국무차관보는 퇴근할 때, 딘 러스크 국무장관에게 말했다. "내일 아침, 뵐 수 있겠죠?" 피곤하고 걱정스러운 딘 러스크 국무장관이 대답했다. "제발 그래야지."

대국민담화가 있었던 다음 날, 케네디는 쿠바에 대해 수시로 정찰비행을 하라고 지시하고, 해상봉쇄를 실시하라는 명령서에 서명했다. 백악관에서는 케네디와 보좌관들이 소련의 예상되는 반응들에 대해서 논의했다. 케네디는 최근 바버라 터크먼 Barbara Tuchman의 책 〈8월

1961년 6월 오스트리아 비엔나에서 정상회담 중인 흐루쇼프와 케네디 (미 의회도서관)

의 무기들〉이란 책을 읽은 적이 있었다. 그 책은 제1차 세계대전을 일으킨 요인들을 분석한 책이었다. 1차 세계대전과 같은 대재앙은 한 국가의 경고가 다른 국가의 섣부른 판단에 영향을 미치면서 촉발되었다는 내용이 떠올랐다. "우리는 절대 오판을 해서는 안 된다. 경솔하게 적을 몰아붙여, 그들이 상황에 떠밀려 반격하도록 하는 어리석은 행동을 해서는 안 된다."

그러나 양 강대국 사이에는 비공식적인 의사소통 채널이 없었다. 이러한 위기 시에는 상대방의 의중을 신속하고 명확히 전달해줄 수 있는 의사소통 채널이 절실히 필요하다고 판단한 양측에서는 각자 새로운 채널을 확보하기 위해 노력했다. 로버트 케네디 법무장관은 찰스 바틀

릿Charles Bartlett(채터누가 타임스의 워싱턴 지국장이자 퓰리처상 수상자이기도 한 그는 케네디 가와 오래전부터 친교를 맺어왔으며, 케네디 대통령에게 재클린 여사를 소개해주었던 인물이다)에게 게오르기 볼샤코프Georgi Bolshakov를 만나도록 부탁했다. 볼샤코프는 표면상으로는 타스Tass 통신사의 미국지사 기자였으나, 실제로는 소련 군정보국의 워싱턴 담당 책임자였으며, 케네디 형제가 꼭 1년 전 베를린 위기를 타개하기 위한 크렘린과의 비밀통로로서, 그를 잠깐 활용한 적이 있었다. 바틀릿과 볼샤코프는 워싱턴의 언론클럽을 드나들면서 알게 된 사이었다. 그들은 내셔널프레스 클럽에 있는 바틀릿의 사무실에서 만나기로 했다. 케네디 대통령도 두 사람의 만남을 동의했다.

바틀릿은 볼샤코프에게 "대통령은 아직까지도 쿠바 사태를 주시하면서, 진주만 공습 때의 일본의 기만과 비교하면서 흥분하고 있다. 대통령은 쿠바를 침공하는 것을 원치 않는다. 다만 미사일 기지를 제거하기만을 바라고 있다." 바틀릿은 UN을 통해서 문제를 해결하는 방법을 생각하고 있다면서, 소련도 그 가능성을 검토하고 있는지 알고 싶어 했다. 일을 쉽게 풀어가려면, 소련은 쿠바로 향하고 있는 선박들을 멈추도록 해야 한다고 제의했다.

볼샤코프는 주의 깊게 듣기만 하고 반응을 보이지 않았다. 로버트 케네디 법무장관은 바틀릿에게 다시 그를 만나보라고 종용하고 몇 장의 사진들을 건네면서 확실한 증거를 그에게 보여주라고 당부했다. 로버트 케네디가 바라고 있는 것은 이들의 만남을 통해서, 미국인들의 분노에도 불구하고, 미국 정부는 위기를 해결하기 위해서, 소련과 공동노력을 함께하기 위해 대화의 문을 열어놓고 있다는 것을 모스크바 쪽에 알리려는 의도였다.

미국은 처음으로 핵 공격부대에 데프콘 2단계DEFCON 2를 유지하라고 명령했다. 그 조치는 전면전의 전 단계로서, 소련에 미국의 이와 같은 동향을 감지시키면서, 미국의 단호한 입장을 주지시키려는 메시지도 담겨 있었다. 긴장감은 여러 곳에서 높아가고 있었다. "이번이 우리들의 마지막 대화일 수도 있다"고 UN 주재 소련대표부의 공보 담당관이 미국기자들에게 한 말이었다. "뉴욕은 소련의 핵무기 공격으로 내일, 한 순간에 사라져버릴 수도 있다"고 위협했다.

로버트 케네디는 그날 밤 9시 30분, 주미 소련 대사 아나톨리 도브리닌Anatoly Dobrynin을 소련 대사관 3층에 있는 사무실로 방문했다. 로버트 케네디는 도브리닌이 흐루쇼프와 직접적인 접촉채널을 갖고 있다는 것을 알고 있었다. 그래서 두 사람은 이전부터 외교관들을 개입시키지 않고, 양측의 입장들을 조율할 필요가 있을 시에만 종종 접촉하고 있었다.

로버트 케네디 법무장관은 이전에 한 약속, 즉 미국의 중간선거전에는 어떠한 도발적인 행동도 삼가겠다는 흐루쇼프의 약속은 물론이고, 쿠바에서 미사일 기지들을 설치하지 않겠다는 도브리닌과 흐루쇼프의 약속에 그의 형제가 기만당했다는 것을 알려주기 위해서, 자신이 자진해서 왔다고 말했다. 대사를 비난한 뒤, 로버트 케네디는 자리를 박차고 일어섰다.

그는 문까지 걸어가서는, 뒤를 돌아보지도 않은 채 물었다. "어젯밤 대통령의 담화와 오늘 정선 명령이 하달된 뒤 소련 정부는 소련의 선박들에게 어떤 훈령을 내렸는지 말해줄 수 있겠습니까?" 도브리닌이 대답했다. "물론 알고 있습니다. 소련의 선박들은 공해상에서 발생하는 어떠한 불법적인 요구에도 굴복하지 않을 것입니다. 미국의 이번조치는 공해상에서의 자유 항해를 보장하는 국제법을 유린하는 것입니다." 그러면서 그가 알고 있는 한 본국 정부의 지시는 아직까지 변함이 없다고 말했다. 로버트 케네디는 문을 나서면서 "나도 결말이 어떻게 날지 모르겠습니다. 그러나 분명한 것은 미국은 소련 선박들을 강제 정선시키려는 의지에는 변함이 없다는 것을 기억해 주십시오"라고 말하면서 문을 나섰다. 모스크바에서는 흐루쇼프가 전날 케네디 대통령이 보내온 서신에 대한 답장을 쓰기 위해 완강하면서도 한마디 변명도 없는 내용을 구술하고 있었다.

"각하께서는 작금의 상황을 우리의 탓으로 돌리면서, 도발을 하고 있습니다. 각하께서 지금 저지르고 있는 행동은 과연 옳은 일인지 묻고 싶습니다. 대통령 각하, 너무 흥분하지 말고 냉정하게 지금의 상황을 헤아려보았으면 좋겠습니다. 그러면 소련이 미국의 강제명령을 거부하는 것이 정당하다는 사실을 깨닫게 될 것입니다. 나는 각하께 입장을 한 번 바꿔서 생각해보라고 충고하고 싶습니다. 만약 어떤 나라가 미국에 대해서 이런 지시를 한다면, 미국은 당연히 거부할 것입니다. 그래서 우리의 대답도 당연히 'NO'입니다. 소련 정부는 국제법상 보장된 자유 항해권과 자유 항공 통과권을 유린하는 것은 인류를 핵전쟁으로 몰고가려는 침략적인 행동으로 보고 있습니다. 그러므로 소련 정부는 쿠바로 향하고 있는 소련석박들에게 쿠바를 봉쇄하고 있는 미 해군의 정선명령에 따르라고 지시할 수 없습니다. 소련 선박들에게 내린 우리의 훈령은 국제법상 보장된 공해상에서의 항해권을 의연하게 준수하고 한 발짝도 물러서지 말라는 내용입니다. 미국에서 이러한 규정을 위반한다면, 그로 인해 발생하는 모든 책임은 미국 측이 져야 할 것입니다. 당연히 소련은 공해상에서 미국이 자행하는 불법행위에 대해 방관하지 않을 것입니다. 우리가 필요하다고 인정하면, 모든 수단을 동원해서라도 우리의 권리를 지키기 위해 적절한 조치를 취할 것입니다. 필요하다면, 우리는 어떤 행위도 마다하지 않을 것입니다."

해상봉쇄는 이날 아침 10시에 시작되었고, 이 시각 25척의 소련화물선들은 정선명령 지역으로 항해하고 있었다. 봉쇄의 군사적 효과는 그다지 큰 편이 아니었다. 이미 대부분의 장비들이 쿠바에 수송된 뒤였기 때문이다. 그러나 효과가 제한적이긴 하지만, 해상봉쇄는 일차적인 외교적 수단이고, 미사일 철수를 주장하는 선제적 경고의 의미가 있었다.

미 해군은, 봉쇄선을 지나려는 선박들에게 멈추지 않으면 발포하겠다고 명령하게 되고, 앞으로의 사태전개는 소련이 봉쇄명령에 어떻게 대응하느냐에 달려있었다. "우리는 전쟁 일보직전에 있었다." 흐루쇼프가 훗날 술회했다. "전쟁 직전에 있었고, 어떤 것이든 일어날 수 있는 상황이었다. 원하든 원치 않든 간에, 한 쪽에서 발사하면 다른 쪽도 대응사격을 하게 되는 일촉즉발의 상황이었다."

소련선박들이 가까이 접근하고 있을 때, 백악관에서는 케네디 대통령이 각료들과 수석보좌관들과 함께 대기하고 있었다. "지금의 상황은 우리들이 예상하지 못한 상황은 아니었다. 그러나 제발 오지 않기를 바라는 상황이었다." 로버트 케네디는 당시를 회상했다.

"위험과 걱정 때문에, 우리들 모두가 구름위에 올라앉아 있는 기분이었다. … 이 몇 분간이 형에게도 가장 긴장된 순간이었으리라 생각한다. 그의 손은 얼굴을 덮었고, 입술은 꼭 닫혀있었다. 그리고 주먹을 불끈 쥐었다. 그의 눈은 긴장감에 휩싸였고 어두웠다. 우리들은 테이블을 사이에 두고 서로 쳐다보기만 했다. 세계는 지금 대재앙의 순간에 와 있었다. 우리가 혹시 잘못하고 있는 것은 아닌가? 이러한 재앙을 피해갈 수 있는 방법은 없는 것인가? 우리는 마지막 결단의 순간에 있었다. 나는 도저히 피할 수 없는 위기의 순간에 있었다고 느꼈다."

이 절박한 순간, 한 보좌관이 해군 정보국에서 보내온 메시지를 CIA 국장에게 건넸다. 그 보고서에는 쿠바로 향하고 있던 20척의 선박들이 공해상에서 멈추거나 회항했다는 내용이었다. 러스크는 번디에게 얼굴을 돌리면서 말했다. "정면대결은 피했네." 그때서야 모든 사람들이 눈을 깜빡거렸다. "모든 사람들이 다른 사람처럼 보였다." 로버트 케네디가 회상했다. "잠시 동안이나마 세상은 멈춰 있었다. 그리고 지금 다시 움직이기 시작했다."

소련선박들의 회항은 해상 전투의 위험에서 한 걸음 벗어나게 했다. 그러나 본질적인 문제인 미사일 기지는 여전히 남아 있었다. 미사일 기지들은 계속 건설되고 있었고, 거의 마무리 단계에 가까워지면서 긴장은 더욱 고조되었다. 모스크바에서는 흐루쇼프가 미국사업가인 윌리엄 녹스William Knox를 급히 불러 대화를 나누고 있었다. 흐루쇼프는 그에게 미국 정부에 보내는 메시지를 전달했다. 녹스와 3시간 동안이나 대화를 나눈 흐루쇼프는 자신과 케네디 대통령이 이 위기를 해소하기 위해서 정상회담을 갖자고 제안을 했다.

흐루쇼프는 불법적인 해상봉쇄라면서, 화를 냈고 녹스와의 대담 때 몇 번이나 되풀이하면서, 그가 선박들을 멈추거나 회항하라고 지시했다고 했다. 그럼에도 불구하고 케네디는 봉쇄를 계속하고 있다면서, 소련도 곧 다른 지역에서 미국 선박들에게 정선명령을 내리겠다고 경고하기도 했다. 그러면서 미국의 사업가에게 "소련은 그때는 잠수함을 파견해서 봉쇄에 불응하는 미국선박들을 한방에 격침시켜 버리겠다고 으름장을 놓았다."

흐루쇼프는 처음으로 쿠바에 핵탄두가 장착된 미사일의 존재를 인정했다. 그러면서 흐루쇼프는 케네디 대통령과 워싱턴이든 모스크바든, 해상이든 공중이든 어디서라도 만나자는 제의를 했다. 그는 재앙을 피하는데 관심을 갖고 있다고 말했다. "그런데도 미국이 전쟁을 원한다면, 우리들은 모두 지옥에서 만나게 될 것이다"라고 덧붙였다.

* * *

UN에서는 우탄트U Thant 사무총장이 미국의 해상봉쇄에 대한 쌍방 간의 자제를 촉구하면서, 소련에 대해 화물 선적을 2주일간 정지하라고 촉구하고 나섰다. 이 제안에 대해 소련은 즉각 수용했고, 미국은 불만이었다. 미국의 판단으로는 유엔사무총장의 제안은 도발과 그에 대한 응전을 동일하게 보고 있다면서, 그 부당성을 지적했고, 이미 쿠바에 있는 미사일들에 대해서는 아무런 언급도 없고 오히려 미사일 기지들을 계속해서 설치하도록 인정하는 셈이며, 미사일 기지들에 대한 검증도 포함되어 있지 않다면서 거절의사를 밝혔다. 조지 볼George Ball 국무차관은 "이 제안은 아무 도움도 되지 않을 것이다. 미국이 그 제안을 받아들이면, 흐루쇼프를 곤경에서 구해주는 것이고, 우리는 영원히 쿠바에서 미사일을 제거할 수 없을 것이다." 그의 말은 옳았다. 당황한 케네디 대통령은 보좌관들에게 말했다. "우리의 선택 폭을 줄이는 제안을 받아들일 수 없다. 그러한 제안은 우리를 협상이라는 올가미에 가두어 놓고, 미사일 기지들의 완성을 도와주는 꼴이라고 말했다."

모스크바에서, 흐루쇼프는 세계적인 철학가인 버트런드 러셀 Bertrand Russell에게 편지를 보내, 위기를 해결하기 위해서 두 지도자들의 회담을 주선해 줄 것을 당부했다. 케네디와 흐루쇼프는 4개월 전 비엔나 Vienna에서 만난 적이 있었다. 그때의 정상회담에서 흐루쇼프는 음흉한 속셈으로 케네디 대통령을 추켜세우며 아첨을 떤 적이 있었다. 케네디는 그때의 상황을 묘사하면서 "내 일생에서 가장 불쾌한 경험"이었다고 말하면서 "나는 정상회담에 관심이 없다"고 선을 그었다. 케네디 대통령은 정상회담 제의는 미사일이 작동할 수 있을 때까지 시간을 벌려는 흐루쇼프의 음흉한 계략이라고 판단했다. 해상봉쇄에 대한 첫 시험은 10월 25일 목요일 아침에 있었다. 그때 소련선박 부카레슈티 호가 봉쇄선에 가까이 오고 있었다. 케네디 대통령은 잠깐 망설였다. "이 문제를 오늘로 끝을 맺는 게 좋을 것인가, 아니면 내일로 미루는 것이 좋을 것인가?" 미국은 이 선박이 무기들을 수송하는 것으로는 보지 않았다. 케네디 대통령은 좀 더 시간을 두고 판단하기로 하고, 미 해군 함정이 정지신호를 보내고, 이에 대한 반응을 보면서 통과여부를 결정하기로 했다. "우리는 흐루쇼프가 성급한 행동을 하도록 몰아세울 생각은 없었다. 그에게 생각할 기회를 주고 싶었다. 우리는 그를 사면초가로 몰아세워서는 안 된다고 판단했다." 그러나 미국의 봉쇄정책은 별 효과를 보지 못했다. 그래서 봉쇄를 계속하는 것보다는 미사일을 제거하는 방안을 모색하기 위해 몰두했다. 대통령의 연설담당 비서관인 테드 소렌슨Ted Sorensen이 일기에 남긴 글이다. "오랫동안 고심해왔던 생각들이 드디어 윤곽을 드러내기 시작했다. … 시간의 제약은 큰 압력으로 돌아왔다. 미사일 기지가 완성되어 작동에 들어간다면, 어떤 위협도 효과가 반감 될 것이고, 심지어는 미사일 기지들에 대한 공격도 위험을 감수해야하고, 대통령의 선택 폭도 그만큼 좁아질 수밖에 없다." 케네디 대통령은 10월 25일 흐루쇼프에게 편지를 썼다.

"나는 10월 24일 각하의 편지를 받았습니다. 나는 각하가 그러한 제안으로는 우리를 움직이게 할 수 없다는 것을 이해하지 못하는 것 같아 매우 안타까웠습니다. 나는 사태를 명확하게 인식하기를 각하께 촉구합니다. 이번 사태의 원인 제공자는 내가 아니라 각하라는 사실을 깨달았으면 합니다. 그러고 나는 이미 쿠바에서 확보한 증거들을 보여주면서 나의 입장을 분명히 밝혔습니다. 나는 이번 사태가 두 국가의 관계를 악화시키는 원인이 되었음을 유감으로 생각하고 있습니다. 나는 소련 정부가 원래의 상태로 복구시키는 필요한 조치를 취해 줄 것을 다시 한 번 촉구합니다."

한편, 유엔에서는 스티븐슨 UN 주재 미국 대사가 미국의 입장을 밝히는 연설을 하면서, 세계여론을 반(反) 소련 쪽으로 이끌어내는 큰 역할을 했다. 그는 안전보장이사회에서 소련 대사 발레리안 조린Valreian Zorin을 가리키면서, "핵무기들을 쿠바에서 당장 철수시켜야 합니다. … 당신네 소련은 이런 위험한 무기들을 쿠바로 보냈습니다. 소련 정부가 위험을 자초했습니다." 이러한 드라마틱한 대결에서, 스티븐슨은 조린을 꼼짝 못하게 하고 그저 책상만 쳐다보게 하는 생생한 장면을 TV 생중계를 통해서 전 세계에 방영하도록 만들었다. "조린 대사, 당신은 소련이 중거리 미사일 기지를 쿠바에 건설했고, 또 건설 중이라는 사실을 부인합니까? 맞습니까? 아닙니까? 통역을 할 필요도 없습니다. 맞는지 아닌지만 말해주시오!" 조린은 냉정하게 반응했다. "나는 미국 법정에 서 있는 것이 아닙니다. 그러므로 검사가 질문을 하는 것처럼 그렇게 다그치는 질문에 대답하고 싶지 않습니다. 나중에 때가 되면 대답하겠습니다. "당신은 지금 세계여론의 법정에 있습니다." 스티븐슨이 다시 물었다. "그러니 당신은 맞는지, 아닌지 대답해야 합니다. 당신이 미사일의 존재를 부정한다면, 당신은 나에게 당신의 주장이 옳다는 것을 이해시켜 주길 바랍니다."

조린이 대답했다. "당신이 계속해서 질문을 해도 대답은 하지 않을 작정입니다." 스티븐슨이 다시 질문했다. "나는 언제까지나 대답을 기다릴 준비가 되어 있습니다. 그리고 나 또한 이곳에서 그 증거를 보여줄 준비가 되어 있습니다." 스티븐슨은 다음과 같이 말하면서 끝을 맺었다. "우리는 진실을 알고 있고, 물론 당신도 알고 있습니다. 그리고 그것들에 관해 말할 준비도 되어 있을 겁니다. 우리 외교관이란 직업

(왼쪽) 아들라이 스티븐슨 유엔 주재 미국 대사와 (오른쪽) 발레리안 조린 유엔 주재 소련 대사
(미 의회도서관)

은, 토론에서 점수를 따는 것이 아니죠. 미스터 조린, 우리의 사명은 평화를 수호하는 것입니다. 당신이 그럴 준비가 되어있다면, 우리 함께 평화를 수호해나갑시다."

한편 흐루쇼프는 10월 25일 정오, 모스크바에서 최고회의 간부회를 소집했다. 그는 회의 참석자들에게 케네디와의 설전을 계속한다는 것은 아무 소득도 없다고 판단하면서, 케네디 대통령은 자신의 위협에도 아무 동요도 보이고 있지 않다고 말했다. 한편 여러 채널로부터 크렘린으로 보내오는 정보들을 검토해 보면, 앞으로 며칠 내에 쿠바로 침공할 징후들을 보이고 있다고 말했다. "우리는 카스트로를 보호할 수 있는 다른 방법들을 찾아야 할 것"이라고 그들에게 말했다. 그러면서 케네디 대통령에게 다음과 같은 제의를 하겠다고 말했다. "쿠바를 침공하지 않겠다는 약속을 하라, 그러면 우리도 미사일을 철수하겠다." 그는 동료들을 설득하면서 "이렇게라도 하면서 쿠바를 안정시켜야 하고, 안전을 보장해야 한다." 최고회의 간부회는 이의 없이 흐루쇼프의 제안을 지지했다. 흐루쇼프는 상황을 좀 더 진정시키려는 의도에서 "동지들, 오늘 저녁은 볼쇼이 극장에 가서 공연을 관람하자"고 제의했다. "우리 국민들은 물론이고 외국의 모든 시선들도 지켜보고 있다. 우리의 이런 모습을 보면 그들도 좀 진정되지 않겠는가."

10월 26일 금요일 오후, 워싱턴 주재 KGB 연락사무소 소장인 알렉산더 페클리소프Alexander Feklisov가 친구인 ABC 방송의 국무부 출입 기자 존 스칼리John Scali에게 전화를 걸어 점심 약속을 제의했다. 페클리소프는 "전쟁이 곧 터질 것 같다! 상황을 반전시킬 수 있는 무엇인가가 필요할 때"라고 말했다. 스칼리는 그에게 "소련은 쿠바에 미사일을 설치하기 이전 상태로 돌아가야 할 것 같다"고 말했다. 페클리소프는 한 가지 제안을 했다. 소련이 UN 감시 하에 미사일을 철거하고, 흐루쇼프가 다시는 그런 무기들을 쿠바에 들여놓지 않겠다는 약속에 대해 어떻게 생각하느냐? 그러면 미국 대통령은 쿠바를 침략하지 않겠다는 약속을 공개적으로 할 것인가?" 그들은 점심식사를 하면서 세 가지 상황에 관한 계획안을 만들었다. "첫째는 흐루쇼프는 UN 감시 하에 쿠바에서 미사일 철수에 동의한다. 둘째는 카스트로는 이와 같은 무기들을 다시는 자국에 들여놓지 않겠다고 천명한다. 셋째는 케네디 대통령은 쿠바를 침공하지 않겠다고 공개적으로 약속한다." 로버트 케네디는 이 제안을 보고 받고 "왜 그들이 이러한 대화 통로를 이용했는지 그 이유를 모르겠다. 그러나 이러한 식의 비공식적인 제의가 소련 측에서는 흔히 이용하는 방법이기도 했다"고 훗날 일기에 썼다. 스칼리가 돌아가고 난 뒤, 로버트 케네디는 국무장관과 만나서 그 제안을 들려주었다.

딘 러스크 국무장관은 그것은 미국의 반응을 떠보기 위한 수단이라고 생각했기 때문에 처음에는 페클리소프를 대화채널로 활용하는 데 신중했다. 그러나 백악관은 그 소식에 고무되었고, 한 번 기대를 걸어보기로 결정했다. 러스크도 그 제안은 검토해 볼 만하다고 생각한 뒤, 스칼리에게 페클리소프를 다시 만나서 공식 메시지를 가지고 저녁 때까지 와달라고 당부했다. 스칼리는 워싱턴에 있는 스타플러 호텔에서 만나기로 약속을 하고, 페클리소프의 제안이 소련의 고위당국자에 의해 제안된 공식적이고 실현 가능한 제안인지와, 비록 시간이 촉박하다 했더라도 뉴욕에 있는 우탄트 유엔사무총장을 비롯한 소련과 미국의 대표들을 제외시킨 이유를 물었다. 페클리소프는 그날 오후 사무실로 돌아오자 즉시 모스크바에 그들의 회동내용을 보고했다. 그러나 그 보고서는 통신시설의 접속장애로 며칠 뒤까지 크렘린에 도착하지 않았다. 어떻든 미국 측에서의 회동에 관한 소식은 엄청난 기대를 갖게 했고, 미국인들에게도 비관적인 생각에 잠겨 있을 때, 한 가닥 희망을 안겨주었다.

미국 측의 언질에 고무된 우탄트 유엔사무총장도 좀 더 조심스러운 두 번째 제안을 제시했다. 그의 제안은 소련에 대해서는 유의미한 합의를 이끌어 내기 위한 회담을 여는데 시간을 주기위해서, 24시간동안 쿠바로 향하는 선박들을 일시 정지시켜 줄 것을 요청했다. 그리고 케네디 대통령에게도 모든 미국 함정들에게 예상치 못한 사태를 최소화 하기 위해서 며칠 동안 소련선박들과 직접적인 접촉을 피하기 위한, 모든 가능한 조치를 취해 줄 것을 요청했다. 이에 대해 케네디 대통령은 소련 선박들이 저지선에서 멀리 떨어져있다면, 예비협상을 위해 필요한 시간동안 미국 함정들도 그의 요구를 따를 것이라고 대답했다. 흐루쇼프도 우탄트에게 소련도 그의 제안에 동의하겠다고 말하면서도, 그들의 자제는 오래가지 않을 것이라는 경고도 잊지 않았다.

* * *

미사일들을 제거하기 위해 시작된 해상봉쇄작전은 무위로 돌아갔고, 쿠바에서의 미사일 기지들의 건설이 계속되고 있는 상황에서, 백악관에서는 쿠바를 공격하자는 의견이 거세게 대두되고 있었다. 맥조지 번디가 그때의 상황을 들려주었다. "해상봉쇄는 온건파들이 주장했는데, 그것이 무위로 돌아갔다. 결국 소련으로 하여금 미사일 기지들을 진척시키는 시간을 만들어준 셈이 되었다." 이제 팬타곤(미 국방부)은 침공을 강력히 주장했다. 이에 따라 백악관 보좌관들도 위협을 제거할 수 있는 실질적인 행동들을 취해야 할 필요성을 인정하고 있었다. 미국은 지금까지 공중폭격, 외교적 해결, 보다 강화된 해상봉쇄 이렇게 세 개의 방안을 생각해 왔었다.

국방장관인 로버트 맥나마라Robert McNamara는 목청을 높여 이의를 제기했다. "쿠바를 공격한 뒤 우리들이 살고 있는 지구가 어떤 세상이 될 것인가 아무도 모릅니다. 나는 정확하게 이게 정답이라고 말할 자신이 없습니다" 면서 강경파들에게 자제를 요청했다.

목요일 밤, 흐루쇼프에게는 미국의 쿠바침공이 임박했다는 보고서들이 계속해서 올라왔고, 쿠바 지도층으로부터도 불안한 뉴스가 전해졌다. 카스트로는 냉정한 어조로, 쿠바가 침공을 당하게 되면 소련은 미국에 대해 선제 공격을 감행하고 전면적인 핵공격을 해야 한다고 촉구했다. 카스트로는 하바나 주재 소련 대사와의 개인적인 대화에서도 이러한 견해를 피력했다. 이와 같은 카스트로의 제안은 크렘린에서는 무시되었다. 흐루쇼프의 기록에 의하면, "카스트로의 메시지가 큰 소리로 낭독되었을 때, 우리는 앉아서 듣기만 했고 오랫동안 서로 쳐다보기만 했다. 카스트로는 우리의 의도를 전혀 이해하지 못하는 것 같았다." 흐루쇼프는 드디어 충돌을 피하기 위해서 조치를 취할 때가 되었다고 결심했다. 그는 케네디에게 두서없이 개인적인 감정을 드러내면서 12페이지에 달하는 서신을 보냈다.

"각하는 전쟁을 운운하며 우리를 위협했습니다. 그러나 설령

쿠바 해역 봉쇄 당시 소련 화물선 파나마 호를 검색하려고 출동하고 있는 미 구축함 조지프 P. 케네디 호 (미 해군 역사유적사령부)

전쟁을 벌인다 해도 각하가 얻는 것은 아무것도 없을 것입니다. 각하의 미국도 똑같이 고통을 받게 될 것입니다. 그리고 미국은 우리 소련국민들이 의연함, 신뢰감과 책임감을 갖고 있다는 것을 인정해야 합니다. 우리들은 경솔하게 행동하는 것을 싫어합니다. 그리고 어느 나라에서 선거가 있는가에 대해서도 관심이 없습니다. 그러한 것들은 모두 다 부질없는 짓입니다. … 정말 전쟁이 일어난다면, 우리들은 전쟁을 계속하느냐 중단하느냐에 대해 결정할 힘이 없습니다. 그것이 전쟁의 논리이기 때문입니다. … 나는 두 차례의 세계대전을 겪어 보았기 때문에, 전쟁의 결과가 얼마나 비참한지 잘 알고 있습니다. 귀국은 그 동안 우리를 무시해왔습니다. 그러나 우리들도 감정을 갖고 있는 사람들이란 것을 인정해야 할 것입니다. 또 각하는 소련이 귀국을 공격한다면 어떤 사태가 벌어질 것인지 잘 알고 있을 것입니다. 당연히 미국도 우리를 공격하겠지요. 미국이 우리들에게 어떤 공격을 해와도 결과는 마찬가지입니다. 나는 각하께서 결과를 더 잘 알 것이라고 생각합니다. … 만약 사람들이 지혜롭게 행동하지 않는다면, 충돌은 끝이 없을 것이고, 결국 인류는 두더지처럼 살거나 전멸하게 될 것입니다. … 이제 우리는 정치가다운 지혜를 보여야 합니다. 나의 제안은 아래와 같습니다.

> : 소련은 쿠바로 향하는 선박들은 어떤 군수품도 선적하지 않을 것임을 약속한다. 따라서 미국은 쿠바를 무력으로 침공하지 않을 것을 선언하고, 쿠바를 침공하는 것과 같은 결과를 가져올 수 있는 어떤 세력들에게도 지원을 하지 않을 것임을 선언해야 한다. 그렇다면 소련도 쿠바에서 미사일을 철수할 것이다.

이 메시지는 금요일 저녁 국무부에 도달했다. 케네디 대통령과 보좌관들은 적극적으로 검토할 만한 사항이라고 생각했다. 그러나 크렘린의 늙은 여우가 이성을 잃은 것은 아닌가 하고 의심도 해보았다. 이에 대해 맥나마라 국방장관은, "이 문장은 구술한 내용을 받아 적은 것인데, 흐루쇼프나 받아 적은 사람 모두가 술에 취했거나 엄청난 스트레스를 받으면서 쓴 것 같습니다"라고 평했다. 그러나 미국 정부는 흐루쇼프의 입장에 중요한 변화가 생겼다고 판단했고, 낙관적인 견해들이 꿈틀거리기 시작했다. 국무부차관 조지 볼이 쓴 내용에 의하면, "스칼리 해프닝의 이면을 생각해본다면, 흐루쇼프의 편지는 구름을 뚫고 우리가 바라는 방향으로 선회했다는 것을 보여준다. 비록 그 서신은 길고 종잡을 수 없고 논쟁적인 여지는 많지만, 본질적인 면에서 이성적인 해결이라는 단서를 보여주고 있다는 점이다."

소련 미사일이 쿠바를 미국의 침략에서 보호하기 위한 수단이었지만, 미국이 침공하지 않겠다고 약속하면, UN 감시 하에 미사일을 철수하겠다고 했다. 비슷한 이야기들은 같은 날 조린 유엔 소련 대사와 우 탄트 유엔사무총장 간의 대담에서도 흘러나왔고, 비록 비공식적인 채널이긴 하지만, 워싱턴 주재 소련 대사관의 참사관에서부터 ABC의 국무부 출입기자인 존 스칼리에게도 같은 내용의 말들이 전해져왔다. 러스크 국무장관은 이것은 미사일 기지들의 완성을 위해 시간을 벌기위한 소련의 함정이 아닌가 하고 다시 한 번 의심도 해보았다. 정부는 앞으로 8시간 후면 미사일 기지가 완성될 것이라는 정보도 받고 있는 상황이었다.

백악관에서 소련의 제의를 신중히 검토하고 있는 그 시각에, 모스크바의 태도는 확실하게 결정되었다. 토요일에, 흐루쇼프는 두 번째 서신을 케네디에게 보냈다. 이전의 서신에 대해서는 언급하지 않고, 미국이 쿠바를 침공하지 않겠다는 약속은 물론이고 터키에 있는 미국의 미사일 철수를 요구했다.

"미국은 쿠바에 있는 미사일 때문에 이토록 예민하게 대응하고 있습니다. 쿠바가 미국의 해안에서 90마일 떨어져 있는 것 때문에 불안하다고 말하고 있습니다. 그러나 터키는 바로 소련과 연결되어 있습니다. 우리 순찰병들이 경계를 하면서 대치하고 있습니다. 자, 그렇다면 한번 생각해봅시다. 각하는 안전을 위해서 미국에서 말하는 소위 공격용 무기들은 철수하라고 요구할 권리가 있고, 똑같은 상황에 있는 우리들은 그럴 권리가 없는 겁니까?

미국은 각하가 말하기 좋아하는 공격용 무기들을 우리의 이웃인 터키에 배치하고 있습니다. 그래서 소련은 새로운 제안을 합니다. 소련은 공격용 무기인 미사일들을 쿠바에서 철수할 것입니다. 우리들은 이러한 작업을 UN 감시 하에 할 것이고, UN에도 약속할 것입니다. 그 대신 미국도 우리와 같은 방법으로 터키에서 미사일을 철수 하겠다는 약속을 해야 합니다. 우리가 합의를 하고 철수작업을 끝냈을 때에는, 유엔안전보장이사회에 회부해서, 약속을 이행했다는 것을 입증시켜야 합니다."

이번의 갑작스럽게 변경된 제안들은 대통령 보좌관들을 당황하게 만들었다. 그 서신의 행간의 의미들을 들여다보면, 소련 지도층 내부에서도 갈등이 있었다는 것을 느낄 수 있었다. 번디는 소련이 터키 카드를 꺼내든 것은 협상에서 유리한 고지를 차지하기 위한 의도라고 파악했다. 반면에 조지 볼은 토요일 아침의 서신은 이전의 서신에서 요구했던 것보다 더 많은 것을 얻기 위한 적극적인 제안이라고 생각했다. 흐루쇼프의 두 번째 서신은 시간을 절약하기 위해 방송을 이용했다. 그것은 새로운 형태의 의사 교환수단이 되었다. 빠른 전송은 그만한 가치가 있었다. 서신을 공개하게 되면서 비공개적인 협상은 끝났고, 세상의 관심도 증폭시켰다.

볼은 토요일 아침에 쓴 일기에서, "상황이 좋아 보이지 않는다"라고 썼다. 소련지도층이 결정한 처음의 제안과 보다 강경해진 두 번째의 제안 사이의 괴리를 어떻게 해석해야 하느냐고 의문을 제기했다. 맥나마라 국방장관도 비슷한 의견이었다. "우리가 처음의 제안에 대해 대답할 기회도 주지 않고, 누군가가 결정을 바꾸고 방송으로 공개적으로 발표했다면 앞으로 어떻게, 누구와 협상을 해야 할 것인가?" 이에 대해 러스크는 흐루쇼프는 즉흥적으로 처음의 제안을 제시했다고 했다. 번디의 의견은 대부분의 보좌관들이 생각하는 것처럼 금요일의 메시지는 흐루쇼프의 작품이 맞다. 그러나 "토요일 아침의 메시지는 빈틈없는 측근들이 그에게 압력을 행사한 결과"라고 보았다. 측근들은 첫 번째 서신을 좋아하지 않았다.

번디는 또 "내가 소련의 측근이었다 하더라도 싫어했을 것"이라고 말했다. 케네디는 "모든 국민들이 이 제안을 받아들이고 있다. 우리도 그 제안을 적극적으로 검토해야 한다"고 말했다. "이 제안은 꽤 괜찮은 제안이다"라고 말하면서 흐루쇼프의 결단을 칭찬했다. 케네디는 이전부터 터키와 이탈리아에 배치되어 있는 쥬피터 미사일을 철수하려는 계획을 갖고 있었다. 특히 터키에 배치되어 있는 15개의 미사일들은 너무 노후되고 액체연료식의 미사일이기 때문에, 소련을 자극하는 데는 효험이 있으나 실전 가치는 거의 없는 것들이었다.

미사일의 원형은 독일의 V-2 로켓을 모방했고 명중률이나 과다한 연료 보충시간은 미사일의 효용을 떨어뜨렸고, 실전에도 제한적이었다. 케네디 대통령은 "우리는 터키에 배치된 이미 가치가 없는 미사일들을 포기하는 한이 있더라도 쿠바의 위기에서 벗어나야 한다"고 말했다. 이러한 결정은 정치적으로 접근한다 하더라도, 쿠바를 공중폭격 하는 것보다, 터키에서 미사일을 제거하는 조건으로 위기를 넘길 수 있다면 국민들도 찬성할 것이다.

이럴 때, 우울한 뉴스가 튀어나왔다. 소련군함에서 발사된 대공포가 쿠바영공에서 U-2기를 격추시키고 조종사는 사망했다는 뉴스였다. 같은 날 2대의 초계 비행기도 쿠바영공에서 격추되었다. 케네디의 보좌관들은 소련이 상황을 악화시키려고 결정했다고 판단했다. "소련과 쿠바는 공공연하게 전쟁을 준비하고 있다는 사실이 밝혀졌다"고 로버트 케네디는 일기에 기록했다. "그들이 던진 올가미가 우리 모두를, 미국인들과 인류를 옭아 메고 있었다. 위기를 벗어날 수 있는 교량들은 파괴되고 있었다."

CIA 국장 존 맥콘도 쿠바 미사일 기지 건설은 주야로 강행되고 있다고 보고했다. 번디는 "우리는 전쟁 문턱에 있었다. 크렘린이건, 소련의 일부에서건 우리를 전쟁이라는 막다른 골목으로 몰아넣고 있었다"고 일기에 썼다. 사실은, 흐루쇼프도 당황하고 있었다. 지상군 사령관은 미국 비행기들을 공격하지 말라는 크렘린의 지시를 무시하고 있었다. 흐루쇼프는 통제를 강화하기 위해서 군부에 대해 자제하라고 지시했다. 소련에서도 군 통수권이 흔들리고 있었다. 그것은 대단히 위태로운 상황이었다.

미국의 사정도 어렵기는 마찬가지였다. 합참이나 의회 지도자들은 쿠바에 대해 공중 폭격이나 침공을 하라는 압력을 가하면서 군사해동을 촉구하고 나섰다. U-2기가 격추된 후, 합참에서는 대통령에게 자신들은 봉쇄정책의 부활은 너무 미약한 것으로 생각한다면서, 군사적 조치만이 소련을 굴복시킬 수 있다면서 군사조치를 촉구했다.

준비는 이미 완료되었고, 침공군도 플로리다에서 대기 중이었다. 엑스콤도 또 U-2기가 격추되면, 쿠바에 있는 미사일 기지를 공격하기로 결정했다. 또 두 번째 U-2기가 격추되면, 미 공군은 쿠바에 있는 미사일 기지를 완전히 파괴할 것을 결정했다. 스칼리와 페클리소프는 오후 4시 경, 다시 만났다.

번디의 일기에 의하면, "나는 토요일 오후의 스칼리와 페클리소프의 만남이 흐루쇼프를 설득할 수 있기를 바랐다." 스칼리도 터키의 미사일과 교환하자는 토요일의 제안에 깜짝 놀랐다. 그는 그의 중재가 실패한 것이라고 생각했다. 러스크도 그를 만나서 어떻게 된 것인지 조용히 물었다. 그러면서 그에게 페클리소프를 다시 만나서, 상황을 좀 더 알아보라고 당부했다. 스칼리도 터키에 있는 쥬피터 미사일에 대한 소련의 새로운 제안은 배신이라고 흥분하면서 페클리소프에게 미사일 교환은 애초에 거론되지 않았지 않느냐고 항의했다. "당신들이 미국이 허세부리고 있다고 생각하면, 엄청난 오산을 하고 있는 것"이라며 몰아붙였다." 우리들은 쿠바에서 미사일들을 제거하기로 완전히 합의했었다. 쿠바에 대한 침공은 시간문제이다. 페클리소프는 "금요일에 있었던 제안들은 아직도 유효하다. 그러나 케이블상의 장애로 전달이 지연되었다"고 설명했다.

그러나 스칼리는 여전히 불만이었고, 두 사람은 냉랭하게 헤어졌다. 오후 4시 엑스콤이 회의 중일 때, U-2 정찰기가 베링해협을 지나 소련의 영공 쪽으로 항로를 이탈했다는 급보가 들어왔다. U-2기는 고도를 유지하면서 정찰 임무 중이었다. 미국은 공대공 핵 미사일을 탑재한 F102기를 현장으로 긴급출동 시켰고, 소련에서도 U-2기를 요격하기 위해 미그MiGs기를 출격시켰으나, 다행히도 U-2기는 무사히 국제항로로 돌아와 비행하면서 위기를 넘겼다. 양 측에서는 상황이 정부가 통제할 수 있는 선을 넘어가는 데 대해서 우려하기 시작했다. 이전에 취해졌던 48시간의 전투태세 중단도 정부의 통제권 상실을 우려해서 내려진 결과였다.

소렌슨과 로버트 케네디는 케네디 대통령에게 두 번째 제안을 긍정적으로 검토하자고 제의했다. 미국은 지금까지도 두 번째 제안을 거부하지 않았고, 처음에는 긍정적인 반응을 보였었다. 두 번째 제안을 접했을 때, 케네디 대통령은 이미 이에 대한 대답을 24시간 뒤로 미루는 것이 전략상 좋겠다고 생각했었다.

"대통령의 최후의 대답은 소련 측의 두 번째 서신에 모두 담겨 있었다"고 소렌슨은 일기에 썼다. 회답이 작성 되는 동안, 케네디 형제는 대통령 집무실에 앉아있었다. 대통령은 오판으로 인해 전쟁이 발생할 수 있는 우려에 대해서 이야기 하고 있었다." 로버트 케네디는 그 당시 상황을 다음과 같이 기록했다.

"전쟁이 고의로 일어난 경우는 드물다. 소련 측도 우리보다 더 호전적이라는 편견을 가져서는 안 된다. 그들도 우리와 전쟁을 하고 싶어 하지 않을 것이고 우리 역시 마찬가지이다. 그러나 며칠 동안 발생한 같은 사건들이 되풀이될 때는, 그 누구도 바라지 않았던 전쟁이 일어날 수 있고, 순식간에 인류를 파멸시켜버릴 수 있다. 형은 자신이 대통령으로 있는 한, 모든 것을 감내하고 이와 같은 재앙을 막기 위해서, 모든 수단을 다 동원해서라도 끝까지 노력하겠다고 했다. 평화적인 해결 방법을 선택할 수 있는 기회는 소련 측의 결정에 달려있다. 그러한 선택을 유도하기 위해서는, 소련의 안보를 불안하게 해서도 안 되고, 소련 국민들에게 굴욕감을 안겨주지 않도록 세심한 배려가 필요하다. 이번의 위기를 벗어난 뒤 누군가가 이에 관한 글을 쓴다면, 그들은 우리가 평화를 모색하기 위해, 선택의 여지를 남겨주기 위해 최후까지 모든 노력을 다했다는 것을 이해할 것이다. 형은 '나는 우리들이 원하는 선에서 단 한 발짝도 앞서나가지 않으면서 소련을 압박하지 않으려고 애써왔다'고 나에게 말했다."

케네디 대통령은 엑스콤에서 그의 회답을 토의에 부친 뒤, 그날 저녁 8시 뉴스에 방송하도록 했다.

"나는 각하가 10월 26일자 방송을 통해 보내온 제안을 주의 깊게 검토했습니다. 그리고 문제를 신속하게 해결하려는 각하의 노력에 감탄했습니다. 어쨌든 시급히 처리해야 할 조치는 쿠바에서의 미사일 기지들의 건설 중단과 쿠바에 있는 모든 공격용 무기체계들을 사용하지 못하도록 하는 조치를, UN 감시 하에 이루어져야 한다는 점입니다. 이러한 조치가 신속하게 이루어졌다고 판단하면, 나는 뉴욕 주재 UN 대표에게 훈령을 내려, 소련대표와 협의해서, 10월 26일 각하가 제안했던 사항들을 존중하면서 쿠바문제의 항구적인 해결을 위해 노력하라고 지시하겠습니다. 끝으로 쿠바문제를 유럽과 세계의 안전보장과 같은 광범위한 문제들과 결부시키면서, 논의를 지연시키거나 위협하는 것은 쿠바위기를 증폭시키는 행위이며 세계평화에도 심각한 위협을 초래하는 것이라는 점을 유의해주길 바랍니다."

케네디 대통령은 이 제안이 곧 실천에 옮겨지리라고는 예상하지 않았다. 로버트 케네디는 "우리는 희망을 버리지 않았다. 다만 그 희망은 앞으로 몇 시간 내에 흐루쇼프의 결단에 달려 있었다. 그것은 기대가 아니라 희망이었다. 어쩌면 늦어도 화요일까지는 전쟁이 일어날 수도 있다. 경우에 따라서는 내일이라도 전쟁은 불가피할 것이다."

맥나마라 국방장관도 당시의 긴박했던 순간들을 회상했다. "나는 토요일 밤 백악관을 나설 때의 감상을 기억하고 있다. 그날은 하루 종일 날씨가 화창했다. 나는 다음 토요일에도 살아남아서 이처럼 화창한 날씨를 다시 볼 수 있을까?" 생각하고 있었다. 엑스콤 회의가 끝난 오후에, 케네디 대통령은 러스크와 번디, 로버트 케네디와 두세 명의 보좌관들을 따로 불러, 앞으로의 행동방향을 결정하기 위한 논의에 들어갔다. 시간은 점점 흘러 월요일로 예정된 쿠바공습에 대한 준비는 모두 완료되었으며, 대통령의 지시만 기다리고 있었다.

케네디는 그의 동생과 소렌슨이 작성한 흐루쇼프에게 보내는 메시지에 서명하고 이미 언론에 공개한 뒤였다. 그러나 소련의 두 번째의 제안을 생각하다가, 대통령은 터키의 미사일을 언급하지 않고, 미국이 쿠바를 공격하지 않겠다는 약속만으로 소련을 만족시킬 수 있을까에 대해서 생각해 보았다. 대통령은 로버트 케네디에게 비밀리에 도브리닌 소련 대사를 만나서 크렘린으로부터 흐루쇼프의 체면을 살리기 위한 추가적인 요청이 있는지 여부를 알아보라고 지시했다. 외교관례에 따르면 보상에 관한 사항은 공개적으로 언급하지 않는다는 불문율이 있

1962년 10월 29일 미국 국가안보회의ExComm (미 연방 공문서보관소)

었다. 그러면서 대통령은 자신을 쿠바상황이 해결되면, 터키에 배치되어 있는 미사일들을 철거하기로 결심했지만, 로버트 케네디에게는 추가 제안을 먼저 꺼내지는 말라고 당부했다. 그러나 도브리닌이 이에 관한 문제를 제기하면, 터키에 있는 미사일들을 4~5개월이 지난 뒤 해체되어 철거될 것이라고 약속해도 좋다고 지시했다.

로버트 케네디는 토요일 밤 7시 30분이 지나서 도브리닌에게 전화를 걸어 법무부의 자신의 사무실로 방문해달라고 부탁했다. 도브리닌은 8시 30분경 도착했다. 그때 로버트 케네디의 표정은 몹시 지쳐보였다. 누가 보았으면 며칠 간 잠을 못잔 사람 같았다. 그는 나중에 6일 동안

집에 가지 못했다고 말했다. 도브리닌이 나타나자 그는 말을 꺼내기 시작했다.

"쿠바위기는 점점 악화되고 있습니다. 백악관에서도 미사일 기지 건설이 계속되고 있다는 것을 알고 있습니다. 바로 두 시간 전만 해도 쿠바상공을 초계 비행하던 정찰기가 격추되어 조종사가 사망했습니다. 미 군부는 대통령에게 그에 맞서 응징하자고 요구하고 있는 상황입니다. 지금은 매우 심각한 국면에 와 있습니다. 우리는 앞으로 12시간 내지 24시간 내에 확실한 결정을 내려야 합니다. 시간이 얼마 남지 않았습니다. 쿠바가 계속해서 미국 비행기들을 격추한다면, 우리도 이에 대응할 것입니다. 이렇게 되면, 사태가 걷잡을 수 없이 확대될 수밖에 없겠지요. 나는 이러한 사태의 결과를 미루어 짐작할 수 있습니다. 나는 대통령이 제시한 방법대로 지금의 위기상황을 타개할 수 있기를 바라고 있습니다.

크렘린도 이러한 사정을 알았으면 합니다. 지금은 상황이 너무 급박하게 돌아가고 있습니다. … 정말 전쟁이 일어난다면, 미국과 소련의 수백만 국민의 목숨을 앗아갈 것입니다. 우리가 할 수 있는 한, 이런 끔찍한 상황은 피해야 합니다. 나는 소련 정부도 같은 인식을 하고 있는 것으로 알고 있습니다. 어쨌든 중요한 사실은 시간이 얼마 남지 않았다는 사실입니다. 백악관에서도 국방부에서도 강경파가 힘을 얻고 있습니다. 대통령도 지금 어려운 입장에 있습니다. 그로서도 돌파구를 찾지 못하고 있기 때문입니다. 우리는 지금 군부로부터 쿠바를 침공하자는 압력을 받고있습니다. … 비록 아직까지는 대통령이 쿠바에 대한 공격을 자제하고 있지만, 돌발적인 사태라도 일어날 경우에는, 그로서도 어쩔 도리가 없을 것입니다. 이것이 바로 대통령이 흐루쇼프 서기장 각하에게 직접적으로 호소하면서 전쟁을 피하려고 하는 이유입니다. 지금의 입장은 대통령도 통제할 수 없는, 돌이킬 수 없는 결과를 초래할 수도 있는 그런 상황입니다. 쿠바에 있는 미사일 기지들이 가동상태에 있는지 여부와 관계없이, 우리는 적어도 내일까지는 미사일 기지들이 제거되어야 한다는 점을 통고하지 않을 수 없습니다. 이것은 공식적인 최후통첩은 아니지만, 그렇게 받아들여도 됩니다. 크렘린은 이 점을 알아야합니다. 소련이 미사일 기지들을 제거하지 않으면, 미국이 파괴할 것입니다."

로버트 케네디의 발언이 끝나자, 도브리닌은 미국의 결론이 무엇이냐고 물었다. 이 질문에 로버트 케네디가 대답했다. "이와 관련하여 대통령은 흐루쇼프의 10월 26일자의 제안을 존중하면서 대통령의 회답을 오늘 주 소련 미국 대사를 통해서 크렘린에 전달했습니다. 우리들에게 가장 시급한 것은 가능한 빨리 소련 정부가 쿠바의 미사일 기지 건설을 중단하고, UN 감시 하에서 미사일들을 제거하도록 조치해야 한다는 점입니다. 그렇다면, 미국 정부도 정선명령에 대한 모든 조치들을 철회하고, 쿠바를 침공하지 않겠다는 입장을 밝힐 것입니다." 도브리닌은 터키의 미사일들은 어떻게 처리할 생각이냐고 물었다.

로버트 케네디는 "대통령은 이 문제를 해결하는 데, 큰 어려움은 없을 것으로 생각하고 있습니다"고 대답하면서, "그러나 공개적으로 언급하는 것은 피해야 한다는 것이 대통령의 입장입니다. 약속은 꼭 지킬 것이며, 그것들을 제거하는 데는 4~5개월의 기간이 필요합니다. 나도 그 문제는 만족스럽게 해결할 수 있다고 확신하고 있습니다"라고 강조했다.

로버트 케네디는 계속해서, "터키 미사일 문제를 명시적으로 언급할 수는 없겠지만, 그러나 소련은 우리를 믿어도 된다는 점을 분명히 약속합니다. 거듭 말하지만, 소련 정부가 쿠바의 미사일들을 제거한다는 전제하에서, 터키 미사일들도 몇 개월 이내에 철수될 것입니다. 그리고 소련 정부가 이러한 약속을 공개적으로 밝힌다면, 약속은 무효가 될 것입니다. 이 약속은 백악관에서도 대통령과 나를 포함한 3~4명만이 알고 있습니다. 이 위기를 해결 할 수 있는 시간은 얼마 남지 않았습니다. 상황이 너무 급박하게 돌아가고 있고, 대통령도 내일은 분명한 입장을 밝혀야 할 처지입니다"라면서 말을 끝냈다.

도브리닌은 로버트 케네디와의 협의 상황을 본국 정부에 보고 하면서 자신의 견해를 덧붙였다. "로버트 케네디의 언급은 케네디 대통령이 군에 대한 통제권을 상실할 수도 있다는 점을 소련 측에 이해시키려는 것 같았습니다. 소련 정부가 신속하게 이 위기 상황을 극복하지 못한다면, 미 군부가 권력을 장악하여, 그들 생각대로 쿠바를 침공하게 될 것이라는 의미가 함축되어 있었습니다"라고 보고하면서, "시간은 더 기다려주지 않습니다. 우리도 빨리 서둘러야 할 시점이 온 것 같습니다"라며 끝을 맺었다.

도브리닌이 떠난 뒤, 로버트 케네디는 백악관으로 돌아왔다. 대통령은 제 24공군 수송사령부에, 쿠바 침공에 필요한 군사들과 장비들을 수송하기 위한 준비를 하도록 지시한 뒤였다. 그의 동생이 도브리닌과의 협상이 실패할 경우에 대비해서, 케네디 대통령은 침착하게 대체방안들을 준비하고 있었다. 그는 러스크에게 전 유엔사무차장이고 현재는 콜럼비아 대학의 국제문제연구소의 소장으로 있는 앤드류 코르디에 Andrew Cordier를 부르도록 지시했다. 필요할 경우, 케네디 대통령은 코르디에가 우탄트 유엔사무총장에게 제안하여, 미국이 터키에 배치 되어있는 미사일들의 철수를 조건으로, 소련이 쿠바에서 미사일들을 철수하도록 공개적으로 촉구하는 방안을 마련하기 위해서였다. 케네디 대통령은 미국이 그러한 제안을 공개적으로 할 경우, 소련도 거절할 수 없을 것이라고 생각했다. 케네디 대통령은 쥬피터 미사일의 철수를 공개적으로 천명할 준비가 되어있었다. 그리고 필요한 경우에는, 미국의 의지를 우탄트 유엔사무총장에게 밝힘으로써, 미국의 결의를 전 세계에 알릴 각오도 되어 있었다. 케네디 대통령은 미국 정부가 이러한 계획을 제안했다는 것을 감추기 위해서 관련 당사자들에게 함구령을 내렸다.

토요일 아침, 흐루쇼프는 미국의 쿠바침공이 2~3일 내에 이루어 질 것이라는 정보를 여러 경로를 통해서 받고 있었다. KGB는 미군은 상륙작전을 위한 만반의 준비를 완료했고, 소련이 미 정부와 합의가 이루어지지 않을 때에는, 침공은 불가피하다는 내용의 정보들을 보고하고 있었다.

흐루쇼프는 모스크바 시간으로 일요일 아침 일찍, 크렘린에서 최고회의 간부회의를 소집했다. 그들의 자리에는 터키의 미사일 관련 내용이 빠져있는 10월 27일자의 케네디 대통령의 제안이 놓여 있었다. 신경이 날카로워진 소련 지도자들이 서로를 응시하고 있는 사이 흐루쇼프가 말했다. "지금 우리가 처해 있는 상황은 1917년 10월의 제1차 세계대전에 참여했을 때의 상황과 같소. 그러나 1918년에 우리는 퇴각했고, 독일과 브레스트리토프스크Brest-Litovsk 협정에 서명했지요. 소련 정권을 살려야 한다는 우리들의 목표가 이러한 결정을 하도록 영향을 미쳤기 때문입니다. 지금 우리는 전쟁의 위험과 핵 재앙의 위기에 직면해 있고, 이것의 결과는 인류를 파멸로 몰아갈 수도 있습니다. 세계를 구하기 위해서라도 우리가 양보해야 한다고 믿고 있어요. 나는 이러한 결정을 하기 위해 여러분들과 협의하고 토론하기 위해서 회의를 소집했습니다."

발언 도중에 주미 소련 대사 도브리닌이 로버트 케네디와의 대화에 관한 보고서가 도착하는 바람에 발언이 잠시 중단되고, 그 보고서가 낭독되었다. 그들은 그 보고서를 갖고 들어온 관리에게 큰소리로 다시 낭독하도록 지시했다. "말할 필요도 없이, 긴급보고서의 내용들은 회의장에 있는 사람들을 긴장시켰다"고 흐루쇼프가 회상했다. "우리들은 케네디 대통령이 젊은 대통령이고 그가 군 통제권을 상실할 수도 있는 위험에 있다는 것을 알 수 있었습니다. 그 스스로도 우리들에게 인정하고 있지 않습니까? 케네디 대통령의 메시지는 소련이 쿠바에서 미사일들과 핵탄두들을 철거해야 한다는 것을 간곡히 호소하고 있습니다. 우리들은 메시지의 내용으로 보아서, 미국 내부의 기류도 위기의 정점으로 가고 있다는 것을 알 수 있습니다. 동지들, 우리는 전쟁을 피할 수 있는 묘안을 찾아야 합니다. 그리고 쿠바와의 약속도 저버려서는 안 되겠지요."

흐루쇼프는 외무장관인 안드레이 그로미코Andrei Gromyko에게 말했다. "그로미코 동지, 우리는 인류를 희생시키는 선택을 할 권리가 없습니다. 케네디 대통령이 침공 명령을 내리는 순간, 이미 사태는 돌이킬 수 없게 됩니다." 흐루쇼프는 즉시 쿠바 주둔 소련군 사령관에게 지시를 했다. "아무도 미사일 근처에 접근하지 못하도록 하라. 전쟁을 일으킬 수 있는 상황을 배제하고, 어느 누구의 지시도 따르지 말라."

흐루쇼프는 후에 그의 결심을 굳히게 한 상황을 회상했다. "내가 군사보좌관들에게, 쿠바 미사일 기지 건설을 중단하면서 미국인들이 소련을 신뢰하게 된다면 5백만 명의 생명들을 구할 수 있다고 말했을 때,

그들은 나를 실성한 늙은이, 아니면 반역자처럼 쳐다보았다. 내가 염려한 것은 우리나라가 모든 것을 잃고 황폐화된다거나, 우리가 맥없이 양보했다고 중국이나 알바니아에 비난을 받게 되는 것이 아니었다. 내가 미국으로부터 신뢰를 얻는다면, 미국이 쿠바정권을 전복시키려는 시도를 단념할 것이고, 그것으로 우리들의 쿠바에 대한 걱정을 덜어주는 것이기 때문에 미사일을 제거하기로 결심했던 것이다."

모스크바 현지시간 오후 4시, 케네디 대통령의 회답에 흐루쇼프가 동의했다는 내용을 모스크바 라디오 방송국이 전 세계에 알리기 1시간 전에, 소련의 국방장관 로디온 말리노프스키Rodion Malinovsky는 미사일 기지들을 해체하라고 지시했다. 그는 돌이킬 수 없는 사태가 오기 전에 가능한 한 빨리 해체하라고 지시했다. 흐루쇼프의 동의는 현지시간 오전 9시 방송을 통해 워싱턴에 알려졌다.

"존경하는 대통령 각하,
본인은 1962년 10월 27일자, 각하의 메시지를 받았습니다. …
평화를 위협하는 위험한 충돌을 신속히 해소하기 위해 소련 정부는 미사일 기지건설을 중단하라는 지시를 했고, 각하가 말하는 소위 공격용 미사일들과 핵탄두들을 해체하고 소련으로 돌려보내라는 새로운 지시도 이미 내렸습니다."

흐루쇼프의 메시지를 받은 케네디 대통령은 방송에서 위기의 종식을 알렸다. "본인은 쿠바에 건설 중이었던 미사일 기지들의 건설 중단과 이들 공격용 무기들을 해체해서 소련으로 회수하겠다는 흐루쇼프 서기장 각하의 큰 정치가다운 용단에 존경을 표한다. … 나는 그의 성명을 환영하며, 그것은 세계의 평화에 큰 족적을 남기는 이정표가 될 것으로 확신한다."

그러면서 케네디 대통령은 소련이 미국에 굴복했다는 인식을 주지 않으려고 조심스럽게 행동했다. 그의 동생인 로버트 케네디는 "대통령은 엑스콤 멤버들과 정부의 중요인사들에게 이와 관련해서 인터뷰도 하지 말고, 어떤 언급도 하지 말 것이며, 어떤 의미의 승리도 주장하지 말라고 지시했다. 대통령은 흐루쇼프가 자국의 이익보다도 인류의 희생을 막기 위해서 용단을 내린 것이라면서 경의를 표했다. 이번 위기의 극복은 어느 정부나 국민의 승리가 아니라 다음 세대에게 그 공을 돌려야 할 것이라고 강조했다"는 기록을 남겼다.

* * *

쿠바에 있었던 미사일들과 핵탄두들은 완전히 해체되어 소련으로 보내졌다. 라디오 뉴스를 통해 결과를 알게 된 쿠바의 카스트로는 소련의 굴복에 화가 치민 나머지 거울을 박살내버렸다. 미사일 위기 때 철저히 소외되고, 볼모로 이용된 데 대한 분노와 미사일들의 갑작스럽고 공개적인 철수에 자존심에 상처를 받은 카스트로는, 케네디 대통령의 실행

방침을 거부했고, 흐루쇼프의 미사일 철거에 대한 합의안에 대한 서명도 거부하고, UN 감시단들의 검증도 반대했다. 이에 따라 케네디 대통령도 쿠바의 입장을 이해하고 있었지만, 쿠바를 공격하지 않겠다는 공식적인 성명은 발표하지 않았다.

뒤를 이은 정부들도 전례를 따라서 아직까지도 이에 대한 언급이 없었다. 터키에 배치되어 있었던 쥬피터 미사일들은 이듬해에 완전히 철수됐다. 그 대신 지중해에서 작전을 수행하고 있는 잠수함들에 최신형의 폴라리스 미사일들을 배치했다.

쥬피터 미사일에 관한 사항은 비밀에 부쳐졌으나, 로버트 케네디 사후에 발간된 비망록이 출판되면서 세상에 알려지게 되었다. 이 계기로 두 나라는 다시는 지구에 대재앙을 일으켜서는 안 된다는 사실을 인식하게 되었다. 쿠바 위기 기간에 케네디 대통령은 미국주재 영국 대사 옴스비 고어Ormsby-Gore에게 "국가들이 핵무기로 서로를 위협할 때처럼 피 말리는 상황은 없을 것입니다. 이러한 상황은 비이성적입니다. 많은 핵무기를 보유하고 있는 세상은 통제하기가 힘들어집니다. 우리들은 이번의 위기가 극복이 된다면, 서로가 핵무기 감축을 위해 노력해야 합니다"라고 말했다.

이 위기는 케네디와 흐루쇼프로 하여금 벼랑 끝에서 돌아서도록 했다. 두 지도자들은 앞으로의 위기 시에 직접적이고 지속적인 소통을 위해서 백악관과 크렘린 사이에 직통전화를 개설했다. 미국과 소련은 얼마 뒤 핵감축을 위한 첫 발을 내디뎠다. 그리고 1963년 여름, 제한적 핵

실험금지조약에 서명했다. 미사일 위기로 소련은 전략적 핵무기에서 그들의 열세를 인식하게 되었다. 당시 위기 때, 미국은 핵무기에서 소련에 비하여 17:1의 압도적인 우세를 보였다. 그러나 10년도 안 되어 소련은 미국과 비슷한 수준으로 접근했다. 두 국가 정상들은 위기가 지난 후 오랫동안 권력의 정상에서 활동하지 못했다. 케네디 대통령은 1년 뒤인 1963년 11월 22일 댈러스에서 카퍼레이드 도중 암살되었다.

흐루쇼프도 2년 뒤인 1964년 10월에 무혈 쿠테타로 정권을 빼앗겼다. 소련의 최고 간부회의는 그를 가리켜 변덕스럽고, 음흉하고, 안이한 생각으로 성급한 결정을 내린다고 비난했다. 흐루쇼프는 모든 관료들 사이에서 무능한 인물로 여겨졌고, 남은 생을 모스크바에서 KGB의 감시 하에 살다가, 1971년 9월 11일 노환으로 별세했다.

로버트 케네디는 쿠바위기의 교훈에 대해서 다음과 같은 글을 비망록에 남겼다.

"쿠바 위기때, 형은 그 어떠한 것보다도 소련과 흐루쇼프의 동태를 신중하게 파악하기 위하여 많은 시간을 소비했다. 형은 흐루쇼프와 소련인들의 자존심에 상처를 입히지 않기 위해 세심하게 배려했다. 그 당시에는 미국인들에 알려지지 않은 비밀이 있었다. 쿠바 주둔 소련군 사령관은 쿠바가 침공을 당했을 때 그의 재량으로 핵무기를 사용해도 좋다는 권한을 부여받고 있었다."

소렌슨의 기록에 의하면 "만약 케네디 대통령이 군사 행동을 선택했다면, 핵전쟁으로 비화되었을 것이다. 미국이 공습과 침공을 감행했다면, 쿠바주둔 소련군은 즉각적인 핵공격으로 대응했을 것이다. 당시 소련군은 전술 핵무기를 갖고 있었고, 그들에게 그 무기들을 사용할 권한이 부여되어 있었기 때문에, 세계에서 최초로 핵전쟁이 발생했을 것이고, 전술핵무기의 성능이 제한적인 것을 감안한다면, 필연적으로 모든 전략핵무기까지 동원되는 사태로까지 확대되었을 것"이라고 쓰여 있었다.

맥조지 번디도 다음과 같이 기술했다. "이때의 위기는 세계의 모든 사람들에게 이러한 중대한 위기를 관리하는 방안이 얼마나 필요하고, 이런 위험한 무기들을 하나라도 갖지 않는 것이 얼마나 중요한지를 깨닫게 해주었다는 사실이었다. 다시는 이러한 악몽이 되풀이되어서는 안 될 것이다."

1986년 8월 1일 잠수함에서 발사된 A UGM-27 폴라리스 탄도미사일 (미 국방부)

제8장

레이캬비크 정상회담
1986

쿠바위기를 넘기고 24년 후, 미·소 양국의 핵보유량은 20배나 증가했다. 양국 모두 발사명령 몇 분 안에 발사가 가능하도록 준비되어 있었다. 바야흐로 세계는 핵전쟁으로 인한 인류의 절멸이라는 공포 속에서 살아가게 되었다. 강대국들은 '포괄적 핵실험 금지조약Nuclear Test Ban', '탄도탄 요격미사일(ABM, Anti-Ballistic Missile)' 전략무기 제한, 대탄도 미사일 체계와 핵무기 운반체계 등의 제한 등과 같은 사안들을 다루기 위해, 수차례 회담을 가져왔지만 성과는 거의 없었다.

1985년, 제네바에서 열린 전략무기 감축협상이 교착상태에 빠지자, 소련 외무장관 에듀아르트 세바르드나제Eduard Shevardnadze가 오죽했으면 협상과정을, "잘 포장된 도로에서 어디로 가야할지 모르고 허둥대는 자동차로 묘사했겠는가?" 소련 서기장 미하일 고르바초프Mikhail

Gorbachev는 "세계 모든 국가들은 곤경에 빠져있다. 동·서간의 대결이 영원히 계속될 것 같다"고 개탄한 적도 있었다. 셰바르드나제 외무장관은 "고르디우스의 매듭Gordian Knot(알렉산드로스 대왕이 칼로 매듭을 자른 것에 비유)을 칼로 자르는 방법 외에는 길이 보이지 않는다"고 비유했다. 미·소 양국은 과도한 예산을 투입하면서, 군비경쟁을 벌이고 있었다. 미국에서는 로널드 레이건Ronald Reagan 대통령이 재정적자를 감수하면서까지, 3조 달러라는 거액을 무기 확장에 쏟아 붓고 있었다. 소련도 연간 GNP의 30%가 넘는 돈을 투자하고 있었고, 이러한 군비경쟁은 소련의 지도자들로 하여금 소련을 도산시킬 것이라는 우려를 갖게 했다. 고르바초프는 "내가 집권했을 때, 이미 이 나라가 잘못 가고 있었다는 것을 알 수 있었다. … 이데올로기는 제 기능을 하지 못하고 있었고, 국가는 국가대로 무기경쟁이라는 무거운 짐을 안고 있었다. 이와 같은 잘못된 정책으로 인해 국민들의 삶도 피폐해지고 있었다. 그 동안 국민들의 버팀목이 되어 왔던 오일은 가격 급락으로 제한적이지만 임금을 지불할 수 없을 정도로 소련경제를 위협하고 있었다. 소련의 유아 사망률은 세계 50위로 추락했고, 이러한 수치는 미국보다도 3배나 높았으며, 기대수명 역시 멕시코, 브라질과 코스타리카와 비슷했다"고 말했다.

1985년 3월 소련최고회의 간부회의가 고르바초프를 소련공산당 서기장으로 임명했을 때, 그는 "국가가 이와 같은 나락으로 떨어지는 것을 그만 멈추게 해야 한다"고 결심했다.

1985년 11월, 레이건과 고르바초프는 제네바에서 잠깐 만난 적이 있었다. 그때의 만남은 "핵전쟁은 피해야 하며, 그렇지 않으면 인류를 전멸시킬 수도 있다"는 내용의 공동 성명만을 발표하고, 다시 만나자는 데 서로 동의했을 뿐이다. 그때 소련 지도자들은 레이건의 성실성에 깊은 감명을 받았고, 의미 있는 대화를 나눌 수 있는 인물로 생각했다. 셰바르드나제 소련 외무장관은 "우리들은 레이건이 비록 승부욕은 강하지만, 대화가 통할 수 있는 사람으로 보았다. 또 언행이 일치하고 신뢰할 수 있는 인물로 평가했다."

1986년 9월 15일, 고르바초프는 4페이지의 친서를 레이건에게 보냈다. 그 친서는 워싱턴을 방문했던 셰바르드나제 외무장관을 통해 전달했는데, 그 내용은 "양국 간의 관계 악화를 우려했고, 양국 정상들이 두 국가간의 관계를 정상화시키고 인류의 평화를 위해 확고한 영향력을 발휘할 필요성을 강조했다. 그러면서 가급적 빠른 시일 내에 회담을 갖고 허심탄회하게 대화를 나누고 싶다는 뜻을 제안하면서, 미국은 군비경쟁에 종지부를 찍고 진정한 무기 감축을 할 준비가 되어 있는지에 대해 알고 싶다고 했다."

고르바초프는 몇 차례의 제네바 회담에도 불구하고, 무기감축에 대한 현안에 있어 단 한 걸음의 진전도 없었다고 지적하면서 "소련은 새로운 무기감축 협상을 할 용의가 있으며, 그러기 위해서는 각하의 협조가 필요합니다. 그렇지 않으면 쓸데없는 시간만 허비할 것입니다. … 나는 각하께 제안할 아이디어를 가슴 속에 품고 있습니다. 대통령 각하를 빠른 시일 안에 만나 하루만이라도 솔직하고 신뢰할 수 있는 대화를 나누고 싶습니다. (가능한 한 양측의 국무장관만 동석시키고) 이 토론은 세세한 것을 접어두고, 회담의 목적과 상징성으로 보아, 정치적 의지를 내외에 천명하고, 이를 토대로 양국이 신뢰할 수 있는 대표들을 내세워 2~3개 사항에 대한 합의 안들을 작성하여 본인이 미국을 방문할 때, 양국 정상이 서명을 했으면 합니다"라고 말했다.

레이건은 이 제안을 긍정적으로 검토했다. 조지 슐츠George Shultz 미국무장관은 대통령에게 개인적으로 건의했다. "회담이 성사된다면, 장소는 레이캬비크Reykjavik가 좋을 것 같습니다. 그곳의 정부는 이처럼 예민한 마라톤협상에 끼어들려고 하지도 않을 것이고, 기념식도 생략할 것이므로, 호젓하면서도 외부와 격려되어있는 그 도시로 정하도록 했으면 좋겠습니다."

레이건은 고르바초프가 6명의 정치범들을 석방하고, 니콜러스 대니로프Nicholas Daniloff US 뉴스 & 월드리포트 모스크바 지국장을 석방하는 조건으로 그 제안을 받아들였다. (니콜러스 대니로프는 스파이 혐의로 KGB에 체포되어 있었다.)

9월 29일, 대니로프가 석방된 다음 날, 레이건 대통령은 12월 11일과 12일 이틀 간, 아이슬란드에서 고르바초프와 정상회담을 가진다고 발표했다. 기자회견에서 고르바초프의 제안을 받아들인다면서, 레이건은 이번 회담을 소련공산당 서기장의 미국 방문에 대한 준비단계로서, 예비적인 성격의 회담이 될 것이라고 의미를 부여했다.

미 국무장관 조지 슐츠와 레이건 대통령이 거닐면서 의견을 나누고 있다. (미 연방 공문서보관소)

10월 4일, 고르바초프는 레이캬비크 회담을 준비하고 있는 소련 측 대표들에게 자신의 구상을 설명했다. "만약 새로운 군비경쟁이 시작된다면, 우리 경제의 형편으로는 그것을 감당하지 못할 것이다"라고 말했다. 물론 미국은 이익을 얻을 수 있겠지만 우리의 제안이 미국 측의 양보를 끌어내지 못한다면 이 회담은 아무런 의미가 없다." 고르바초프는 레이캬비크로 출발하기 전, 최고회의 간부회에서 가진 연설에서 "이번 회담을 중거리 미사일만 다루는 것이 아니라 포괄적인 무기 감축협상이 되어야 할 것"이라고 말했다. "미국이 우리에게 제 2의 군비 경쟁을 유발시킨다면, 우리는 모든 것을 잃게 될 수 있을 것이다."

레이건도 회담을 긍정적으로 보았다. 그는 몇 년 전에 영화배우 노동 조합의 대표로 있을 때의 협상 경험을 되살려 보았다. "그때 나는 헐리웃 스튜디오를 운영하고 있었던 경영주들과 협상테이블을 사이에 두고 마주 앉아있었다. 그때의 경험들은 협상의 원칙들을 이해하는 데 도움이 되었다. "협상을 할 때는 원하는 것을 모두 얻으려고 해서는 안 된다. 우리가 최후통첩을 하지 않는 한, 우리가 원하는 것을 어느 정도는 얻을 수 있을 것이다. 그리고 고위층과 협의하기 위해서라는 구실로 상대방을 방에 남겨두고 자리를 떠라. 또 상대방을 코너로 몰아넣지 말고, 당황하게 만들지 말 것이며, 굴욕감을 느끼게 해서도 안 된다."

10월 9일 화요일 저녁, 미국 대통령 전용기가 아이슬란드에 도착했다. 고르바초프 일행은 이튿날, 항공편으로 도착해서, 바다에 조금 떨어져 있는 곳에 정박해 있는 소련 순양함에 그들의 여장을 풀었다.

토요일 아침, 미·소 양국 정상들의 일행들을 태운 호송차량들이 호프티 하우스Hofti House로 빗속을 가르면서 질주했다. 호프티 하우스는 흰 나무 목재로 지은 2층 건물이었고, 레이캬비크 시내에서, 약 1마일 정도 떨어진 곳에 있었다. 그 건물은 바다가 한 눈에 보이는 바람 부는 언덕에 자리 잡고 있었다. 레이건과 고르바초프는 10시 30분 정각에 도착했다. 그 건물의 앞마당 잔디에는 3천 5백여 명의 기자들로 북적거리고 있었다. 양국 정상들은 간단한 인사와 사진촬영을 끝난 뒤, 1층에 있는 작은 방으로 안내되었다. 그곳에는 슐츠 국무장관과 셰바르드나제 외무장관이 이미 도착해서 기다리고 있었다. 자리에 앉자마자, 고르바초프가 먼저 제안을 시작했다. 소련은 전략핵무기를 절반으로 감축하겠다고 제의했다.

"전략 핵무기들의 감축을 논의하기 전에 다음과 같이 제의한다. 협상은 토론을 계속하면서 지속해나간다. 논쟁은 돌아가면서 한다. 또 새로운 접근 방법의 필요성을 제의한다. 우리들은 세 개의 주제들로 나누어서(대륙간 탄도미사일, 잠수함 발사용 탄도 미사일과 전략폭격기들) 각각 절반으로 줄이는 방안을 제시한다."

소련이 대륙간 탄도미사일(ICBM)을 대폭 감축하겠다고 나선 것은 이번이 처음이었다. 이 무기는 소련의 가장 강력한 전략무기이고, 미국이 가장 두려워하는 무기였다. 이러한 제안은 소련의 일방적인 감축을 의미하는 것이 아니었다. 미국도 이에 상응한 공격무기들을 절반으로 감축해야 하기 때문이다. 미국의 핵잠수함들과 전략폭격기들은 소련보다 훨씬 앞서 있었다. 요점은 간단했다. 핵 억지력을 유지할 수 있는 수준으로 무기들을 대폭 감축 하자는 제안이었다. 고르바초프는 또 미·소 양국이 중거리 핵미사일을 유럽에서 동시에 제거하는 방안도 제시했다. 반면 영국과 프랑스는 나토사령부의 지휘 하에 있지 않기 때문에 194기의 핵탄두 미사일들을 그들의 판단에 따라서 결정하도록 했다. 그는 사정거리가 반경 1,000킬로미터가 안 되는 단거리 미사일들도 폐기하자는 안도 제시했다. 그 미사일은 120기가 동유럽에 있는 소련의 동맹국들에 배치되어 있는 반면, 나토에는 하나도 없었다. 이에 대한 대가로 고르바초프는 미국이 탄도탄 요격미사일(ABM) 금지조약을 향후 10년간 유지 하겠다는 약속을 요구했다. 고르바초프는 마지막으로 포괄적인 핵실험금지를 제안했다. 이때의 상황을 슐츠 미 국무장관이 다음과 같이 회상했다.

"고르바초프는 활달하고 인내심이 있고, 확신에 차 있는 자신 만만한 사람이며, 의제를 하나하나 제기하면서 회담을 주도하고 있었다. 반면에 레이건은 조금 산만하면서도 생각에 잠긴듯한 느긋한 모습이었고, 편안한 자세로 앉아 있었다. 레이건은 침착 하게 경청했다. 고르바초프의 제안들은 신기하게도 미국의 입장 과 거의 일치하고 있었다."

소련의 주요 관심사항은, 나토가 유럽에 배치한 중거리 미사일이었다. 고르바초프는 그것을 가리켜 "우리의 머리를 겨냥하고 있는 권총"으로 비유했다. 동유럽에 배치한 소련의 SS-20 중거리 미사일에 대응하기 위하여, 유럽에 배치된 미국의 퍼싱 II (핵탄두 장착 중거리 지대지 미사일)를 소련의 인구 밀집지역을 겨냥하고 있었다. 소련은 이 미사일의 고도의 적중성과 단시간 내에 소련에 도달한다는 점에서 퍼싱 II를 두려워하고 있었고, 유사시에는 이 무기가 가장 먼저 사용될 것이었다. 미국의 미사일은 목표물에 도착하는 시간이 5분도 안 되기 때문에 소련은

소련의 고르바초프 서기장과 레이건 대통령의 호프티 하우스에서의 만남 (미 연방 공문서보관소)

거의 무방비 상태에서 공격을 당할 수도 있다.

소련의 또 다른 목적은 미국의 미사일 요격용 ABM의 개발을 저지하려는 것이었다. 레이건은 1983년 3월, 소련의 위협에 대응하기 위해, 핵 공격 시 우주에서 미사일을 요격하는 '우주 배치 정찰 시스템Space-Based System' 개발에 착수했다. 이른바 SDI(미국 전략방위계획)의 일환이었다.

소련의 우주과학자들을 비롯한 많은 사람들이 그것의 실전 배치가능성에 의문을 갖고 있었지만, 소련의 정책 입안자들은 SDI 개발이 성공할 때에는, 미국은 보복 공격의 위험 없이, 선제공격을 할 수 있다는 사실에 아연 긴장하고 있었다. 소련의 제안에 고무된 레이건 대통령은, 그들의 제안에는 여전히 넘어야 할 장벽들이 있다는 것을 이해하고 있었다. 소련이 아시아 지역에 배치되어 있는 500기 이상의 중거리 탄도 미사일들은 태평양지역의 미국 동맹국들을 여전히 위협하고 있었고, 수송이 용이하기 때문에 소련은 이 무기들을 유럽으로 쉽게 옮길 수도 있었다. 레이건은 "유럽에서 중거리 미사일을 없애야겠다는 소련의 구상은 훌륭하다. 그러나 아시아에 있는 그들의 미사일들도 감축해야 한다"고 말했다.

레이건은 ABM 금지조약도 거절했다. 비록 모든 핵미사일들이 제거된다 하더라도 양국은 언제라도 핵무기들을 만들 능력을 갖고 있고, 또 앞으로 히틀러Adolf Hitler 같은 미치광이들이 세계를 위협할 경우도 대비해야 했다. 레이건은 고르바초프에게 제1차 세계대전 후, 양 교전국들이 독가스 사용을 금지하는 조약을 맺었었음에도 불구하고, 서로 가스마스크를 쓰고 있었다는 일화를 들려주었다. 정오 무렵 그들은 점심식사를 위해 회담을 잠시 휴회했다. 레이건은 보좌관들과 함께 미국 대사관으로 돌아왔다. 슐츠 국무장관은 "고르바초프는 젊으면서도 탁월한 인물"이라고 평가하면서 동료들에게 주의를 환기시켰다.

"소련의 과감한 양보는 우리 측의 결점과 어려움도 파악하는 것으로 보이기 때문에, 우리도 신중하게 대응하여야 한다. 우리가 전문지식을 갖고 있는 우수한 인물들을 대동하고 있다는 것이 그나마 다행이라고 생각한다. 소련 측은 휴회하는 동안 대통령의 의중에 대해 토론하며 대응 방안들을 강구하고 있을 것이다. 이 회담은 그 어느 때의 회담보다도 긴장감이 감돌고 있고, 사람들을 흥분시키고 있다. 나 역시 그것을 느낄 수 있었다. 아마도 이번 회담이 10년간 끌어온 교착상태를 타개할 수 있는 순간일지도 모른다."

미 대사관의 비좁고 보안 장치가 된 방에서 폴 니츠Paul Nitze 국무부 군축담당 상임고문이 언급했다. "이러한 제안은 25년 만에 처음 들어보는 획기적인 제안입니다."

* * *

오후에 양국 정상들이 다시 회동했을 때, 레이건은 자신의 유보조건들에 관해서 설명했다. 그는 고르바초프의 제안들을 존중한다고 말하면서, 장거리 탄도미사일도 절반으로 줄이고, 중거리 미사일을 좀 더 광범위하게 논의하자고 제안했다.

레이건은 소련이 중거리 미사일들을 대폭 제거하는데 동의한다면, 미국도 그에 상응한 조치를 취할 것이라고 강조했다. 그리고 이 문제에 대한 논의는 오늘 저녁 양측 실무진들이 만나서 의논하는 것이 좋겠다고 말했다. 양국 정상들 간에도 개인적으로 공감대가 형성되고 있었다.

레이건은 이때의 심정을 다음과 같이 표현했다.

"되돌아보면, 고르바초프와 나는 친구처럼 가까워지면서, 어떤 결과를 도출해보자는 공감대가 형성되고 있었다. 그는 터프하면서도 완고한 협상가였다. 그는 자신의 조국을 사랑하는 애국자였다. 우리들은 이데올로기의 장벽을 뛰어넘어 토론했고, 또 계속할 수도 있었다. 우리들은 서로 간에 증오도, 적의도 없이 단 둘이서 대화를 나누면서 공감대를 만들어가고 있었다. 고르바초프는 열렬한 공산주의였고, 나는 확고한 자본주의 신봉자였는데도 불구하고 그에게 호감을 느꼈다. 하루 동안 체류하면서, 양국의 정상들은 팀을 구성해서 이견들을 좁히기 위해 밤샘 작업을 했다."

고르바초프는 "우리들은 이미 많은 대화를 나누었으니 이쯤에서 실무 작업은 전문가들에게 맡기는 것이 어떻겠느냐?"고 제안했다. 슐츠는 그때의 상황을 이렇게 묘사했다. "첫 날의 회담에서는, 특정 사안들에 관해서 합의를 이끌어내지는 못했다. 그러나 소련으로부터 많은 감동을 받았다. 이번 회담의 본질은 우리가 레이캬비크회담에 대비해 준비해왔던 것과는 완전히 성격이 달랐다. 실무그룹의 협상은 이번 회담의 새로운 시작이었다. 대통령은 미 대사관으로 돌아갔고, 고르바초프는 항구에 정박되어 있는 소련 순양함 게오르크 오츠Georg Otts에 마련되어 있는 숙소로 돌아갔다.

두 정상들이 자고 있는 시간에도 양국의 실무진들은 밤샘 회의를 강행하면서, 이견들을 좁혀나가기 위해 노력하고 있었다. 양국 실무진들의 미국 측 대표인 폴 니츠는 79세의 고령이면서도 미국의 군축 분야의 실력자였고, 한때는 소련과 SALT I 전략무기제한협정과 ABM 제한협상 등을 주도했던 인물이었다. 소련 측 대표는 세르게이 아흐르마예프 Sergei Akhromeyev 원수로 소련군 참모총장이었는데, 양국 실무진들은 10시간 반 동안을 협의하면서 밤을 꼬박 새웠다. 니츠와 아흐르마예프는 전략무기 감축에 관한 공식을 찾는 데 초점을 맞추고 있었다. 왜냐하면 소련은 미국보다 핵무기를 많이 보유하고 있었고, 핵무기 운반체계에서도 우위를 보이고 있었다. 상황이 이러한데도 양측이 똑같은 비율로 감축한다면 소련의 핵 우위는 계속될 것이고, 미국 대통령으로서는 동의할 수 없었다. "폴 니츠는 대신 결과의 동등을 주장했다.

우리는 '50%의 무기감축'의 의미를 규명하느라고 회담의 대부분을 소비했다. 아흐르마예프는 양국에서 똑같은 비율로 50%씩 감축하는 것이라고 설명했다. 나는 그 제안에 재빨리 반대했다. 그러한 방법은 결과의 불평등을 야기하므로 어느 한 쪽이 계속해서 유리한 입장에 서게 된다. 예를 들어, 소련의 ICBM 핵탄두에서는 여전히 우세를 보일 것이었다. 그래서 나는 결과의 동등을 주장했다. 이러한 방식은 현재의 수준에서 어느 한 쪽이 더 많은 무기를 감축해야 한다는 것을 의미했다."

일요일 아침 6시 30분, 몇 시간의 논쟁 끝에, 니츠와 아흐르메예프는 양측의 최대한도를 600개의 탄두와 1600개의 미사일(잠수함 발사용 ICBM, 장거리 폭격기 포함)로 정하면서 미국 측의 입장을 받아들여, 소련이 좀 더 많은 양의 무기들을 감축하기로 했다. 미국의 무기통제 관리협의회 의장이고 레이건 대통령 군축담당 수석보좌관인 케네스 애들먼 Kenneth Adelman은 이 합의를 가리켜 "지난 50년 동안의 군축 관련회담과 비교할 때 엄청난 진전"이라고 평가했다."

일요일 아침, 아침 식사 후 양측 대표인 레이건, 슐츠, 고르바초프와 셰바르드나제는 마지막 회의를 갖기 위해 호프티 하우스에 도착했다. 그리고 오후 12시 30분까지 회의를 마친 뒤, 양국 정상일행들을 각자 본국으로 돌아가기로 합의했다. 고르바초프와 레이건은 지난 밤 작성된 실무회담 결과를 검토한 뒤, 실무진들의 합의가 많은 진전을 보였다고 평가하면서도 양국 정상들은 더 많은 진전을 기대하면서 아쉬워했다. 슐츠가 그때의 상황을 기록했다.

"처음 양국 정상들의 표정에서 희망을 기대할 수 있었다. (그들은 이미 답을 알고 있었다.) 때문에 양국 정상들은 더 많이 실망할 수밖에 없었다. 그래서 나는 협상이 기존의 제네바 회담의 전례를 답습하기 전에, 보다 많은 양보를 얻기 위해 고르바초프에게 과감하게 제안해야 한다고 대통령에게 건의했다."

전략핵무기에 대한 50%의 감축(결과의 감축)이 합의되면서, 양국 정상들은 중거리 미사일에 관한 문제를 다루기 시작했다. 레이건은 중거리 미사일을 전 세계적 차원에서 파기하자고 제안했다. 그리고 자신의 제안은 유럽에서는 물론이고, 아시아에 배치되어있는 미사일들의 감축도 함께 이루어져야 한다는 것을 의미한다고 말했다.

"유럽에서 중거리 미사일들을 완전히 없애겠다는 새로운 제안은 아시아에 있는 미사일들도 포함시켜야만 진정한 의미가 있다. SS-20 미사일들은 기동성이 뛰어나 쉽게 이동할 수 있다. 이러한 무기들의 존재는 우리의 아시아 동맹국들에게는 물론이고, 유럽에서도 위협적인 존재가 될 것이다."

레이건은 고르바초프가 전 세계적으로 중거리 미사일을 제거하는 것에 동의할 수 없다면, 미국은 유럽에서 100기의 미사일들만 배치하는 방안을 제시했다. 고르바초프는 이 제안을 거부하면서 유럽에 있는 무기들의 처리만 다루자고 했다. 그러면서 고르바초프는 소련이 아시아에 배치되어 있는 미사일들을 제거한다면, 미국도 유럽의 중거리 미사일들을 완전히 제거할 용의가 있느냐고 물었다. 이에 대해 레이건은 그렇다고 대답했다.

고르바초프는 타협안으로서, 유럽에서의 중거리 미사일들은 완전히 제거하고 아시아에서는 최고 한도로 100기의 미사일들만 배치하는 방안을 제시했다. 레이건은 잠시 멈칫했다. 레이건은 슐츠를 쳐다보면서 자문을 구했다. 슐츠는 대통령에게 "끝까지 완전 제거 쪽으로 밀고 나가십시오. 그리고 이 제안은 우리가 이곳에 오기 전에 받아들일 마지노선보다 훨씬 진전된 제안입니다"라고 속삭였다.

레이건은 고르바초프에게 그의 제안은 세계에서 핵무기의 완전한 제거를 전제로 하는 잠정적인 단계라고 보고 있다면서 그 제안을 받아들였다. 양측은 핵무기 보유량의 감축과 연관되어 있는 핵실험 금지에 관한 안건을 검토하기로 합의했다. 이 문제에 관한 미국은 전향적인 방법으로 검토했다. 또 미·소 양국은 인권문제를 다음 회담 때 양측의 주요 의제로 다룰 것에 합의했다. 레이건은 그때의 심정을 다음과 같이 회상했다. "슐츠와 나는 무엇이 일어나고 있는지 실감이 나지 않았다. 우리들은 놀랄만한 합의를 이끌어내고 있었다. 시간이 지날수록 놀랄만한 성과를 얻을 수 있을 것 같다는 예감이 들었다. 회담 종료 시간인 정오는 이미 지나갔다. 우리는 시간도 무시하면서 회담을 계속했고, 우리들 4명과 통역관들만이 바다가 한눈에 보이는 방에 있었다."

고르바초프도 그때의 감상을 다음과 같이 술회했다.

"이러한 기회는 다시 오지 않는다. 나는 1년 전만 해도 협상을 할 위치에 있지 않았다. 더구나 2~3년 전에는 아무 말도 할 수 없었다. 나는 이제야 이러한 제안들을 할 수 있게 되었다. 또 1~2

년 후, 이런 제안들을 할 수 없을지도 모른다. 시간은 모든 것들을 변하게 만든다. 상황도 변한다. 나는 많은 것을 양보했고, 그 대가로 많은 것을 얻었다. 우리가 진정으로 핵무기 감축을 원한다면, 양국은 상호 신뢰를 전제로 양국의 이해관계를 존중하고, 협정을 준수하고 상대를 이해하려는 관용이 필요하다. 그래서 나는 ABM(탄도탄 요격미사일) 금지조약 확대를 주장했던 것이다. 향후 10년 동안 양측이 ABM 금지조약을 준수하겠다고 약속하는 것은 회담의 본질적인 사안이다. 나는 미국이 그러한 합의를 하지 않으려는 이유를 이해한다. 그래서 나는 레이건 대통령에게 다시 강조했다. '이 협상에서 서로가 양보하지 않으면, 아무것도 이룰 수 없다는 자명한 이치를 이해해주었으면 합니다. 무기통제와 핵무기의 파기라는 중요한 문제들을 다루는 데 있어서 우리 두 정상들은 최상의 파트너입니다. 양국의 정상들이 핵무기의 대폭적인 감축에 합의한다는 것은 상호 신뢰의 분위기가 마련되었다는 것을 나타냅니다. 이러한 우호적인 신뢰관계가 계속된다면, ABM 금지조약도 확대시켜야 한다는 공감대도 형성될 수 있을 것입니다. 만에 하나 ABM 금지조약의 전망이 불투명해진다면, 지금까지의 모든 구상은 물거품이 될 것이고, 우리들의 관계는 레이캬비크회담 이전 상태로 돌아가게 될 것입니다.'"

고르바초프 서기장과 레이건 대통령의 면담 중간에 잠시의 휴식시간 (미 연방 공문서보관소)

그들은 회담을 2시간 휴회하기로 동의했다. 레이건 대통령이 점심식사를 하기 위해 미 대사관으로 돌아가는 중에 귀국하기 위해 차량에 오르고 있었던 미국 팀은 호프티 하우스로 다시 돌아오라는 연락을 받았다. 소련 외무장관 셰바르드나제는 슐츠에게 "소련은 모든 양보를 다했다. 지금은 미국이 양보할 차례다"라고 말했다.

슐츠는 미국 팀이 도착하자 "우리는 전략핵무기와 방위체계 문제에서 매우 어려운 입장에 놓여있다"고 설명했다. 이제 양국 간의 입장 차이를 좁힐 수 있는 새로운 구상이 필요하다고 말했다. 미국이 획기적인 대안을 제시하지 못한다면, 미국은 어려운 처지에 빠지게 될 것이다.

그러나 소련이 괄목할 만한 양보를 했는데도, 미국 측에서 제시할 수 있는 대안인 SDI 문제 말고는 양보할 것이 없다는 것이 문제다." 이때 공군 대령이며 국가안보회의 군축담당 전문가로 있는 로버트 린하드 Robert Linhard가 방에서 법률 용지 철에 그의 생각을 갈겨쓰고 나서는 다른 동료들에게 보여주었다. 모두들 그것을 읽어 보고난 후 고개를 끄덕이면서 동감을 나타냈다. 그것이 슐츠에게 건네졌고 그도 주의 깊게 읽었다. 다 읽고 나서 슐츠는 테이블 건너편에 있는 소련 측 인사들에게 가서 함께 검토해 보자고 제의했다. "아직 대통령과 협의를 거치지 않은 아이디어지만, 이것은 교착상태를 타개하기 위해 우리 쪽 인사가 제안한 내용이다. 대통령이 어떻게 생각할지는 모르겠다. 그러나 한 번 검토해보자."

린하드의 제안은 소련의 요구를 일정부분 수용하는 것이었고, 양측이 향후 10년 동안 ABM 조약에서 허용하는 범위 내에서만 연구실에서 개발과 실험들을 하도록 제한되었다. 이 제안은 또 회담에서 다룰 수 있는 범위를 획기적으로 확장시켰다. "처음 5년간 양측은 전략무기들을 절반으로 줄인다. 다음 5년간, 나머지 모든 전략미사일들을 제거한다. 미국은 1,650기의 전략미사일들과 7,800개의 핵탄두들을 파기하게 되고, 반면에 소련은 2,300개의 장거리 미사일들과 9,200개의 핵탄두들을 파기해야 한다. 이에 따라 양국은 폭격기와 크루즈 미사일, 야전무기들만 갖게 될 것이고, 이러한 무기들도 보유량을 대폭 줄인다. 10년 후에는 모든 공격용 탄도미사일들은 사라지게 될 것이고, 양측에서는 방어체계를 배치할 필요가 없어진다."

셰바르드나제 외무장관도 이 제안은 검토해볼 가치가 있다고 동의했다. 레이건 대통령이 2시 30분에 도착해서, 오후 회의에서 다룰 의제들을 논의하기 위해서 미국 대표들과 만났을 때, 그들은 린하드의 제안을 보고했다. 모든 탄도미사일의 해체 전망은 협상을 새로운 국면으로 전환시켰다. 미국은 그 제안에 만족해했다. 미국은 폭격기 기술면에서 우세했기 때문에 결과는 미국에 유리하게 될 것이기 때문이다. 레이건도 그 제안이 마음에 들었다. "그것은 탁월한 제안이었다. 소련은 그토록 갈망했던 ABM 금지조약을 갖게 되고, 미국은 소련의 모든 탄도미사일들을 제거 할 수 있게 된다. 그 후 미국이 SDI를 우주에서 시행한다면, 그때는 모든 상황이 새롭게 전개될 것이다."

레이건과 고르바초프가 회담에 들어가기 전, 미국 대표들은 지금까지의 회담결과를 검토했다. 아직까지도 남아있는 이견들을 조금만 더 좁히고, 그리고 지금까지 논쟁중인 사안들을 회담을 계속하면서 합의를 이끌어 낸다면, 핵무기 감축을 실현시킬 수 있는 길이 열릴 수도 있을 것 같았다. 물론 소련 측에서도 흥분하고 있었다. 모든 사람들이 한편에서는 기대감으로 한층 고무되었으면서도, 한편으로는 결과가 어떻게 마무리 될 것인가 걱정하고 있었다. 고르바초프는 "양쪽 모두에서 이번이야 말로 핵무기 경쟁의 악순환을 깨뜨리는 절호의 기회라는데 인식을 함께하고 있었다"고 회고했다.

양국 정상들은 3시 30분에 회의를 다시 열었다. 레이건이 고르바초프에게 린하드 방안을 제안했을 때, 동석했던 슐츠는, 미국은 ABM 금지조약을 10년 동안 준수해야 한다는 소련의 제의에 동의한다고 말했다. 그러나 소련 측에서는 추가적인 조건을 제의했다. 10년 동안의 유예기간동안 미사일 공중요격시스템의 연구는 실험실에서만 해야 한다는 조건이었다.

ABM 금지조약의 규정들은 모호한 부분이 많았다. 미국의 개발계획에 들어 있었던 기술은 조약이 체결된 1972년에는 존재하지도 않았다. 그러나 고르바초프는 양쪽에 대해서 SDI를 포함한 모든 기술연구와 실험은 연구실에서만 할 수 있도록 협정 조건을 엄격하게 주장하고 있었다. 고르바초프는 다음과 같이 주장했다.

"미국의 새로운 제안은 우리의 입장과는 많이 다르다. 우리의 견해는 10년 이내에 전략핵무기들을 완전히 파기하는 것이다. 소련이 핵무기들을 대폭 제거하고 있는데, 미국에서는 ABM 금지조약을 강화하는 대신, 유명무실하게 만들려고 시도하고 있다. 그것이 우리가 결정적인 시기에 ABM 금지조약을 공고히하자고 제안하는 이유이다. 왜 우리는 불확실한 문제들과 결부시키면서 일을 복잡하게 만드는가? 왜 이런 중요한 문제에서는 합의가 어려운가? 여러분들이 우리가 함께 힘든 길을 가려고 한다면, 당신들이 동참을 해야 어려운 길을 함께 헤쳐 나갈 수 있다. 그것이 우리가 10년 동안 ABM 금지조약에서 이탈하지 않는 다

는 조건을 제안하는 이유다. 그 기간에는 실험실에서만 연구하
고, 그 기간이 지나면, 그에 관한 문제는 다시 그때가서 논의하
면 될 것이다."

고르바초프는 레이건에게 그의 요구를 한 번 더 생각해보라고 촉구
했다. 두 사람은 보는 시각에 따라서 해석을 달리할 수 있다는 점을 감
안하더라도 "이것은 좀 이상한 상황이다." 레이건이 이의를 제기했다.
"우리들은 지금까지 4개의 주요 사항들을 검토해왔다. 그런데 소련은
10년이란 기간을 새삼스레 강조하고 있다. 나는 SDI는 포기하지 않겠
다는 주장을 계속 해오고 있다. 우리들은 누누이 핵무기들을 파기하는
것이 중요하다고 말해왔다. 이러한 식의 논쟁은 끝이 없을 것이다."

레이건은 연구실에서의 실험문제는 고르바초프가 워싱턴 방문 때까
지 뒤로 미루자고 제의했다. "우리가 여름에 워싱턴에서 만날 때, ABM
금지조약에서 양해한 사항인 연구·개발, 실험의 규정은 어떻게 해석
해야 할 것인지, SDI 실험이 ABM 규정안에서 이루어져야 하는지에 대
한 토론을 나눌 수 있을 것이다."

이에 대해 고르바초프는 단호하게 대답했다. "모든 것은 일괄적으로
처리되어야 한다. 모든 사항들은 서로 연계되어 있다. 우리가 핵무기의
대폭적인 감축안에 동의한다면, ABM 금지조약도 원칙에 따라 이행되
어야 할 뿐 아니라, 이 기간에는 확실히 준수되어야 한다는 보장이 마련
되어야 한다. 다시 말하지만, 이 조항들은 너무 중요한 사안들이기 때

문에 대충 넘어가려고 생각해서는 안 된다."

슐츠가 휴회를 제안하자, 양국 지도자들은 그들 보좌관들과 회동했다. 고르바초프는 흥분하면서 주위를 계속 맴돌고 있었다. 그는 대표들에게 말했다. "모든 것은 일괄 타결되어야 한다." 다른 방에서는 레이건이 미국 대표들과 함께 있었다. 마트로크가 이때의 분위기를 설명했다. "양측에서 모두 긴장과 기대가 교차하고 있었다. 희망이 잉태되고 있었고, 감동적인 표정도 감출 수 없었다. 미·소 양국은 역사상 인류를 모두 전멸시킬 수도 있는 파괴적인 무기들을 감축하려는 역사적 순간에 있었다. 레이건의 수석보좌관인 도널드 리건Donald Regan도 그때의 상황을 회상했다. "협상은 활기가 넘쳤고 비공식적이었지만 긴장감이 감돌았다. 양국의 발언들로 잡음소리가 높았다. 대통령은 손짓으로 나를 불러 '너무 시간을 끄는 것 같다'면서 머뭇거렸다. 그는 워싱턴으로 가고 싶어 했다. 본국에서 일요일 만찬이 예약되어 있기 때문이었다. 레이건은 짜증을 내며 실망감을 드러냈다." 보다 못한 리건은 "오래 시간을 끌지는 않을 것입니다. 대통령 각하, 그러나 지금 이 순간이 우리의 회담결과를 결정하는 역사적 순간입니다. 우리가 일괄타결을 얻을 수 있다면, 그것은 정말 바람직한 일입니다." 레이건도 한숨을 쉬면서 고개를 끄덕였다. 양국 정상들에게는 피 말리는 순간이었다.

"우리의 마지막 제안은 이미 준비되어 있다." 대통령은 어떤 것이든 중요한 사안에 관한 입장 변화는 없을 것이라고 다짐하고 있었다. 그러나 소련의 제안 내용이 단순히 검토할 수 있는 사안이라면, 소련의 제안을 받아들일 것이다. 레이건은 기존의 ABM 금지조약에 대해 10년 동안 준수해야 한다는 고르바초프의 입장을 받아들일 준비가 되어 있었다. 그리고 그 기간동안 모든 핵무기들을 파기한다는 소련의 의견도 받아들일 준비가 되어 있었다. 레이건에게 있어서 성패를 좌우할 수 있는 장해물은 SDI의 개발을 ABM의 규정에 따라 연구실에서만 하도록 제한시키자는 고르바초프의 요구였다. 미국 대표들은 초조해지기 시작했다.

소련은 SDI에 대한 합의에 필사적이었다. 양국 정상들이 다시 회동하자, 레이건 대통령은 고르바초프에게 미국의 수정안을 보여주었다. 고르바초프는 "미국은 첫 5년 동안에 전략 공격무기들을 없애자고 제안했습니다. 그 다음 5년 동안은 탄도 미사일들만 없애겠다고 제안했지요. 그런데 미국은 탄도 미사일만 아니라 모든 핵무기들을 없애자고 제안하지 않았는지 그 이유를 모르겠습니다. 그러면 크루즈 미사일, 공중요격시스템들과 전술핵무기들은 어떻게 하겠다는 것인지 모르겠습니다. 이에 대한 설명을 해주셨으면 좋겠습니다"라고 말했다. 이에 대해 레이건은 "침착합시다. 나도 각하의 의견이 매우 타당하다고 생각합니다. 두 번에 걸친 5년씩이라는 기간동안 핵폭탄들, 야전용 핵무기, 크루즈 미사일, 잠수함 발사용 핵무기와 대륙간 탄도미사일 등을 모두 제거해야 한다는 것이 각하의 뜻이 아닙니까? 나도 전적으로 동감입니다. 우리가 모든 핵무기들을 파기시키려고 결심만 한다면⋯."

이때 고르바초프가 나서면서 "우리는 그렇게 할 수 있습니다. 모든 무기들을 함께 포함시킵시다. 모두 파기시킵시다"라고 말했다. 슐츠도

"그렇게 하도록 하지요"라고 거들었다. 레이건은 고르바초프에게 "우리는 이와 관련된 사안들을 제네바에 있는 대표들에게 넘겨서 그들이 합의문을 작성한 뒤, 각하가 미국을 방문했을 때 서명하도록 합시다"라고 말했다.

고르바초프는 미사일 방어 체계로 화두를 돌리고, 그는 아직도 SDI를 연구실에서만 다룰 수 있도록 하자는 주장에는 변함이 없다고 말했다. 슐츠는 이때 고르바초프가 최고회의간부회의에서 SDI에 대한 양보를 얻어내겠다고 다짐했다는 것을 알았다. 고르바초프가 강조했다. "모든 것은 SDI를 어떻게 처리하느냐에 대한 합의여부에 달려있습니다. 10년 동안 ABM 금지조약에서 탈피하지 않고 규정들을 이행한다, 이것은 기본적인 사항입니다."

물론 레이건도 SDI에 관한 입장에는 변함이 없었다. "나의 입장을 이해해 주었으면 합니다. 나도 지금까지의 입장에서 물러설 생각이 없습니다. 미국 국민들에게 한 약속을 저버릴 수가 없기 때문입니다. 나는 ABM에 의해 모든 것이 해결된다고 믿지 않습니다. 안전을 확보할 수 있는 유일한 보장은 쌍방 간에 합의된 핵무기 파기의 이행여부에 달려 있습니다. 우리는 지금까지 미사일들의 파기에 대해서 논의해 왔습니다. 달리 말하면, 어떻게 하면 우리가 어느 날 우발적으로 버튼을 누르는 순간 모든 것이 한 순간에 파괴될 수 있다는 우려에서 벗어날 수 있는지에 대해서 논의해 왔었습니다. 설령 우리들이 미사일들을 모두 파기한다 하더라도 다른 무기들에 대한 방어 체계도 세워야 합니다."

레이건은 사례를 거론하면서 다시 설명했다. "누군가가 지하에서 핵무기들을 다시 만들 수도 있습니다. 그것이 테러범들의 수중에 들어가기라도 한다면, 그때는 어떻게 하겠습니까? 우리는 어디에서나 정부가 수시로 바뀌는 세상에서 살고 있습니다. 소련에서도 내 임기 동안에만도 4명의 지도자들이 바뀌었습니다. 나는 각하가 평화를 갈망하고 있다는 것을 잘 알고 있습니다. 그러나 상황은 변하기 마련입니다. 입장을 바꾸어서 생각해보죠. 그러면 각하도 내가 평화를 원하고 있다는 것을 알게 될 것입니다. 그리고 각하 역시, 우리가 만든 약속들을 지키라고 각하에게 강요할 입장이 아니라는 것을 알게 될 것이다. 우리가 현 시점에서는 핵무기들을 파기하겠다고 합의를 한다 하더라도, 실천 여부는 미래의 상황에 맡겨야 할 것입니다." 레이건이 훗날, 보고를 받고 확인된 내용을 술회한 적이 있었다.

"소련은 그때 SDI와 같은 우주에서의 미사일 요격체계를 연구하고 있었다. 그들의 기술은 미국보다 훨씬 떨어져 있다. 그러나 우리가 SDI를 중지한다면, 그들은 개발 작업을 계속할 것이고, 어느 날 새벽에 그들만이 전략방위계획을 완성했다는 사실을 알게 될 것이다. 그래서 우리들은 양보할 수 없었다. SDI는 고르바초프가 언급했던 약속을 담보하는 보장 정책이다. 우리는 소련이 조약을 수차례 위반하는 것을 직접 경험했었기 때문에 이러한 보호 장치가 필요했다."

고르바초프는 레이건에게 연구실에서의 실험은 계속할 수 있다는 것을 강조했다. 그러나 양국 정상들은 그것의 의미가 SDI의 끝을 의미한다는 것을 알고 있었다. 연구실에서만 연구와 실험으로 제한함으로써 미국 정부의 안보계획을 희생시킬 수 있고, 미 의회가 공개 실험을 통해서 성공여부를 검증할 수도 없는 계획에 예산을 책정하려고 하지도 않을 것이다.

이에 관한 슐츠는 "고르바초프는 이러한 결과를 예상하고 있었지만, 직접 말하지 않았을 뿐이다. 그가 바라는 제한들은 전략요격체계의 성공적인 개발을 불가능하게 하는 것이다. 그가 걱정하는 것은 SDI 계획이 가까운 시일 안에 성공이 입증되고, 그것을 전략적으로 배치하게 된다면 10년이라는 유예기간은 아무 의미가 없어진다. 나 역시 SDI는 소련의 양보를 이끌어내는 강력한 동력이라는 것을 이해했다. 그러나 실상 소련은 미국의 기술 개발의 가능성을 높게 평가하는 오판을 하고 있었다"고 술회했다.

도널드 리건은 "우리들은 소련의 의중을 알고 있었다. 그들의 제안을 받아들인다면, 지구상에서 핵무기들은 사라질 것이다. 문제는 SDI이다. 미국이 이것마저 양보한다면, 대통령을 의회에서나 국민들에게 소련을 믿어 달라고 호소할 수 없을 것이다. 그리고 그러한 합의는 의회의 비중을 얻기도 힘들 것이다."

세바르드나제 소련 외무장관이 두 정상들에게 말했다. "나는 딱 한 가지만 말씀드리겠습니다. 지금 양국은 역사적 대업을 이루는, 그 만큼 중요한 역사적 결정을 하는 순간에 와 있습니다. 후세의 세대들이 우리들의 회담에 관한 기록들을 읽으면서, 우리들의 회담이 타결 직전까지 와 있었지만 이 절호의 기회를 놓쳤다는 것을 알면, 그들은 우리를 용서하지 않을 것입니다."

레이건은 그때를 다음과 같이 회상했다. "어둠이 가까워지고 있었다. 나는 혼자 생각해보았다. 우리가 지금까지 얻은 것을 보라. … 우리들은 역사상 처음으로 가장 포괄적인 핵무기 감축을 협의했다. 나는 합의를 거의 앞둔 상황에 있었다. 그리고 보다 괄목할만한 성과도 얻을 수 있었다. 그리고 이제 모든 것들을 결정할 때라고 생각을 정리하려는 순간, 고르바초프가 우리들의 의표를 찔렀다. 그는 얼굴에 미소를 지으면서 말했다."모든 것은 각하가 SDI를 포기하느냐 여부에 달려있습니다."

그의 말은 나를 당황하게 했고, 또 화나게 만들었다. 그래서 나도 "나는 다시 말하지만 SDI는 흥정 대상이 아닙니다. 지금 우리가 이곳에서 거뒀던 모든 성과들은 각하의 고집 때문에 모든 것을 한 순간에 창 밖으로 내던져 버렸습니다"라고 신경질적으로 대답했다.

레이건이 고르바초프에게 말했다. "소련이 왜 10년이라는 기간 말고 또 다른 제안을 하려고 합니까? 그때는 귀국이 원했던 것들 … 핵무기의 제거를 이루었는데도 다른 제안을 하려고 합니까? 각하는 각하의 국민들에게 10년을 약속했고 그것을 얻었습니다. 그렇다면 나는 빈손으로 본국에 돌아가라는 말입니까?" 이에 대해 고르바초프는 "각하는 SDI를 포기할 필요가 없습니다. 왜냐하면 연구실에서 계속 기술개발을 할 수 있기 때문입니다. 미국의 야당들도 우리가 핵무기들을 더 많이 감축했기 때문에 반대할 수 없을 겁니다. 우리의 회담은 승자와 패자를 가리는 그러한 회담이 아닙니다. 우리는 양쪽 모두가 승자이든지, 패자이든지 만을 가릴 수 있을 뿐입니다. 달리 말하면, 조약이 체결된 뒤, 패자는 합의를 훼손시키려고 기를 쓸 것이기 때문입니다"라고 답했다. 레이건은 본국에서의 정치적 압력을 강조했다. "나는 미국 국민들에게 SDI를 포기하지 않겠다고 약속했습니다." 레이건은 이러한 자신의 입장을 설명하면서, SDI만은 양보해달라고 호소했다. 이에 대해 고르바초프는 다음과 같이 대답했다.

"SDI는 하찮은 그런 것이 아니라 이 회담의 모든 것입니다. 각하도 나를 이해해주시면 좋겠습니다. 우리로서도 '연구실 개발' 문제는 가볍게 다룰 사항이 아닙니다. 우리는 대폭적인 무기 감축에 동의했습니다. 그리고 모든 핵무기들의 감축도 동의했습니다. 그런데도 미국은 우리들에게 미국이 우주에서 요격시스템을 만드는 권리를 인정해달라고 압박하고 있습니다. … 각하께서는 나를 이해해 주셨으면 좋겠습니다. 나는 '연구실 개발'이라는 지푸라기도 잡지 못한다면 아무것도 할 수 없습니다. 나는 연구실에서의 개발과 실험이라는 이 제한마저 양보한다면, 모스크바로 돌아갈 수가 없습니다. 각하께서 이를 용인한다면, 나는 즉시 지금까지의 합의 사항을 문서화해서 서명할 용의가 있습니다. 이것이 불가능하다면, 우리는 작별인사를 하고, 지금까지의 논의는 없었던 걸로 할 수밖에 없습니다."

레이건도 그의 입장을 고수했다. "각하는 나에게 SDI를 양보하라고 하지만, 나도 우리 국민들에게 그것을 포기하지 않겠다고 약속했습니다. 나는 SDI를 연구실에서만 하도록 제한할 수 없습니다."

고르바초프는 레이건에게 이것이 각하의 최종 입장이냐고 물은 뒤, "그렇다면, 우리의 회담은 여기서 끝냅시다"라고 말했다. 레이건도 퉁명스럽게 "그것이 좋겠습니다"라고 대답했다. 고르바초프는 "알았습니다. 각하가 정 양보할 수 없다면 여기에서 끝내기로 하지요. 우리는 즉시 본국으로 돌아가서, 이번 회담에 대한 기억을 잊어버리겠습니다. 우리도 각하의 주장을 받아들일 수 없습니다. 나는 지금까지 최선을 다했다고 생각합니다. 그러나 아주 소득이 없었습니다. 이제는 다른 방법이 없다는 것을 알았습니다."

레이건은 "우리들은 모든 것들을 합의했습니다. 그런데 SDI라는 단 하나 때문에 역사적인 기회를 놓치려고 하십니까?"라고 물었다. 고르바초프는 "각하는 단 하나라는 말을 하는데, 우리들에게는 그것은 단 하나의 문제가 아니라 기본 사항입니다. 우리는 미국이 SDI에 박차를 가하는 상황을 인정할 수 없고, 한 쪽에서는 핵무기들을 감축하고 있는 데, 다른 쪽에서는 핵무기를 우주로까지 가져 가려는 의도를 이해할 수 없습니다. 각하께서 우주에서의 요격실험을 금지한다는 데 동의한다면, 우리는 2~3분 내에 서명하겠습니다. 그렇지 않으면 각하의 제의를 받아들일 수 없습니다. 비록 우리의 회담이 여기에서 끝난다 하더라도, 나는 한 가지를 위안으로 삼겠습니다. 나는 최선을 다했다고."

레이건도 고르바초프에게 말했다. "이러한 기회가 또 올 수 있을지, 또 각하를 빠른 시일 내에 만날 수 있을지 모르겠습니다." 고르바초프의 대답이었다. "글쎄요."

레이건은 아무 노트나 집어 들어 갈겨썼다. '내가 잘못했나?' 그것을 슐츠에게 건넸다. 슐츠 국무장관은 대통령을 쳐다보면서 속삭였다. "아닙니다. 잘하셨습니다." 슐츠도 레이건이 소신을 굽히지 않은 것은 잘했다고 생각하고 있었다.

"소련은 결국에는 우리의 끈질긴 주장들을 받아줬다. 그들은 매번 양보를 했는데, 그것은 SDI 때문이었다고 판단했다. 대통령이 미리 SDI를 양보했더라면, 소련 측이 그토록 많은 양보들을 하지 않았을 것이다. 나는 대통령이 SDI를 끝까지 고집한 것을 다행이라고 생각했다. 고르바초프는 레이캬비크에 올 때 이미 SDI를 얻는 대가로 많은 것을 양보할 준비가 되어있었다. 그러나 SDI를 손에 넣지는 못했지만, 그 역시 회담을 잘 이끌어나 갔다."

대통령의 얼굴은 잠시 실망감이 교차했지만, 곧 냉정을 되찾고 서류들을 챙기고 일어서면서 "조지 그만 떠나야지"라고 말했다. 고르바초프도 일어섰고, 비로소 정상회담은 막을 내렸다.

레이건의 보좌관이었던 도널드 리건이 그때 상황을 들려주었다. "양쪽 정상들의 얼굴은 초췌했고 목소리는 잠겨 있었다. 그들이 좁은 복도로 나왔을 때, 고르바초프가 말했다. "대통령 각하, 아직 끝나지 않았습니다. 안으로 들어가서 회담을 계속하시죠." 레이건이 짤막하게 응수했다. "나는 그럴 생각이 없습니다." 레이건은 그의 리무진으로 걸어갔다. 이때 우리들은 어찌할 바를 몰랐고 얼굴은 실망스러운 표정으로 가득 찼다. 고르바초프는 계속 미련을 버리지 못했다. "대통령 각하, 각하께선 핵무기 감축을 이룩한 위대한 대통령으로 역사에 길이 남을 유일한 기회를 놓치시려고 그러십니까?" 레이건이 대답했다. "그것은 우리 모두에게 해당되는 말입니다." 레이건은 슐츠와 리건과 함께 리무진으로 오르자, 리무진은 미 대사관저로 향해 출발했다.

"레이캬비크 협상은 결렬로 끝나긴 했지만, 그래도 아쉽고 아슬아슬한 순간의 연속이었다"고 말하면서, 슐츠는 후에 그의 저서에 기록을 남겼다. "결국에 고르바초프는 단념했지만. … 고르바초프가 협상에 임하는 자세는 훌륭했다. 그러나 그는 두 가지 점에 소홀했다. 첫째는 레이건 대통령의 핵 억지력으로서의 핵 방어 체계의 개념을 잘못 이해했다는 것이고, 둘째는 소련이 핵감축의 양보로 발생할 수 있는 합의 위

레이캬비크 정상회담을 마치면서 논쟁을 벌이고 있는 장면 (미 연방 공문서보관소)

반에 대한 미국의 우려를 과소평가했다는 점이다. SDI가 없는 상황에
서 협정이 체결되었을 때, 이 양보사항들은 10년 동안에 시들해질 것이
다. 나는 이미 요정은 병속에서 빠져나왔다는 것을 알고 있었다. 고르
바초프가 제안한 양보들은 현실적으로 이루어 질 수 없었다. 우리는 소
련의 핵심적인 권력구조를 보아왔다. … 그러나 레이캬비크에서 양측
은 괄목할 만한 합의들을 도출해냈다. 그리고 공식협상에서 인권문제
를 거론하기도 했다. … 레이캬비크 합의가 실현되었더라면, 그것은 인
류의 평화를 위한 획기적인 이정표였고 대단한 역사의 진보였을 것이

다."

기자회견 때, 고르바초프는 협상은 실패하지 않았다는 입장을 유지하고 있었다. "대규모로 준비된 기자회견장에서, 약 천명의 기자들이 대기하고 있었다. 내가 회견장으로 돌아서자, 냉정하고 비아냥거리는 듯 기자들이 침묵한 채 서 있었다. 나는 재빨리 회담장의 분위기를 감지했다. 나는 순간적으로 감동을 받았고, 떨리기까지 했다. 내 앞에 서 있는 사람들이 인류의 운명이 이번 회담의 결정에 달려있다는 것을 깨닫게 해주는 순간이었다. 그때 나는 레이캬비크 회담의 진정한 의미를 깨달았고, 우리가 계속 추구해야 할 목표를 찾게 되었다. 그때 나는 기자들에게 말했다. '우여곡절이 있었음에도 불구하고, 이번 회담은 실패가 아니라, 우리들에게 처음으로 지평선 너머를 볼 수 있는 기회를 마련해 주었다는 점에서 큰 반전이었습니다. 이번 회담을 통해서 우리들은 합의가 불가능하지 않다는 사실을 알게 되었습니다. … 이번 회담은 우리가 무엇을 추구해야 하는지를 확신시켜주었습니다. 이번 회담은 끝이 아니라 시작입니다. 양국의 정상들은 우리를 갈라놓았던 것들을 극복하면서, 인류의 평화를 위해서 새로운 도전들을 헤쳐 나가야 합니다. 이제 소련은 지금까지의 제안들을 거둬들이지 않고, 계속해서 기다릴 것이라는 것을 확신합니다.'"

40년 만에 처음으로, 두 강대국 정상들은 지구상의 모든 핵무기들을 파기하기 위해 노력했다. 이러한 노력은 냉전의 종말을 알리는 신호탄이었다.

미국도 레이캬비크 회담에서 혼란과 갈등을 겪었지만, 대단한 성과를 이루었다고 평가하고 있었다. 대통령 보좌관인 리건이 미국으로 돌아가기 위해서 공항에서 기다리는 동안 몰려든 기자들에게 말했다. "이번 회담은 실패가 아니다. 우리들은 100미터 경기에서 99미터까지 뛰었고, 마지막 1미터를 남겨두고 세계 신기록을 깨지 못했다."

화요일 아침, 워싱턴으로 돌아간 뒤, 슐츠 국무장관은 대통령과의 면담에서 그의 생각들을 함께 나누었다.

> "저는 크리스토퍼 콜럼버스Christopher Columbus를 생각했습니다. 그는 카리브 해의 몇몇 섬들을 발견하고는 인도로 착각했고, 스페인에 금도 안겨다 주지 못했기 때문에, 실패했다고 평가하는 사람들도 있었습니다. 그러나 얼마 후, 사람들은 그가 신세계를 발견했다는 것을 알게 되었습니다. 각하께서는 지난 주말에 신세계를 발견했습니다. 일부 비판가들은 각하가 너무 보수적이었다고 말하고 있습니다. 또 어떤 비판가들은 비현실적인 회담이었다고 비판하고 있습니다. 그러나 레이캬비크에서 각하는 소련의 의도를 미리 파악하고, 소련으로부터 많은 양보들을 얻어 낼 수 있었습니다."

소련 대표들도 그들의 제안들은 아직도 유효하다고 믿고 있었다. 그리고 레이건의 집무실 책상에도 그의 제안들이 놓여있었다. 레이건은 전국으로 방영된 대통령 집무실에서 행한 연설에서 "아직도 문은 열려있다"고 선언했다. "핵무기 위협으로부터 벗어나기 위한 노력들은 지속되어야 한다. … 우리는 기회가 생기는 대로 평화를 위해 노력할 것이다. 그리고 소련이 원한다면 언제, 어디에서라도 회담을 계속할 준비가 되어있다."

중거리 미사일 감축에 대한 합의와, 전략핵무기 감축에 대한 합의는 아직도 유효했고, 3주동안 슐츠 국무장관과 셰바르드나제 소련 외무장관은 레이캬비크에서 합의를 본 내용들을 보완하는 작업을 계속했고, 드디어 레이건과 고르바초프가 언제라도 서명할 수 있도록 문서화 했다. 고르바초프도 그가 SDI를 없애기 위해 집착하는 바람에 레이건과의 타협을 맺는 데 실패했다는 사실을 깨달았다. SDI의 개발을 성공시키기 위해서는 고르바초프가 생각했던 것보다 기술적 장해물들이 엄청나게 많았고 결국엔 미국도 그 계획을 취소했다. 그리고 양국 간의 관계가 개선되면서, 미 의회도 SDI에 대한 예산 지출을 탐탁지 않게 생각했다.

1987년 2월 고르바초프는 INF 협정을 미국이 SDI를 연구실에서만 수행하도록 하자는 미국의 양보를 조건으로 했던 그의 요구를 철회했다. 그는 이미 제시했던 제안들을 함께 다루고, SDI와 INF 연계를 취소하면서, 각각의 합의들을 하나로 합쳐서 지체 없이 협정을 체결하는 방안을 공개적으로 제의했다.

4월 14일, 고르바초프는 슐츠에게 소련은 단거리 탄도미사일도 함께 파기하겠다고 동의했다. 몇 달 후, 고르바초프는 아시아에 배치되어 있는 INF 미사일도 제거하겠다고 제의했다. 백악관은 7월 29일 소련의 제안을 공식적으로 받아들였다.

그해 말, 레이건 대통령과 고르바초프 서기장은 INF 협정에 서명했다. 백악관의 동쪽 별관에서 엄숙한 기념식을 치루는 동안, 사상 처음으로 모든 종류의 중거리 미사일들의 완전 파기가 이루어지게 되었다. 소련은 1,500기가 넘는 미사일들을 철거한 뒤 파기했고, 미국도 곧이어 약 400기의 미사일과 2,000여 개의 핵탄두를 철거한 뒤, 파기했다.

소련은 핵탄두의 숫자가 미국보다 4배가 많았는데도 파기에 동의했다. 검증 규정은 이전의 협정 때의 이행 사항과 비교할 때 더욱 엄격했으며, 모든 무기의 재고들도 철저히 파악했고, 현장 검증과 근접조사, 미사일 생산 공장에 대한 지속적인 감시 등을 실시했다. 서명이 끝난 뒤, 고르바초프는 "우리가 성취한 것은 바로 희망의 부활"이라고 선언했다. 전략무기 감축협정(START)은 그로부터 4년 뒤에 이루어졌다.

1991년 7월 31일, 조지 부시George H.W. Bush 대통령과 고르바초프는 전략무기 감축협정에 서명했다. 이 조약의 기본적인 제안들은 레이캬비크 회담에서 마련된 것들이었고, 전략무기 감축협정의 조약으로 미국과 소련의 핵무기들이 절반으로 감축되었고, 최소한 양국에서 5,000개의 핵탄두들과 1,600기의 미사일과 장거리 폭격기들이 파기되었다. 전략무기 감축협정이 서명된 뒤 5개월째 되는 크리스마스 날, 소련은 붕

괴되었고, 12개의 독립 국가들로 조용히 나뉘어졌다. 그리고 그 동안
동·서로 나뉘었던 베를린 장벽도 막을 내렸다.

찾아보기

ABM(탄도탄 요격미사일) 291, 303, 307, 309~312, 314~315, 327

CIA 205, 245, 257, 272

INF(중거리 핵전력협정) 326

KGB 263, 283, 288, 294

SDI(미국의 전략방위계획) 299, 309~310, 312, 314~322, 326

U-2기 245~246, 272, 274

UN 195, 199, 201, 203, 205~208, 211~212, 215~216, 218, 223, 227, 231~232,

239~240, 252~253, 258, 260, 263, 269~270, 276, 280, 287

(ㄱ)

가네코 겐타로 Kaneko, Kentaro 120, 131, 133~134, 136

가자지구 Gaza Strip 200, 209, 213, 226

겐트조약 Treaty of Ghent 101

고르디우스의 매듭 Gordian Knot 292

고르바초프 미하일 Gorbachev, Mikhail 291~298, 300~306, 308, 310~323, 326

고무라 쥬타로 Komura, Jutaro 119, 121, 123~127, 129, 131, 136~139, 142, 144

그로미코 안드레이 Gromyko, Andrei 284

(ㄴ)

나세르 가말 Nasser, Gamal 236

나폴레옹 보나파르트 Napoleon, Bonaparte 47, 49~50, 53~57, 62~64, 66, 68, 70~71, 73, 79~80, 92, 94, 98, 100~101, 103~104, 144

네게브 사막 Negav Desert 200~201, 210, 224, 226, 232~233

네슬로드 카를 Nesselrode, Karl 80

노스 로드 North, Lord 35, 39

니츠 폴 Nitze, Paul 301, 303~304

니콜라이 2세 Nicholas II 108, 142, 144

(ㄷ)

다인 세이프 엘 Dine Sief El 203, 222~223

다카히라 코고로 Takahira, Kogoro 119, 125, 137

대니로프 니콜라스 Deniloff, Nicholas 294

대륙간 탄도미사일(ICBM) 297, 303~304, 314

대륙회의 Continental Congress 15~17, 20~23, 24~27, 30~31, 33, 37, 43~44, 51

도브리닌 아나톨리 Dobrynin, Anatoly 253~254, 277~278, 280~283

(ㄹ)

랜싱 로버트 Lansing, Robert 149, 164, 173, 185, 187, 190

러스크 딘 Rusk, Dean 218, 250, 257, 264, 269, 271, 273, 277, 282

레이건 로널드 Reagan Ronald 292~294, 296, 298~302, 304~308, 310, 312~322, 325~327

로도스 Rhodes 206, 209, 221~222, 227, 231, 239

로이드 조지 데이비드 Lloyd George, David 147, 152~154, 156~157, 161, 166~172, 175~179, 181~182, 184, 187~189, 195~196

로젠 로마노비치 Rosen Romanovich 118, 132

루스벨트 시어도어 Roosevelt, Theodore 108~114, 119~120, 122, 125, 130~139, 141, 143~145

루이 15세 Louis XV 155

루이 16세 Louis XIV 14, 16, 18, 36, 45, 155

루이 18세 Louis XVIII 79, 96, 98, 102

리 아서 Lee, Arthur 16, 22, 25

리건 도널드 Regan, Donald 313, 317, 322, 324

리빙스턴 로버트 Livingstone, Robert 53~54, 56, 58~76

린하드 로버트 Linhard, Robert 309~311

(ㅁ)

마르부아 바르브 Marbois, Barbe 55~76

마이어 조지 Meyer, George Lengerke von 111~112, 133~136, 140

맥나마라 로버트 McNamara, Robert 266, 268, 271, 277

먼로 제임스 Monroe, James 51~56, 59~68, 70, 72~75, 77

메테르니히 클레멘스 폰 Metterinich, Klemens von 80~81, 85~86, 88~96, 98, 103

(ㅂ)

바틀릿 찰스 Bartlett, Charles 251~252

발트 해 Baltic 105, 148, 192

번디 맥조지 Bundy, McGeorge 245, 247, 257, 265, 270~273, 277, 289

번치 랠프 Bunche, Ralph 203~208, 211~225, 227~229, 231~235, 238~240

베르나도테 폴셰 Bernadotte, Folk 199, 205

베르젠 샤를 그라비에 Vergennes Charles Gravier 18~23, 26, 28~30, 32~43

베에르셰바 Beersheba 226, 228~235

벤그리온 다비드 Bengurion David 203

볼 조지 Ball, George 258, 269, 271

볼샤코프 게오르기 Bolshakov, Georgi 252

비테 세르게이 Witte, Sergei 115~118, 121~128, 131~133, 135~136, 138, 140, 142, 144, 155

(ㅅ)

사할린 Sakhalin 124~125, 127~128, 132~135, 137, 139~140, 142~143

색스니 공국 Saxony 84~85, 88~90, 92~94, 96~102, 105

생 클라우드 St. Cloud 54, 58~59, 73

세바르드나제 예듀아르트 Shevardnadze, Eduard 291

소렌슨 테드 Sorenson, Ted 260, 274~275, 277, 289

슐레진저 아서 Schlesinger, Arthur 245

슐츠 조지 Schultz, george 294~296, 298, 300, 302, 304, 306, 308~309, 311, 313~314, 317, 321~322, 325~326

스티븐슨 아들라이 Stevenson Adlai 260~262

시나이 반도 Sinai Peninsula 201

실라스 딘 Dean, Silas 16, 20

(ㅇ)

아흐르마예프 세르게이 Akhromeyev Sergei 303~304

알렉산드르 1세 Alexan I 80, 83, 89, 92~93, 95, 100

알팔루자 Al-Faluza 200~202, 207, 209, 211~212, 214~215, 220, 224, 227, 236

야딘 이가엘 Yadin, Yigael 203, 228, 233, 235, 238

에이탄 월터 Eytan, Walter 203, 207, 210, 213~214, 217, 220~223, 226~230, 232~233, 236, 238

엑스콤 ExComm 245, 273, 276~277

오를란도 비토리오 Orlando, Vittorio 152~154, 177, 184

요크타운 Yorktown 45, 47, 51

우탄트 U Thant 258, 264~265, 269, 282

워싱턴 조지 Washington, George 15, 17, 24, 38, 51, 53, 111, 151, 181

웬트워스 폴 Wentworth, Paul 34, 38~41, 122, 132

윌슨 우드로 Wilson, Woodrow 149~151, 153~154, 156~164, 166~167, 171, 174~185, 188~191, 195

(ㅈ)

전략무기 감축협정(START) 291, 303, 309, 327

제1차 세계대전 105, 144, 147, 150, 160, 251, 283, 300

제라르 콘래드 알렉상드르 Gerald, Conrad Alexandre 32~33, 36, 41~42

제퍼슨 토머스 Jefferson, Thomas 48~53, 60, 62, 74, 76

조린 발레리안 Zorin Valreian 261~262, 269

존 버고인 Burgoyne, John 29, 31

(ㅊ)

처칠 윈스턴 Churchill, Winston 177, 239

(ㅋ)

카스트로 피델 Castro Fidel 243~244, 246, 262~263, 266, 286

캐슬레이 Viscount Castlereagh 80~85, 87, 90, 97~99, 101~103

케네디 로버트 Kennedy, Robert 251~257, 264, 272, 274~275, 277~278, 280~283, 286~288

케네디 존 F. Kennedy, John F. 240, 245~252, 256~260, 262~269, 271~272, 274, 276~277, 282~289

케인스 존 메이너드 Keynes, John Maynard 156, 170

콜럼버스 크리스토퍼 Columbus, Christopher 67, 325

콰지{준(準)}전쟁 Quasi War 69

크리용 호텔 Hotel Crillon 155~156, 160

클라우제비츠 카를 폰 Carl von Clousewitz 8

클레망소 조르주 Clemenceau, Georges 152~154, 156~157, 159, 162, 165~168, 174, 177~180, 182, 188, 195~196

클리블랜드 해런 Cleveland, Haran 250

(ㅌ)

탈레랑페리고르 Talleyrand-Perigord 54~57, 63, 80~81, 87~88, 96, 98~102, 104

토스카나 Tuscany 23, 47, 75, 104

트루먼 해리 Truman, Harry 198, 222, 228

트뤼그베 리 Trygve Lie 212, 218, 227

(ㅍ)

포슈 페르디낭 Foch, Ferdinand 152, 190

포젠 Posen 192

포지계곡 Valley Forge 37, 51

폴라리스 탄도미사일 287, 290

프란츠 1세 86, 93

프랑수아 조제프 Joseph, Francois 45

프랑스혁명 50, 56~57

프랭클린 벤저민 Franklin, Benjamin 14~18, 20, 26~30, 34, 38~41, 44

프리드리히 3세 Friedrich Ⅲ 80, 86~87, 100

(ㅎ)

하르덴베르크 카를 Hardenberg, Karl 80, 84~85, 87~92, 97~101

하우스 에드워드 House, Edward 158, 160~163, 166~167, 171, 177~178, 180~181

해밀턴 알렉산더 Hamilton, Alexander 48, 50

흐루쇼프(흐루시초프) 니키타 Khrushchev Nikita 243~245, 248~251, 253~260, 262~263, 265~266, 268~269, 271, 273, 277, 280, 283~288

위대한 협상 세계사를 바꾼 8개의 협정

1쇄 발행 2011년 3월 3일
5쇄 발행 2012년 1월 20일

지은이 프레드리크 스탠턴 · 옮긴이 김춘수
펴낸곳 도서출판 말글빛냄 · 인쇄 삼화인쇄(주)
펴낸이 박승규 · 마케팅 최윤석 · 디자인 진미나
주소 서울시 마포구 서교동 463-3 성화빌딩 5층
전화 325-5051 · 팩스 325-5771 · 홈페이지 www.wordsbook.co.kr
등록 2004년 3월 12일 제313-2004-000062호
ISBN 978-89-92114-66-0 03900
가격 15,000원

*잘못된 책은 바꾸어 드립니다.